湖北省社科基金一般项目（后期资助项目，立项号：2018067）出版资助

华中科技大学新闻与信息传播学院出版资助

王昀 著

UNDERSTANDING

理解

新媒介

线上内容生产
与公共性文化

ONLINE CONTENT
PRODUCTION
AND PUBLIC CULTURE

NEW
MEDIA

社会科学文献出版社
SOCIAL SCIENCES ACADEMIC PRESS (CHINA)

摘　要

在新媒介不断解构人们对传统媒介生态理解的背景之下，当代治理文化与线上参与者所面临的种种不确定性成为一种"风险系统"。风险性与公共性相伴而生，新媒介风险压力提升了不同线上内容生产者面向外部互动的合作需求，从而推动了当代媒介实践的公共性文化。通过从"生产"角度检视线上公共领域的各类参与活动，本书将新媒介置于风险视角下，尝试结合媒介实践与风险治理之间的关系，为理解数字社会的媒介生态与公共政治文化提供新的解释框架。

在追寻线上公共性文化具体经验脉络的过程中，本书不仅呈现了专业新闻生产与用户内容生产两种主体，也考察了线上内容的不同亚类型，对新闻组织、以公关为代表的内容提供者、个人自媒体运作、娱乐生产、人工智能和计算传播等议题进行了多案例观察。面对新媒介的革命性挑战，大量新闻组织逐渐通过社交媒体平台发展自身线上事业，使社交网络形成不同专业媒体"分庭抗礼"的局面。将其纳入同一关系网络可以发现，线上新闻的内容协作性固然有所提升，但专业化内容生产的整体互动结构仍表现出显著的媒体间偏见。而由于传统新闻生产边界日渐模糊，公共关系领域为应对传统媒介资源的近用风险，已然普遍使用社交媒体作为追寻公众流向的对话工具。

在诸多案例层面，我们同样可以看到一些组织/个人独立运营自媒体的新发展可能，并在特定场域下与专业新闻组织形成相互呼应的关系。自治性较大的内容社区向亚文化领域收缩，其相对远离政治型话语，而社区成员建立的相应群体规范与道德体系，同样内嵌于国家政治与资本市场的双重场域。用户内容生产虽然极大地提升了公众参与度，这种广泛的参与性背后则是可持续发展的风险性：个体化的自媒体运营往往难以支撑，它需要在相当程度上去吸收共同体成员的知识贡献，社交媒体强烈的内容竞争亦挤压了业余化个人生产的稳定性。大众文化固然创造了另类的公共性方式，但是在娱乐消费经济刺激之下，其公众视线既是分散性的，亦带有显著的内群体化色彩，如何检验大众文化公共领域与严肃性政治公共领域之间内在衔接的动力，成为另一个值得思考的问题。

随着公共领域转向由不同线上内容生产者主体张力交织而生的破碎结构，政策型公共领域的认同危机、传媒公共领域的专业主义衰退、日常性公共领域的反政治文化均成为建构多元化治理网络的内在困境，与此同时，公共参与亦面临在亚文化领域中的复杂脉络以及跨国性风险的外部压力。对于投入线上公共政治的研究者而言，有必要采用此种风险治理视角，审慎考量日渐强势的人工智能与计算传播范式和当代公共文化的内在关联性，从而不断发展交叉化、融合化、协作化的新的方法范式。

内容生产者为突破自身线上发展风险促进了公共联结性活动，但其互动界限仍然导致小世界圈层的形成。复合、交叠化的线上内容产制延展出探讨公共性的诸多经验维度，相较于批判数字环境的种种内生障碍或者定论一种乐观主义前景，更为适宜的观点可能是将其视为一种摇摆的中间状态，聚焦新媒介作为风险系统在当代社会秩序中产生的不确定性，以及由此带来的多元治理体系的可能性。研究者亦需要反复深入日常公共性的细节，检视线上公共性衍生的另类形式，重新讨论这种破碎的公共性结构乃是如何在特定情境下被整合进整体性公共领域，进而在新旧价值冲突交织、传播技术不断变迁的语境中，树立具有时代生命力的理论解释。

目 录

CONTENTS

绪 论

————————

　　我们再次承认，这是一个荒芜不毛而且疲劳不堪的时代；我们怀着美慕的心情回顾往昔的时代。但与此同时，我们这个时代又是早春的美好日子。生活并不完全缺乏光彩。譬如说，电话机虽然搅扰了严肃正经的谈话、打断了极其重要的言论，但它本身也尽有自己的传奇性。那些绝无可能名垂不朽因而也就能够爽爽快快说出自己心里话的人们，他们的随便聊天也常常具有一种由灯光、街道、房屋、人物所构成的背景，有时美丽，有时怪诞，永远编织进谈话时这短短的一瞬之间。①

——弗吉尼亚·伍尔夫（A. Virginia Woolf）

　　媒介研究关怀的领域总是牵涉种种关乎公共福祉的政治问题。当代变动不居的新媒介语境，则通过不断重塑人们在公共生活秩序当中的技术实践，使政治传播衍生出常谈常新的理论争议。② 形形色色的媒介产品建构了我们对政治生活的理解。正如 M. 舒德森（M. Schudson）所言，现代政治是通过特定形式的新闻故事被具象化的③。我们关于世俗生活的体验，也经由媒介空间的流转，以不同方式呈现在大众面前。事实上，当我们聚焦于媒介这一概念，它首先并非作为某类制度或机构实体存在，而往往象征着一种既定的社会实践，一种经由代理人把关，面向公共领域的内容观念建构过程。在人人参与的数字时代，公共交往是由无数持续的内容生产

————————

① 〔英〕弗吉尼亚·伍尔夫：《普通读者》，刘炳善译，北京十月文艺出版社，2015，第174 页。

② Street, J. (2011). *Mass Media, Politics and Democracy* (2nd Ed.). New York, NY: Palgrave Macmillan, pp. 262 – 282.

③ Schudson, M. (1982). The politics of narrative form: The emergence of news conventions in print and television. *Daedalus*, 111 (4), 97 –112.

构成的。人们的创造性实践不经意地流淌在新媒介网络之中，从而调动起数字社会的生产资源。诚然，新媒介赋予了公共性文化更为弹性的参与方式，尤其社交媒体普及，推动了极盛的用户原创内容（UGC）风潮。无论是关于政策议题的洞见，或是生活领域的交往细节，人们必须积极通过线上生产来维系此种参与式文化，公共领域亦卷入到日常化的互动碎片之中。N. 尼葛洛庞帝（N. Negroponte）将其称为"数字化生存"（being digital）。① 在 N. 库尔德利（N. Couldry）看来，伴随媒介将世界作为"事实"安装进入千姿百态的生活常规，社会不再成为整体性的（wholes），而是由诸多信息流（flows）与关系（relationships）组成的、多层次的相对性"系统"。② 当讨论新媒介带来的种种变革时，我们的视角有必要拉伸到更为宽广的舞台，去观照当代媒介充满异质性而又相互纠葛的内容机制，乃是如何造就了新的公共性图景。

公共性文化融入数字网络的结构变化，正使政治传播生态呈现相当不明朗的面貌。P. 施莱辛格（P. Schlesinger）认为，媒介与政治不断增长的内在联系催生了"媒介政治"危机（media‐political crisis）。尽管传统的掌握政治权力者不一定变得越来越无力招架，但新媒介的确改变了政治传播的游戏规则，重新调整着社会权力运作环境，令其充满更多不稳定性和不可预测性。③ 过去一部分既定成规的、经典的政治沟通方式，开始通过吸收、组合新近媒介文化要素，一遍遍以新的姿态重新进入公共视野。诸多围绕线上参与行为的讨论，也开始由传统的大众消费视角，转向文化生产形塑的"日常媒介生活实践"④。这种数字内容生产方式，逐渐被吸收进入公共领域议题，成为传播学探讨当代中国政治文化转型的主要架构之一。⑤

---

① Negroponte, N. (1996). *Being Digital*. New York, NY: Vintage Books.

② Couldry, N. (2012). *Media, Society, World: Social theory and digital media practice*. Cambridge, UK: Polity Press.

③ Schlesinger, P. (2006). Is there a crisis in British journalism? *Media, Culture & Society*, 28 (2), 299–307.

④ Manovich, L. (2009). The practice of everyday (media) life: From mass consumption to mass cultural production? *Critical Inquiry*, 35 (2), 319–331.

⑤ Zheng, Y. & Wu, G. (2005). Information technology, public space, and collective action in China. *Comparative Political Studies*, 38 (5), 507–536.

　　不过，我们必须意识到，伴随线上公共性到来的是关于媒介生产空间一系列的体制反思。新传播技术的进步观念背后，是某种传统性东西的陷落。Z. 鲍曼（Z. Bauman）用"液化"（liquefaction）来形容现代性追求用另外一套更先进的传统来取代原有传统的进程，"像所有的流体一样，这些模式不能长期地保持它们的形态"，流动现代性的到来，彰显了"系统性结构的遥不可及，以一种激进的方式改变了人类的状况，并且要求我们重新思考那些在对人类状况进行宏大叙事时起架构作用的旧概念"。① 之于新媒介语境，内容产制面临着相似的流态张力。"网络化个人主义"（networked individualism）已被经常性地用以描述互联网在改变、强化共同体方面扮演的角色。② 数字空间固然未能代替旧的媒介形态，却不断赋予社会领域新的沟通方式。在多重行动主体卷入线上参与的过程中，公共领域形成了一种"破碎的结构"，从而为后改革时代的中国政治文化带来更多不确定性。③

　　本书使用"风险"（risk）来形容这种新媒介公共性背后蕴含的不确定面貌。从某种程度上来说，"风险"这一概念的使用看起来并不讨巧。一段时间以来，风险一词被广泛应用于经济学、环境学、管理学、健康传播和科学传播等领域。当本书沿用这一通用概念之时，这一概念的特殊意指就显得尤为重要。首先需要声明的是，我们后续围绕新媒介展开的讨论，均基于长久以来一个被媒介文化与政治传播研究者广泛认可的理想前提，即，媒介内容生产本质上是为公共福祉服务的。通过遍布世界的网络的信息流，大众媒介将行动者的命运与外部世界紧紧联结在一起，从而为共同体之间的利益对话提供了最基本的保障。诚然，媒体有其自身的脆弱和局限性："新闻机构并不是制度的替代物。它像一道躁动不安的探照灯光束，把一个事件从暗处摆到了明处再去照另一个。人们不可能仅凭这样的光束去照亮这个世界。"④ 尽管新媒介空间极大提升了我们与这个世界的互动

① 〔英〕齐格蒙特·鲍曼：《流动的现代性》，欧阳景根译，上海三联书店，2002，第12页。
② Wellman, B., Boase J. & Chen, Wenhong (2002). The networked individualism of community: Online and offline. *IT & Society*, 1 (1), 151–165.
③ Shao, Peiren & Wang, Yun (2017). How does social media change Chinese political culture? The formation of fragmentized public sphere. *Telematics and Informatics*, 34 (3), 694–704.
④ 〔美〕李普曼：《公众舆论》，闫克文、江红译，上海人民出版社，2002，第287页。

能力，但是，我们目前并不具备足够的经验去认识快速变迁的媒介格局背后呈现的公共性景象。因此，以风险作为视角，鼓励我们以更为现实主义的观点去观察不同社会力量在投入新媒介内容生态的过程中，如何建立符合自身期望的生产常规，其间如何面对或是重新形塑技术文化变迁的不确定性面貌，以及由此为当代人们的公共生活带来的不同程度的影响。

从既有传播学生态来看，无论是在理论还是实务层面，一套关于新媒介的积极话语业已普遍形成。本书则试图探讨数字社会内容生产给社会交往体系带来的"变化"，以及其中潜在的公共领域威胁。"新的文化技术的发明会通过社会性扩散对接受它的人们的表达方式产生影响"[①]，风险的威胁虽被视为现实存在，源于客观的现代性制度，但同时，风险社会又是一种文化认知与定义，风险亦是社会意识集体建构的产物。[②] 在此之中，一方面，大众媒介传递着社会风险状况，成为风险感知的中介[③]；另一方面，我们不可忽视伴随媒介技术文化衍生的各类政治经济效应，媒介自身即常常作为风险出现。换而言之，风险与作为内容观念的媒介两者从来就呈现紧密纠葛、相辅相成的面貌。

本质上，风险性牵涉到社会认同机制的问题。诸多声音承认，在互联网传播科技影响之下，后现代媒介环境日益琐碎化，"个体和社群的身份/认同呈现多样化、复杂化、变幻与流动的趋势和特点"。[④] 本书强调，这种认同的碎片化既源于社会公共文化本身的多样性，也是在不同线上生产者完成自身媒介实践过程中所自然生发的。关键之处在于，面对独特的新媒介环境，认同文化产生了何种"新旧"之隔？不同线上主体在卷入新媒介生产场域的同时，如何在旧传统与新产制之间寻求转型？透过超越时间、

---

① 陈卫星：《传播的观念》，人民出版社，2004，第 234 页。

② Kunreuther, H. C., & Ley, E. V. (1982) (Eds.). *The risk analysis controversy：AnInstitutionalperspective.* Berlin, GER：Springer.

③ Wray, R., Rivers, J., Whitworth, A., Jupka, K. & Clements, B. (2006). Public perceptions about trustinemergency risk communication：Qualitative research findings. *International Journal of Mass Emergenciesand Disasters*, 24 (1), 45 – 75.

④ 刘燕：《媒介认同论：传播科技与社会影响互动研究》，中国传媒大学出版社，2010，第 5 页。

地点和领土等现实限定因素，新媒介固然增进了重建公共领域的机会，"不过，我们所知道的是，现代公共领域的想象的统一体将会转化为更加复杂和区别的统一体。"① 多元认同的存在也使得线上空间被植入不同层次的生产动力，这些差异化的群体圈层建构出公共性内在冲突的风险。对于传播研究者来说，深入描绘这些公共性文化的具体运作面貌，回应不同类型生产者关于新媒介的需求与应用，无疑是艰困而又重大的时代任务。

按照 U. 贝克（U. Beck）的观点，风险的视角使得"社会被安置在了一种力图达成'没有基础'的基础性协商的永久性压力之下"，为此，唯有实施权力的再分配，创造新的公共领域，方能使制度克服其自身权力局限②。在此意义上，我们必须以一种反身性立场来看待作为风险的新媒介，进而检视风险与公共性的内嵌状态，即，数字内容生产孕育出何种新的公共风险，反过来，线上参与式文化又如何透过一系列机制再构公共领域结构。基于此，本书期望建立理解新技术环境中传播公共性的另类脉络，重新促进对以下问题的思考：新媒介的公共性是什么？新媒介事实上促进了谁的参与？这种参与机制是如何发生的？从而检视互联网政治在新时期独特的运作逻辑。

---

① 〔荷〕迪克：《网络社会——新媒体的社会层面》（第 2 版），蔡静译，清华大学出版社，2014，第 187 页。
② Beck, U. (1992). From industrial society to the risk society: Questions of survival, social structure and ecological enlightenment. *Theory, Culture & Society*, 9, 97–123.

第一章 ▶▶

为何将新媒介视为风险：
传播公共性研究的另类架构

新媒介文化导致的危机不仅成为传统新闻业的内部共识，同时亦困扰诸多新兴媒介组织与平台的专业运作。事实上，伴随信息时代的变革以狂飙突进的速度施加于社会生活领域，一种孜孜不倦的关于"新"的追求成为普遍的时代征候，使任何内容生产者都处于紧张不安当中。不过，如 V.皮卡德（V. Pickard）指出的那样，大量针对新闻组织的危机叙事，似乎都轻易地将新闻业拘泥于自身内部。人们必须意识到，无论是将新媒介挑战视为某种商业难题抑或技术演进，都忽视了新闻业的公共服务使命——一种实现有效社会治理的本质前提。① 依据此观点，新媒介带来的风险实际脱离了纯粹的媒介生态之争，而混杂着不同程度的社会性要素，进入更为广阔的公共领域。

首先需要说明的是，本书界定的"风险"既不指代单一、损害性的公共风险事故，也并非意指工具性的风险沟通手段，而是尝试将新媒介参与文化视为一种整体性的风险系统。按照 R. V. 埃里克森（R. V. Ericson）与 K. D. 哈格蒂（K. D. Haggerty）的归纳，风险既包括由自然灾害或者敌对方威胁行为导致的外在危险，也可以是"被制造的"，缘于现代科技对自然、社会生活的干涉。值得注意的是，风险除此之外亦牵涉管理危机时的传播准则、方法与技术。② 可以说，自风险社会被提出以来，传播与媒介便扮演着重要角色。传播学视阈内的风险也就成为人们努力尝试从社会性、话语性视角去追寻社会问题的建构（construction）与表征（representation）的过程。③ 虽然过去此方面的成果仍然主要聚焦于媒介在提供风险知识以及在社会论争方面的作用，但实际风险的传播社会学意涵已大大拓宽。本书所讨论的风险，即是试图延伸到社会文化制度层面，探讨线上

① Pickard, V. (2011). Can government support the press? Historicizing and internationalizing a policy approach to the journalism crisis. *The Communication Review*, 14 (2), 73 - 95.

② Ericson, R. V., & Haggerty, K. D. (1998). *Policing the Risk Society*. New York, NY: Oxford University Press.

③ Cottle, S. (1998). Ulrich Beck, "risk society" and the media. *European Journal of Communication*, 13 (1), 5 - 32.

公共文化如何在不同生产主体的卷入过程中被建构起来，以及其中存在的自我矛盾。

第一节　"不确定"的忧虑：新媒介的风险维度

面对公共领域的线上转型，政治传播领域多少弥漫着一定的技术乐观主义心态。在国内，截至 2019 年 6 月，网民总体规模达到 8.54 亿人，手机网民则达到 8.47 亿人，互联网普及率为 61.2%，其中 10~39 岁群体占整体网民的 65.1%。在线上应用方面，即时通信与网络新闻等使用率则分别达到 96.5%、80.3%。① 大规模增长的用户量与平台使用率推动着线上空间日益强烈的影响力。皮尤研究中心的数据统计曾指出，约 20% 的社交媒体使用者认为社交网络内容能够改变他们关于社会性与政治性议题的看法。② 尽管过去的社会理论家宣称，大众媒介功能商业化、娱乐化以及政治冷感现象的出现，不断削减公共交往的社会资本，使得人们较少参与公共讨论，带来公共领域的衰退。③ 但是，这一观点旋即遭到新媒介研究者不同程度的质疑。B. D. 洛德（B. D. Loader）等人提醒，年轻族群的政治认同与政治态度，看起来正越来越少地受到家庭、邻里、学校、工作等传统社会纽带的影响，而更多地通过参与社交网络的互动过程实现线上建构。④ 个体通过线上关系形成的交流网络，固然存在信息茧房、隐私泄露等种种私人风险，一部分实证研究则强调，社交网络卷入度较高的人比卷

---

① 中国互联网络信息中心：《第 44 次中国互联网络发展状况统计报告》，http://www.cnnic.cn/hlwfzyj/hlwxzbg/，2019 - 10 - 4。

② Pew Research Center (2016. Nov.). *Social media causes some users to rethink their views on an issue.* Retrieved from http://www.pewresearch.org/fact - tank/2016/11/07/social - media - causes - some - users - to - rethink - their - views - on - an - issue/，2017 - 2 - 22.

③ 〔美〕罗伯特·帕特南：《独自打保龄：美国社区的衰落与复兴》，刘波等译，北京大学出版社，2011。

④ Loader, B. D., Vromen, A. & Xenos, M. A. (2014). The networked young citizen: Social media, political participation and civic engagement. *Information, Communication & Society*, 17 (2), 143 - 150.

入度较低的人往往拥有更强的风险承担意识与交往诚信度。① 这说明，人们在线上参与过程中，亦形成了一定程度的风险认知与责任意识。

总体来看，一方面，国际社会关于新媒介政治参与的文献已是汗牛充栋。无论是阿拉伯之春、占领华尔街等政治抗争运动，还是关于非政府组织、环境运动、女权运动乃至大众消费文化等全球性公共议题，大量研究均侧重新媒体提供的表达渠道与赋权功能如何增益市民社会的参与意愿，带来另类的民主实践形式。② 另一方面，研究者亦关注成长的线上公共性如何迫使传统社会话语权力加入自身结构。譬如，N. 卡彭特（N. Carpentier）便以 BBC 广播公司的"视频国家"（Video Nation）项目作为案例，认为主流媒体通过转向线上社区，鼓励受众参与媒体内容制作，赋予了人们表现自我及其日常生活的机会，在既有的制度环境下维系着公众参与式文化与媒介专业的力量平衡。③ 除却媒体组织趋向弹性的专业主义生产，政府部门也开始不断改变自身的新媒介社会政策，通过相应社交媒体策略管理线上账号，发展更多社会对话空间。④ 之于中国语境，新媒介如何为线上动员提供相应的社会资源仍是广为流行的研究主题。不少讨论围绕社会转型理论，以"社会转型机遇与风险相互交织的时期"为背景，致力于回答新媒介环境如何带来"政治正当性的合法性"的问题。⑤ 董天策等人即基于 2003～2012 年 57 个典型互联网公共事件，归纳了社交媒体在开放讨论空间、促进政府监督、维系社会正义、保障弱势群体权益、公开政治信息、推动社会事件调查以及社会管理创新与制度变化等方面的作用，从

---

① Fogel, J. & Nehmad, E. (2009). Internet social network communities: Risk taking, trust, and privacy concerns. *Computers in Human Behavior*, 25 (1), 153 – 160.

② Dahlgren, P. (2013). *The Political Web: Media, participation and alternative democracy*. Basingstoke, UK: Palgrave Macmillan.

③ Carpentier, N. (2003). The BBC's video nation as a participatory media practice: Signifying everyday life, cultural diversity and participation in an online community. *International Journal of Cultural Studies*, 6 (4), 425 – 447.

④ Chen, Q., Xu, X., Cao, B., & Zhang, W. (2016). Social media policies as responses for social media affordances: The case of China. *Government Information Quarterly*, 33, 313 – 324.

⑤ 潘斌：《风险的政治化与政治的风险化：转型期中国社会风险的政治学考察》，转引自上海市中国特色社会主义理论体系研究中心编《重新发现中国社会：多元视角下的前沿问题研究》，上海人民出版社，2015，第 327 页。

而将新媒介参与融入"中国改革与社会变迁的历史进程。"①

然而，倡导线上公共领域前景的同时，更为令人瞩目的恐怕还是同样广泛的批判主义声音。20 世纪 90 年代，R. 菲德勒（R. Fidler）曾坦言，尽管少有人能够否认，互联网数字技术作为全球人际交流与信息传播的基础结构，正变为人类社会的无价之宝；"或者说，这个媒介在团结全世界与引导人类努力竭尽全力解决威胁到我们未来的许多严峻问题方面，具有巨大的潜力。可是，正如一切重大的转型一样，它也有一些阴暗面并且不总是那么直接、明显地表现出来"②。面对现代社会的沟通难题，互联网并非"包治百病"的灵丹妙药。相当多的前人研究通过对技术乐观主义的反思，分析了新媒介参与的种种失灵机制对良性公共文化造成的后果，形成不同维度的理论思考。

其一是基于社会治理面向的舆情风险。通常认为，舆情定义在国内具有浓厚的在地化意味。如果说公共意见强调的是公众对于公共事务的理性批判，"舆情"这一用法可能更为侧重"民众的社会态度"③ 及其背后附加的影响力与倾向性。④ 杨良斌谈道："网络舆情突发事件容易产生一定的风险，这里的风险是指民众通过互联网，就突发事件发生、发展、处置等问题表达情绪、态度和意愿，以至于造成突发事件应急处置效率低下、政府公信力下降以及经济社会秩序受到影响的风险。"⑤ 截至 2013 年年底，国内便涌现逾 800 家舆情软件企业。⑥ 舆情市场规模的急剧扩展，一方面被认为体现出"原先试图遏制信息流动的力量只能退而求其次，选择以监测信息流动状况的方式应对变化中的社会"，映射着"政府治理能力和治

---

① Dong, Tianceng, Liang, Chenxi, & He, Xu (2017). Social media and internet public events. *Telematics and Informatics*, 34（3），726–739.

② 〔美〕罗杰·菲德勒：《媒介形态变化：认识新媒介》，明安香译，华夏出版社，2000，第 217 页。

③ 喻国明、李彪：《社交网络时代的舆情管理》，江苏人民出版社，2015，第 4 页。

④ 中共中央宣传部舆情信息局：《网络舆情信息工作理论与实务》，学习出版社，2006，第 6 页。

⑤ 杨良斌：《科学计量学理论与实例》，科学技术文献出版社，2014，第 61 页。

⑥ 新京报特别评论员：《"舆情监测"是个什么市场》，《新京报》2014 年 3 月 21 日，2014，第 A04 版。

理体系现代化"①；另一方面则促使高校科研单位、传统新闻媒体、互联网公司、公关咨询公司以及舆情技术服务公司共同卷入舆情分析的多中心生态。可以说，舆情被提升至国内热点议程，既是业内试图发掘新技术环境的线上表达用以协助公共政治决策，又牵涉社会治理的"安全阀"观念，在具体实践中带有"控制论"的思维考量。当代中国现代化转型与整体利益结构问题在线上空间被反复投射，面对网民力量崛起带来的塔西佗陷阱、后真相、语言暴力、群体性事件等效应②，过往舆情研究基本围绕公共领域衍生的这些不同维度的意见行动，探讨其如何影响社会发展与国家政治的稳定性。

其二是基于民主政治理论检视公众参与的有效性。此面向虽与上述舆情治理有颇多关联，事实上则旨在从线上环境更普遍的结构困境质疑公众意见存在的局限。数字网络长期以来总被认为杂乱无序，胡泳形容其为"众声喧哗"，所谓"处处是中心，无处是边缘"。③ 对于政治传播研究者来说，最为深刻的问题并不在于这种无序状态的不可捕捉，而在于社群意见在建构自身类型化的过程中，也导致整体网络难以实现共识。西方主流的党派政治研究已经普遍验证了线上环境的回音室效果（echo chamber）。尽管受不同政治文化熏陶的用户行为有所差异，但持有特定政治倾向的人总是追寻符合其个人倾向性的内容。④ M. J. 李（M. J. Lee）与 J. W. 丘恩（J. W. Chun）的实证测量也部分支持了"沉默的螺旋"效果在社交网络的重现：那些持消极态度的人面对同样消极的线上评论时，其内容接受以及参与线上讨论的意愿便会增加。⑤ 由此可见，极端性、负面性的话语

① 南方都市报社论：《网络社会崛起，舆情市场规模必然升级》，《南方都市报》2014 年 2 月 19 日，2014，第 A02 版。

② 唐涛：《网络舆情治理研究》，上海社会科学院出版社，2014，第 65～78 页。

③ 胡泳：《众声喧哗：网络时代的个人表达与公共讨论》，广西师范大学出版社，2008，第 3 页。

④ Colleoni, E., Rozza, A., & Arvidsson, A. (2014). Echo chamber or public sphere? Predicting political orientation and measuring political homophily in Twitter using big data. *Journal of Communication*, 64, 317–332.

⑤ Lee, M. J., & Chun, J. W. (2016). Reading others' comments and public opinion poll results on social media: Social judgment and spiral of empowerment. *Computers in Human Behavior*, 65, 479–487.

的确容易压制其他声音，导致线上空间秩序看起来并不那么"和谐"。皮尤研究中心2016年的数据显示，约有1/3的社交媒体用户对他们接收的政治内容感到负担压力，超过一半的用户认为当自己跟政治意见相左的人进行线上互动时，会感到充满压力和沮丧。① 在此意义上，线上文化并非与生俱来地能创造"更好"的公共领域，尤其社交网络生态带来的种种规范性问题，也不大可能由线上公众自行解决。

其三是批判性的互联网政治经济学理论。此面向强调线上空间仍然无法摆脱政治意识形态与资本主义市场的控制，只不过在全球数字网络之下，传统性的制度剥削转换成为更为隐蔽的方式。如N. 加纳姆（N. Garnham）认为，大众媒介领域的关键在于其必须同时服务于两个领域：商业操作与政治制度。媒介商业、政治功能不仅是所有权与控制的问题，更牵涉深刻的"价值系统"与一系列社会关系。商业媒体必须在这些价值系统和社会关系中运作并为之服务。② 线上环境在某种意义上沿袭了这种长期以来媒介所面对的公共性难题。T. J. 米基（T. J. Mickey）直截了当地指出，互联网的发展首先服务于工业社会而非社会效益③。J. 迪安（J. Dean）也对线上公共领域持非常谨慎的观点，认为如果说公共领域是民主自由的实践场所，那么作为当代的科技文化（techno - culture），互联网不过是资本主义的信息化发展模式，或者说，一种"传播的资本主义"（communicative capitalism）罢了。④ 政治经济学视角的质疑使得线上公共性延宕出更多社会文化制度面向的讨论，包括数字鸿沟、跨国信息资源战争、数字劳工等问题。举例而言，有研究便基于中国网络字幕组的民族志观察指出，新媒介以给予"自由"的方式索要人们的精力和实践，网络劳动与娱乐兴趣之间的模糊化，使线上社区贡献出自己工作和家庭

---

① Duggan, M. & Smith, A. (2016). *The political environment on social media*. Retrieved from Pew Research Center: http://www.pewinternet.org/2016/10/25/the - political - environment - on - social - media/.

② Garnham, N. (2004). The media and the public sphere. In F. Webster (Ed.), *The Information Society Reader*. New York, NY: Routledge, pp. 358 – 365.

③ Mickey, T. J. (1998). Selling the Internet: A cultural studies approach to public relations. *Public Relations Review*, 24 (3), 335 – 349.

④ Dean, J. (2003). Why the net is not a public sphere? *Constellations*, 10 (1), 95 – 112.

生活之外所谓的"剩余生产力"。① 在 T. 肖尔茨（T. Scholz）看来，类似基于分享性创造的线上表达均被并入资本召唤价值生产的手段。② 线上参与文化由是从一种民主化的赋权表现，转向为信息资本主义制度下的市场话语。

结合前述，线上公共性研究的矛盾之处在于新媒介生产出的两套"常识"。流行的社交媒体研究既提醒线上意见强烈的极化与偏见，亦广泛承认社交网络形成有利于开放、跨党派、跨意识形态的话语。③ 这种看似内在冲突的修辞，似乎成为探讨数字社会生态的常态，并行不悖地被各类经验资料所验证。那么，有没有可能出现一种统合声音，用以解释此种线上公共领域的矛盾性现象？研究者恐怕需要采用更为多元性的公共参与视角，方能描绘不同主体卷入线上公共领域的复杂构建过程。通过使用"风险"这一概念，我们尝试讨论的是新媒介环境因风险而联结的公共性文化，即风险如何作为动力机制带来线上公共领域的转型。本书在论述过程中将引入线上内容生产一些颇具代表性的"亚类型"，但并非意在从"内部认知的角度一味地关注个体对风险信息的'歪曲'"④，而是基于这些个性案例，讨论充满流动性、高速变化的内容生态如何塑造一种风险结构，进而建立理解新时期线上公共领域的宏观解释框架。公共性的风险由来自不同背景的内容生产者及参与者共同缔造，并不能透过公众自身解决。作为基于风险视角的新媒介研究，本书同样希冀能够以一种未来学面向审视当代互联网政治文化的不确定性，从而基于数字社会内容生产发展的潜在可能，去回应过去以及既有的线上公共性问题。

---

① 曹晋、张楠华：《新媒体、知识劳工与弹性的兴趣劳动——以字幕工作组为例》，《新闻与传播研究》2012 年第 5 期，第 39 ~ 46 页。

② Scholz, T. (2013). Why does digital labor matter now? In T. Scholz (Ed.), *Digital Labor: The internet as playground and factory*. New York, NY: Routledge, pp. 1 - 10.

③ Gruzd, A. (2014). Investigating political polarization on Twitter: A Canadian perspective. *Policy & Internet*, 6 (1), 28 - 45.

④ 伍麟、王磊：《风险缘何被放大？——国外"风险的社会放大"理论与实证研究新进展》，《学术交流》2013 年第 1 期，第 141 ~ 145 页。

第二节　新媒介作为风险的对象建立

　　结合公共领域与风险社会理论范式，本书将新媒介置于"风险"视角，考察数字社会的内容生产者如何被不同风险利益协调起来，以及在此之中，线上空间的公共性文化如何得以生成。新媒介引发的时代风波在新闻传播界被讨论由来已久。然而，许多观察者基于自身立场性，实际使此种讨论往往转向新旧媒体的转型与融合之辩，多少受限于行业生存境况。在 M. 赫斯特（M. Hirst）看来，主流新闻生产在新媒介环境面对的根本困境并非源自利润问题，而是公众正日益流失对新闻业的信心。雪上加霜的是，数字领域涌现增长的另类传播形式，并不足以支撑相应的民主政治。[①]由此来看，新媒介带来的最大挑战在于其施加于外部环境的衍生效应。当我们去探寻作为风险的新媒介，其对象并不应全然聚焦在正统新闻生产领域，更为重要之处是，当代无处不在的媒介参与及内容生产活动如何与社会公共领域之间产生未料可知的互动关系。

　　研究者在这里引用"风险"来讨论线上运作逻辑，主要预设数字网络在不断扩张过程中，公共领域必须不断克服参与者卷入过程中形成的公共性阻碍。就像 I. 沃勒斯坦（I. Wallerstein）的叩问："发展是一个指路明灯抑或是一个海市蜃楼？"[②]新媒介之"新"，显然标榜了一种有别于过去的、进步的现代性发展观念。在这种以进步为指标的社会主流意识形态之下，即便诸多声音已早早指出新媒介参与存在的种种缺陷，但在传播条件变革的情况下，为实现公共领域的发展如何提供可预测、可控制的环境，仍是有待线上治理解决的问题。具体而言，我们所检视的新媒介风险缘起于如下层面。

　　一是传统媒介产制被解构的风险。进入现代社会以来，大众媒介调节

---

① Hirst, M. (2011). *News 2.0: Can Journalism survive the Internet?* Crows Nest, NSW: Allen & Unwin.

② 〔美〕伊曼纽尔·沃勒斯坦：《否思社会科学——19 世纪范式的局限》，刘琦岩、叶萌芽译，生活·读书·新知三联书店，2008，第 125 页。

着公众意见气候，两者相互作用形成了哈贝马斯所言的"公共领域"。① 媒介组织传统在数字社会面临的各类不适应性，意味着专业主义的消逝以及新的线上规范的兴起。有关大众媒介线上事业的开展，最早可追溯到 20 世纪 90 年代的数字印刷与数字新闻业务，如今，媒体业务链面向社交网络与移动智能平台重新进行内容配置已是媒介融合演变格局下的新常态。专业媒介机构普遍面对的数字转型冲击，既被用以反衬个人表达与生产的兴盛风气，同时也注定牵涉意见气候的调节失灵现象。事实上，这种影响不仅反映在正统的精英新闻业，同时亦深刻作用于以内容生产为中心的周边媒介生态，譬如广告、公关行业。J. 塔洛（J. Turow）早期便发现，面对传统广播电视网版图的瓦解，广告主关于美国社会的大多数公开谈论，"都相当一致地突出了一个正在分崩离析的国家。他们观察到的是一个分裂的社会，其成员是自我纵容的、疯狂的和疑虑重重的人，他们逐渐地只是与相似的人为伍"。② 种种迹象均表明，在大量受众转向新兴媒介管道的背景之下，依赖于传统媒介形式的内容提供者、生产者与把关者对于社会共识凝聚的约束力与影响力显得愈发脆弱。

二是新技术语境的公共对话风险。人类传播致力解决的最重要问题正是所谓的"交流的无奈"，"我们时代的一些主要困境，包括公共的和个人的困境，必须求助于交流，否则就找不到解决办法"③。新媒介带来了盘根错节的网络社会生态，线上空间作为"无所在之地"（placeless space）④极大延展人们的社会交往范畴，与此同时带来的公共政治后果始终需要多重维度的检视。一方面，数字媒介的崛起、传统媒体市场的缩减与现代媒介监管制度的松绑等因素正导致媒介市场竞争达到前所未有的程度，专业媒介组织被认为更少地受到激励去投入生产严肃性信息，从而实现对政治

---

① Savigny, H.（2002）. Public opinion, political communication and the Internet. *Politics*, 22（1）, 1 – 8.

② 〔美〕约瑟夫·塔洛：《分割美国：广告主与新媒介世界》，洪兵译，华夏出版社，2003，第 2 页。

③ 〔美〕彼得斯：《交流的无奈：传播思想史》，何道宽译，华夏出版社，2003，第 1 页。

④ Christensen, M., Jansson, A., & Christensen, C.（2011）. Globalization, mediated practice and social space: assessing the means and metaphysics of online territories. In Christensen Miyase, Jansson Andre and Christensen Christian（Eds.）, *Online Territories: Globalization, mediated practice and social space*. New York: Peter Lang, pp. 1 – 11.

新闻的引导①；另一方面，尽管线上公共领域提供了广泛的信息交流机会，但公众新媒介使用的能动性仍存在诸多争议之处，譬如技术资源接近过程中的数字鸿沟、日常文化消费与公共参与之间的关系、面对特定议题的"短视"与非理性行为等。为此，研究者必须从各种层次深描线上内容实践，从而准确评估公共对话的数字生态。

三是公共性文化带来的风险扩散现象。人们的风险感知、风险回应总是处于动态的变化之中。风险远非限于针对现实损失和伤害可能性进行评估的既有经验，更为关键之处在于，它是人们学习如何去获取、创造关于风险解释的产物。因此，历来风险研究尤为重视回归到文化制度层面，观察风险的社会性放大过程（the social amplification of risk）。② 诚然，公共领域已成为解释数字社会与社交媒体时代的核心概念。在 C. 富克斯（C. Fuchs）看来，线上社会性（online sociality）并不是一个全新的说法，其本质与日常公共交往一样，同样是要解决认知（cognition）、沟通（communication）与协作（cooperation）的问题。③ 从 21 世纪以来国内互联网案例来看，新媒介的确为环境运动、上访事件、司法事件、地方抗争性运动等公共政治议题提供了协作治理机会。但线上话语的扩散性过程同样衍生出诸多麻烦，典型例子比如负面政治性评论以及"谣言—真相"问题。大部分互联网政治研究均纠葛于此种线上公共机制带来的双刃剑效应。这在某种程度上也成为长期以来线上公共领域的运作矛盾。

本书另外一个需要厘清的问题是对新媒介的界定。从传播学的广泛论述来看，新媒介是个相对概念，是历史阶段的产物。显然，"新"是一种永恒的新世界的标志。L. 吉特尔曼（L. Gitelman）与 G. B. 平格里（G. B. Pingree）认为，我们目前谈到的新媒体即是数字互联网络，但需要提醒的是，所有的媒体都曾经"新"过，新媒体研究本质上面向的是"今日的

① Barnett, S. (2002). Will a crisis in journalism provoke a crisis in democracy? *The Political Quarterly*, 73 (4), 400 – 408.

② Kasperson, F. X., Kasperson, R. E., Pidgeon, N., & Slovic, P. (2003). The social amplification of risk: Assessing fifteen years of research and theory. In N. Pidgeon, R. E. Kasperson, & P. Slovic (Eds.), *The Social Amplification of Risk*. Cambridge, UK: Cambridge University Press, pp. 13 – 46.

③ Fuchs, C. (2014). *Social Media: A critical introduction*. London, UK: Sage.

新媒体"。① 即使就数字社会本身而言，新媒介也因加入万维网、互联网、Web1.0、Web2.0、SNS 网站、社交媒体、手机网络、移动传播等而经历了概念的演变。当前各个学科领域观照的新媒介修辞，实际即是多渠道的数字整合系统，并且，其无一例外地强调受众向内容创造者（content creators）转变的核心文化表征。② 基于写作时空，本书所论述的新媒介亦沿袭上述概念，尤其指涉以当代社交媒体文化为代表的数字网络空间。

在观照流动性的信息网络过程中，值得注意的是，无论是参与者的身份认同还是内容实践，均呈现相互叠合的面貌。如 M. 卡斯特尔（M. Castells）认为，对于特定个体或者集体行动者而言，认同往往是多元性的，这种多元性造成了人们自我呈现与在社会行动过程中的压力与抵触。他于是建议，或可依据传统社会学家设定的"角色丛"（role - sets）给予文化实践更为具体的实质分析。③ 如何在这种多元性主体脉络下梳理风险联结而成的公共领域结构，对于本书研究操作而言，是较为严峻的挑战。

基于当前新媒介研究现状，本书划分了专业化新闻组织与线上用户参与两种内容生产形态。在线上文化的一贯讨论中，这种"二分法"是相当主流的选择。④ 由是，后续的具体案例讨论将交织着两条线索展开：首先，通过探讨新媒介风险对职业化新闻生产的影响，考量中国传统新闻产制如何重新反思新闻业，建构与受众之间的关系，在此之中，专业主义的内容生产是否在数字社会获得了新的内涵；其次，以往关于线上公共行动的研究，过多关注社会问题的权力对抗过程，本书基于"风险"视角，认为新媒介用户的线上参与本身既可被视为"公共性风险"的一部分，也包含了努力实践更好的公共对话、针对各类政治经济制度下的压力进行策略性抵

① Gitelman, L., & Pingree, G. B. (2003). Introduction: What's new about new media? In G. B. Pingree & L. Gitelman (Eds.), *New Media*, 1740 - 1915. Cambridge, MA: The MIT Press, pp. xi - pp. xxii.

② Gardner, J., & Lehnert, K. (2016). What's new about new media? How multi - channel networks work with content creators. *Business Horizons*, 59 (3), 293 - 302.

③ Castells, M. (2010). *The Power of Identity* (2nd Ed.). Malden, MA: Blackwell Publishing Ltd, p. 6.

④ Broersma, M., & Graham, T. (2012). Social media as beat: Tweets as a news source during the 2010 British and Dutch elections. *Journalism Practice*, 6 (3), 403 - 419.

抗，进而维护共同体秩序的风险规避过程。借此，本书希冀重新检视线上公共参与逻辑。本书认为，将用户参与局限于严肃性的社会公共议题并不能解释复杂的线上文化场域，因而更倾向于 D. M. X. 卡普尼（D. M. X. Carpini）与 B. A. 威廉斯（B. A. Williams）的看法，将大众娱乐文化与新闻性议题置于同等重要的地位。[①] 在方法执行阶段，本书关注亚文化社群的参与文化，以此丰富对线上公共领域生态的了解。

本书将专业化新闻生产与线上用户生产视为新媒介文化的两种内容参与范式，重点旨在探讨两者彼此联结、实现融合的可能性。线上公共领域脱离了一种定型化空间，依据人们在私人与公共动机之间的转化，成为流动的、随情境而定的形态。通过将数字社会影响之下的新闻业风险与线上用户的公共风险相联系，研究者试图以另类视角探索线上公共参与结构何以生成，从而一方面深化理解新闻业在数字社会的转型动力，为媒介组织调整内容事业、展开线上公共对话提供经验借鉴；另一方面则详致评估线上用户社群的复杂性，启发讨论线上大众文化、公共意见、话语秩序乃至集体性抗争行动的新思路，为当代互联网治理的理论与实务提供值得借鉴的经验论述。

第三节　新媒介作为风险的内容体系

如前所述，我们尝试使用"风险"概念来调和线上公共性的前景与困境。由于风险的内涵相当抽象，在实际论述过程中，本书透过不同面向的线上生产范式来建构研究的整体内容体系。"风险"是新技术的必然产物，不过，人们应对风险的策略可能引起不同的社会后果。以往不论是关于新媒介对传统传媒行业影响还是对用户公共行动影响的研究，都存在乐观主义或者悲观主义两种态度：乐观主义者关注新媒介为重构新闻主义带来的契机，以及新媒介为普通公众"赋权"的可能；悲观主义者则侧重于传统

---

① Carpini, D. M. X., & Williams, B. A. (2001). Let us infotain you: Politics in the new media age. In W. L. Bennett & R. M. Entman (Eds.), *Mediated Politics: Communication in the future of democracy.* Cambridge, UK; New York: Cambridge University Press, pp. 160 – 181.

新闻生产规律在新时期的种种衰退，并基于信息资本主义制度与民主政治理论之间的矛盾质疑公众行动的有效性。立足于风险社会与公共领域理论的融合视角，本书认为不妨持一种现实主义的观点，具体考量新媒介挑战究竟如何改变当代媒介产制，人们在参与这种线上内容环境的过程中又存在何种前景期望或风险制约。与此同时，将风险纳入线上公共文化的动力机制，也可规避从专业主义新闻或公民社会道德责任的角度来探讨线上公共领域，将解决风险的功能性需求，作为改善数字社会的公共对话与协商机制的途径之一。

内容表达是维系数字社会可持续发展的基础，但内容背后体现的社会性意涵则牵涉非常复杂的文化线索。在本书有限的篇幅讨论中，我们强调的新媒介风险在于专业媒介内容生产与线上用户内容生产所各自面临的线上问题。显然，这样的分类可能有失偏颇，尤其在当代新闻生态的转向过程中，大量"外围者"的加入使主流内容生产已经呈现非常明显的网状态势。因此，在实际案例分析当中，我们往往需要将其混合讨论。值得注意的是，这并非意味着过去的"二分法"已经不合时宜。我们将专业媒介生产者与线上用户分离出来，的确更有利于检视传统内容生产向新语境过渡过程中产生的某些特殊张力。透过分析这些看似对立的内容产制，我们旨在检视两者如何通过线上环境的联结性互动，应对新媒介文化为自身行动带来的不确定性，从而映射整体性的公共领域结构。主要研究的问题是：其一，在新技术环境冲击下，大众媒介如何感知自身面临的挑战，其在线上空间的真实互动结构又呈现何种面貌？其二，人们如何通过日常媒介实践克服公共生活的交流困境，其线上公共性又受到何种外在权力的影响？其三，基于上述，不同媒介生产者在新媒介空间的实践，能否有助于促进联结性文化的产生，是否有助于复兴一种新的公共领域形态？

大体而言，本书的研究结构沿着下述线索展开。

第一，着手风险社会与公共领域理论的脉络梳理。不过，本书无意过多纠葛于此两大经典社会理论的渊源，而是聚焦其在数字社会与数字时代的应用及延展性，尤其诠释两者在中国本土化语境的适用。在此过程中，检视前人对传统新闻业在数字社会面临的风险的大量研究、线上用户的日常媒介实践、公共性文化与风险治理之间的关系，从而分析以风险作为视角讨论线上公共性文化的价值。

第二，讨论风险如何作为一种观念实践被施加于当代新闻传播领域。风险蕴含的威胁虽然会造成特定社会心理的焦虑与恐慌，却也常常成为人们重思当下的契机。面对新媒介带来的变革，理论界开始寻找新的范式或者理论面向来修正学科框架，由此产生如极盛一时的"计算社会科学"转向。不过，本质上，我们应当考量的仍是此种追寻"新"传播的意识能否"生产新的资源"。① 传播学不断提出新的概念与命题，相应的媒介研究范式发生转变，影响着我们观察公共性文化的基本视角。如何批判性思考既有媒介风险观念下，人们对公共性文化的理解，也就成为亟待研究的课题。

第三，描绘专业新闻生产者作为同一系统的线上运作生态。探讨在当代新闻业面对新媒介普遍形成的危机话语意识下，不同类型媒体发展线上事业、参与社交网络所形成的媒体间互动结构，重点分析专业媒体在线上场域既有的运作现貌，以及哪些媒体占据线上较为中心的位置，其中存在何种媒介互动偏见，以及这种互动结构与线上整体性公共空间的联系。

第四，将公共关系领域作为重要内容提供方，以期更为全面地描述专业化新闻生产的线上生态。透过这些媒介组织相关业者关于数字社会专业主义实践的观念，并将其与主流新闻业者的观点进行比照，描述两者如何建构新媒介挑战下的风险感知，从而进一步以"他者"视角观照专业化新闻生产如何面对线上环境造成的变化，其他传统内容提供者如何修正自身面向公众的方式，并从新闻组织者与内容提供者双重角度理解媒介产制在线上环境中的变化。

第五，转入探讨用户的线上参与。尝试通过自媒体、社交网络等多种渠道的质性个案，一方面描述用户原创内容生产如何在特定的公共议题方面替代传统新闻业，另一方面描述个人化的媒介运营如何通过内容转型维系自身发展。另外，以自媒体为代表的准专业化内容生产者如何感知线上

---

① 王昀：《新传播何以生产新资源》，《中国传媒报告》2016 年第 3 期，卷首语。

运营风险并做出相应响应？这对线上公共领域有何影响？本书亦会对此类问题做出回应。通过分析用户原创内容的参与过程，我们亦可从侧面诠释新闻业在数字社会面临的挑战。

第六，寻求讨论线上公共性文化的另类形式。譬如以娱乐消费为面向，深入亚文化社区检视用户如何在私人消费者、公共内容生产者及参与者之间实现转换，普通公众之间如何因特殊旨趣实现团结，亚文化社群的公共交往又受到何种政治经济学层面的影响。在此过程中，研究者可以尝试使用礼仪、人情、社区等具有在地性、传统性意味的概念，分析人们的日常生活经验在线上内容生产中的作用，借此讨论本土化关系传播在线上环境中的再构。

第七，基于对智能时代的前景展望进一步探讨变革中的公共性文化风险。智媒技术的发展所推动的日渐成熟的计算机生成内容（CGC），不仅动摇了传统新闻生产归类，而且也开启了一种门槛更高、由技术专家所掌控的内容生产机制。大数据、自动化以及自然科学范式导向下的媒介生产，既带来了传统媒介从业者巨大的经验落差，也加大了普通用户参与的难度，在某种意义上压缩了日常用户参与数据决策可能性。随之而来的数据源开放性、数据陷阱、数据隐私等众多争议，既有赖于通过一系列公共领域的伦理规范进行回应，其本身也可能成为困扰公共性文化未来生态的重大内在障碍。

第八，透过不同层次经验材料所展现的线上公共性文化的丰富形态，本书归纳论述了线上公共领域如何被视为一种整体性的风险结构，并基于治理理论分析线上空间在发挥潜能的同时所蕴含的内在困境。同时，廓清讨论风险公共领域的思路。

第九，重新对研究进行总结、反思，强调将风险作为探讨公共性文化视角的理论意义。在本书论述当中，新媒介绝非限于技术工具层面。事实上，我们更倾向将其视为一种流动的"环境"。不同的社会角色融入其中，以各自方式生产出与以往迥异的信息传播与社会交往方式，造就了非常复杂的公共领域生态。在此基础上，我们提出"破碎的公共领域"范式，提炼其现实特征与理论意义，从而阐述本研究对于理解线上媒介实践、思考当代中国互联网治理与公共政治文化的意义。

第四节　新媒介作为风险的观察路径

本书的经验材料取自于多个层次的案例。在这种关于不同面向的线上公共性讨论中,研究者能够采用相对丰富的观察路径勾勒新媒介风险与各类利益相关者相互嵌入的生态。这方面的研究融合了社会化网络分析、半结构化访谈、线上参与式观察以及个案研究等多种方法。

社会化网络分析在近年来传播学研究中可谓蔚然成风,尤其数字网络与大数据技术等,为研究者观察媒体、组织或个人用户在数字网络中的信息寻找、信息创造与信息反馈等行为提供了良好的支撑。不少研究者即运用代表性社交网站提供的开放数据源,讨论新时期基于互联网空间的传播交往特性,这既可明确线上信息流形成的各种互动纽带,又能对不同行动者属性进行单独分析。① S. 施蒂格利茨(S. Stieglitz)与 D. 灵(D. Linh)以社交媒体中的政治传播为例,归纳了当前主流的数据挖掘方式:一是根据研究者自身定义的关键词或标签收集特定信息,或依据某一具体社交媒体账号,收集其所包含的所有评论;二是依据特定政治话题进行数据采集;三是有针对性地收集较有影响力的社交媒体行动者发出的相关信息;四是通过随机抽取特定数据集的信息来判断大多数意见;五是通过人们发送的链接网页来评估其分享的信息,尤其在微博、推特等字数受限的线上平台,这一方式往往能提供具有更多意义的观点。② 这些都较为全面地总结了社交媒体数据收集思路,是针对线上公共意见话题进行社会化网络分析值得充分借鉴的方向。

本质而言,社会化网络分析象征着传统社会学背后的结构思维导向。自 20 世纪 30 年代,这一观念即开始被用来表现社会结构的形态、特征,至 50 年代,已被广泛应用于组织传播、人际传播层面尤其是社区结构的调

① Lewis, K., et al. (2008). Tastes, ties, and time: A new social network dataset using Facebook. com. *Social Networks*, 30 (4), 330–342.

② Stieglitz, S., & Linh, D. (2013). Social media and political communication: A social media analytics framework. *Social Network Analysis and Mining*, 3 (4), 1277–1291.

查。时至今日，社会化网络分析已经延展到政治与政策网络、社会运动、全球政治经济、文化、科学网络等面向的多领域研究，其应用具有相当的灵活度。按照 J. 斯科特（J. Scott）与 P. J. 卡林顿（P. J. Carrington）的观点，社会化网络分析就是作为数学分支的"图论"（graph theory）的特殊应用，其典型操作是以"方块矩阵"的方式进行数据记录，将个人或组织团体等其他社会行动者描述为"点"，将他们的社会关系描述为"线"（line），由此分析网络结构所呈现的社会关系系统。[①] 在实际运用中，社会化网络所致力呈现的即是这些关系的"可视化"。对于公共性研究而言，这种基于图形结构的操作有利于将抽象、无形的公共意见或公共行动具象化，使人们更易理解其中的互动关系。由于生活世界乃是由形形色色的关系网络组成，单个对象总是嵌套在这种相互叠合的网络关系之中，社会化网络分析的重点即是从具有特定联系的集合中发现结构的"真实"。刘军也认为，社会网络分析者与后现代主义者有类似之处，都不希冀建立宏大理论。社会网络分析也不是一个"演绎系统"，因此，其中不存在什么"公理体系"，也不会从中得出什么"逻辑结论"、"次级命题"或者"推论"等，而主要是超越个体主义方法，建构直接针对行动者关系模式的解释，从而"可以补充甚至超越主流的统计方法"。[②] 从当前应用现状来看，社会化网络分析中已经出现 Pajek、NodeXL、UCInet、NetMiner、Gephi 等形形色色的网络数据挖掘、分析、统计及可视化工具，这些工具为研究者提供了十分便捷的操作路径。在本研究当中，我们主要分析代表性的专业媒体生产者在社交网络的互动面貌，从而阐释当前新闻业所普遍担忧的数字社会冲击，探究线上空间的真实媒介生态。研究收集了具有代表性的社交媒体的历时性数据，既便于在时间线索上整理不同媒体线上互动的变化曲线，也利于结合相应时期的社会背景来讨论媒体间互动结构的成因。

半结构化访谈是一种常见的质化研究手段。其与结构化访谈最主要的区别在于，半结构化访谈的研究者仅仅提前准备部分问题，其余内容则是在与受访者会话过程中通过即兴交流而产生。通常认为，访谈研究比问卷

---

① Scott, J., & Carrington, P. J. (Eds.) (2011). *The Sage Handbook of Social Network Analysis*. London, UK: Sage, pp. 1 – 8.

② 刘军：《社会网络分析导论》，社会科学文献出版社，2004，第 14～19 页。

调查等量化方法能够得到更为丰富的反馈，有助于我们发现受访者在态度、价值观、动机等层面的经验材料，访谈的结果能够成为支持研究者理论化模型的事实证据。而相较于结构化访谈，半结构化访谈被认为需要花费更多的"边际成本"：研究者既需要在会话前尽可能地多做准备，在会话过程控制好流程，保持对话的创造性，也需要在会话完成后花费更多时间去分析与解释所获得的叙事内容，由此方能保证研究的成功。① 那么，什么情况下使用半结构化访谈？K. L. 巴里鲍尔（K. L. Barriball）与 A. 怀尔（A. While）认为，一般基于两种考量：其一是议题具有复杂性或敏感性，半结构化访谈能从受访者的认知、意见探索更多关于研究问题的信息与说明；其二是样本群体在专业性、受教育程度和个性等方面具有多样性，并不一定适合使用标准化的访谈来实现数据的收集。② 本研究的半结构化访谈资料牵涉新闻记者、面向多个行业的公关从业者以及不同线上社区用户。鉴于传播科技为研究提供了多种便利的会话手段，研究者并不囿于面对面的形式，而是结合即时通信软件、电子邮件、电话等方式进行。

线上参与式观察缘于新媒介所推动的质化研究方式。社会科学研究者向来重视人类田野的"真实"体验，但在线上参与文化愈来愈强盛地生长的背景下，传统的社区参与式观察亦逐渐转向互联网"虚拟"文化。③ C. 海因（C. Hine）也指出，数字技术绕开了类似自我/他者、真实/虚拟、自然/文化以及真相/谎言这样的二元论，将网络化的"虚拟民族志"（Virtual Ethnography）调研方式提上了日程。④ 毋庸置疑，线上空间拥有其自身的运作方式以及与这种方式相联系的认同纽带，对于一部分扎根于数字网络的文化实践，线上参与式观察的确有着独特方法优势。譬如在关于线上游戏的研究中，有研究者便针对知名的"魔兽世界"游戏，通过参与游戏公会，与其他游戏玩家一同"生活""作战"与互动，获取相关田野资料，

---

① Wengraf, T. (2001). *Qualitative Research Interviewing: Biographic narrative and semi - structured methods.* London, UK: Sage.

② Barriball, K. L., & While, A. (1994). Collecting data using a semi - structured interview: A discussion paper. *Journal of Advanced Nursing*, 19, 328 - 335.

③ Williams, M. (2007). Avatar watching: Participant observation in graphical online environments. *Qualitative Research*, 7 (1), 5 - 24.

④ Hine, C. (2000). *Virtual Ethnography*. London, UK: Sage, p. 12.

进而描绘游戏玩家全景式的线上生活状态。[1] M. J. 麦克利兰（M. J.
McLelland）也以去疆界化、离散化、跨国化的社会群体为例，指出面对某
些传统田野调查难以解决的研究主题，新技术同样能够发挥独一无二的作
用。[2] 在进行线上参与式观察的过程中，研究者需要划定特定社群，积极
参与用户所进入的共同体情境。鉴于线上互动多数乃是基于文本，因此，
与线下所观察到的研究对象的举止、语气、动作等内容不同，文本符号通
常构成了线上参与式观察最为基本的元素。从国内既有文献来看，线上参
与式观察的方式亦逐渐被新媒介研究者采纳，尤其是在青年亚文化研究中
较为兴盛。[3] 本书后续章节所贯穿的大量经验资料即来源于研究者对代表
性网络视频社区、自媒体账号以及社交网络用户的参与式观察结果。对次
级文化社群长期性、互动性的参与式观察，既有利于探讨线上用户跨平台
的身份流动性问题，也有利于深入了解公共领域之外的亚文化结构。

个案研究主要针对于特定的社会现象进行分析，既可仅仅使用单一研
究案例，也可以围绕有相关联系的一组案例。在具体实施中，个案研究需
要关注细节，并常常依赖多个数据源，甚至结合若干质化或量化手段。个
案研究要求选择较具典型性、说服力的案例，但案例本身并不是孤立的，
而是以点代面反映出个案的"背景之物"，从而有助于研究者透过个案现
象来推导理论。换言之，个案研究总是强调一种整体性取向，试图捕捉人
们所经历的自然化、日常化的环境，从而获得对行动者、行动及动机等种
种社会复杂性经验的理解。[4] K. M. 艾森哈特（K. M. Eisenhardt）认为，
评价个案研究的关键是看该个案研究是否能够打破既有成见，检验相关理
论，以及提供令人信服的基础经验。[5] 本书的个案选择服务于各个章节的

[1] Chen, M. (2012). *Leet Noobs: The life and death of an expert player group in World of Warcraft*. New York, NY: Peter Lang.

[2] McLelland, M. J. (2002). Virtual ethnography: Using the Internet to study gay culture in Japan. *Sexualities*, 5 (4), 387–406.

[3] 马中红主编《中国青年亚文化研究年度报告2012》，清华大学出版社，2013。

[4] Orum, A. M., Feagin, J. R., & Sjoberg, G. (1991). Introduction: The nature of the sase study. In J. R. Feagin, A. M. Orum & G. Sjoberg (Eds.). *A Case for the Case Study*. Chapel Hill, NC: The University of North Carolina Press, pp. 1–26.

[5] Eisenhardt, K. M. (1989). Building theories from case study research. *Academy of Management Review*, 14 (4), 532–550.

研究主题，其中个案的实际运用既涉及实证经验分析，也应用于后续的理论性论述。

　　数字社会的传播方式与参与主体，均呈现相当纷繁复杂的面貌，这无疑构成了本研究所面临的重大挑战。为了避免泛泛而谈，我们采用多案例方式应用上述研究方法，去呈现不同内容生产者的线上参与面貌。当人们浸染在媒介饱和文化（media‐saturated cultures）之中时，社会固然存在一种整体性的以媒介为导向的实践，但这些实践如何分化为其他的特定形式，又如何与其他实践进行协调，则是需要探讨的尚无定论的问题。① 对代表性案例的发掘、描绘与论述，亦有利于研究者进行较为细节性的经验阐释，并在此基础之上实现进一步的理论整合。在具体的案例讨论中，本书对研究对象进行了进一步细分，譬如，在专业化新闻生产层面，划分了中央级报纸、都市报纸、杂志、广播等传统媒体的线上参与，亦参照了新闻门户网站、新兴线上新闻平台以及专业化的签约自媒体账号等对象。我们尝试从不同研究方法嵌入多案例层次，在基于微观经验的详致讨论基础上，进一步过渡到宏观层次来探讨线上公共领域的整体结构与互动型关系。

　　与此同时，本书提倡采用更为多元的混合性方法（mixed methods），以探索公共性文化的纠葛面貌，从而帮助研究者更详致地发现问题、分析问题与回答问题。随着当代人文社会科学领域交叉化、融合化、细分化的发展，混合性方法已是被广为认可的研究路径。混合性方法通常指量化与质化方法的结合。根据 J. W. 克雷斯韦尔（J. W. Creswell）的介绍，混合性方法的出现是人文社会科学方法论的跃进，它意味着人们已承认单一方法工具并不能有效诠释某些复杂的社会问题。在操作层面，混合性方法包含四个重要部分：一是收集不同类型数据的时间规划；二是针对特定研究主题确定使用质化方法与量化方法的比例；三是将文本、图片或数字等各类数据形态整合成为连续统一体展开分析；四是最终完成对混合性数据的理论化建构。②

① Couldry, N. (2004). Theorising media as practices. *Social Semiotics*, 14 (2), 115–132.
② Creswell, J. W. (2009). *Research Design: Qualitative, quantitative, and mixed methods approaches* (3rd Ed.). Los Angeles, CA: Sage, pp. 203–226.

尽管在传统意义上，将量化方法与质化方法进行对照我们会很容易发现它们之间存在不兼容性。但是对于许多研究主题，它们仍能很好地结合，帮助研究者更全面地归纳现象、解析原因、提升理论。[①] C. 威廉斯（C. Williams）认为，混合性方法打破了量化研究与质化研究之间的界限，它不是对两者的取代，而是"延伸"（extension）。应用混合性方法，研究者可以从量化取向或质化取向的单独研究中抽取数据，然后进行综合性分析[②]。举例来说，为了收集混合性数据，研究者可能既需要透过封闭式的问卷调查、控制实验获取受访者的数值化回答，同时也需要以田野调查、深度访谈、焦点小组等手段，使用开放式问题去收集研究对象的叙事材料。在新媒介研究中，混合性方法的运用同样已相当主流。比如，M. G. 布莱特（M. G. Blight）等人在调查社交网络用户如何寻求支持时，便采用线上问卷评估他们在线下物理世界与线上环境所分别感知的社会支持程度，同时分析用户在社交媒体上的状态更新与接收的支持性评论的文本内容。[③] 囿于写作时限，充分运用上述混合性方法，乃是本书力所不逮。在此作为方向性思路提出，以供研究者参考。未来或可借助更多数据工具，针对各类特殊线上文化现象，深入不同细分化的公共文化群体，从不同角度对公共领域的风险生态进行更为详细的研究。

① Bryman, A. (2016). *Social Research Methods* (5th Ed.). Oxford, UK: Oxford University Press, p. 34.

② Williams, C. (2007). Research methods. *Journal of Business & Economic Research*, 5 (3), 65 - 72.

③ Blight, M. G., Jagiello, K., & Ruppel, E. K. (2015). Same stuff different day: A mixed - method study of support seeking on Facebook. *Computers in Human Behavior*, 53, 366 - 373.

第二章 ▶▶

争议公共性：
语境反思与新技术实践

　　当今政治传播需要回应日益浓厚的"去传统化"（detraditionalization）趋势：传统用以凝聚共同体的中心象征物逐渐丧失，它们以更加碎片化的方式散落在当代政治文化生活之中。这种去传统化，并非意味着社会失去了这些传统，而是指代一种传统不断改变自身状态的社会秩序。① 进入新媒介时代以来，这种传统性解构呈现愈发显著的表征。伴随对于"新"这一名词的一种特殊的社会向往话语，传播学形成了强烈的自我批判意识：这既包括传媒业关于内容产制、经营管理模式等方面的危机意识，也包括对线上环境新的文化实践及其沟通理性的反思。可以说，众多研究者已将目光聚焦在新技术推动的内容创造与公共交往生态给社会治理带来的风险。本章首先整理了风险社会与公共领域理论及其在线上环境的应用；其次回顾了前人如何看待当代数字语境的专业新闻生产以及用户内容生产；最后通过总结既有经验、梳理风险文化与公共性文化之间的关系，尝试为后续论述的展开提供理论支持。

第一节　风险社会与新媒介时代

　　风险（risk）的概念与现代性反思直接相关联。按照 A. 吉登斯（A. Giddens）的观点，现代性带来的风险是社会制度的结构化产物。② 尽管社会系统面临的风险在人类历史中总是客观存在的，但正是工业社会在对经济、技术发展的追求中极大提升了风险产生的可能性，彻底解构了传统社会的运行逻辑。因此，"风险可以被界定为系统地处理现代化自身引致的危险和不安全感的方式"，它"与早期的危险相对，是与现代化的威胁力

① Beck, U., Giddens, A., & Lash, C. (1994). *Reflexive Modernization: Politics, tradition and aesthetics in the modern social order.* Stanford, CA: Stanford University Press, preface, p. i.
② Giddens, A. (1990). *The Consequences of Modernity.* Cambridge, UK: Polity.

量以及现代化引致的全球化相关的一些后果"①。

风险既被认为有着客观的制度成因，又总是被纳入一种文化层次进行理解②。M. 道格拉斯（M. Douglas）认为，与其说风险是某种"东西"，倒不如说"它是一种思考的方式，是一种被高度建构的产物"③。风险既源于当下，又指涉既有状态向未来持续延伸时所可能面对的威胁。U. 贝克（U. Beck）也指出，从本质上来说，风险社会就是一种文化认知上的定义。"风险"描述了一种特定的介于安全与破坏之间的中间状态，它意味着感觉到"有威胁"，这一感受又影响着人们后续的观念与行为。④ 风险研究的文化取向将抽象性的风险转入社会认知范畴，与"风险"相随的重要概念便是"风险感知"（risk perception），即"人们在追求自身期望的结果时，对所要遭受的损失的主观预期"，由是，关于风险的测量也就成为理解人们如何通过信息传播认知风险的过程。⑤

当前流行的风险研究范式一般带有非常显著的工具性色彩，多面向特定的风险因素，透过实证研究力图推动风险规避与风险管控进入科学化、制度化轨道。较为知名的比如 P. 斯洛维克（P. Slovic）等学者带领团队进行的风险管理系统研究，强调通过开发一种心理学分类法来理解人们的风险感知，预测相关社会反应，评估公共意见在社会决策中发挥的作用。⑥ 随着公众逐渐成为风险治理主体，风险社会亦被纳入公共领域的理性批判架构。应当说，风险社会不是仅仅由无数单项的风险事件构成，它本身还有着更为宏观的社会意涵。依据 F. 格兰恰（F. Grancea）的说法，现代性

① 〔德〕乌尔里希·贝克：《风险社会》，何博闻译，译林出版社，2004，第21页。

② Kunreuther, H. C., & Ley, E. V. (1982). (Eds.). *The Risk Analysis Controversy: An institutional perspective*. Berlin, GER: Springer, pp. 145 – 161.

③ Douglas, M. (1992). *Risk and Blame: Essays in cultural theory*. London, UK: Routledge, p. 46.

④ Beck, U. (2000). Risk society revisited: Theory, politics and research programmes. In B. Adam, U. Beck & J. Loom (Eds.), *The Risk Society and Beyond: Critical issues for social theory*. London, UK: Sage, pp. 211 – 229.

⑤ Warkentin, M., Gefen, D., Pavlou, P. A., & Rose, G. M. (2002). Encouraging citizen adoption of e – government by building trust. *Electronic Markets*, 12 (3), 157 – 162.

⑥ Slovic, P., Fischhoff, B., & Lichtenstein, S. (1985). Characterizing perceived risk. In R. W. Kates, C. Hohenemser & J. X. Kasperson (Eds.), *Perilous progress: Managing the hazards of Technology*. Boulder, CO: Westview, pp. 91 – 125.

作为一段历史时期的显著标志便是持续不断地追寻民主化。① 毋庸置疑，由于风险概念的兴起乃是面向对现代性观念带来的一系列科技、经济、文化、制度效应的批判性思考，因此风险社会在本质上即转变为民主政治的问题，牵涉公共领域之中形成的信任、道德、认同等一系列共同体规范。②

本书论述的风险社会乃是以新媒介传播生态为基本语境。以互联网为核心的数字技术早已经渗透到人类生活的各个领域，在为日益增长的物质空间提供发展动力的同时，也革新了社会交往关系与文化意识形态。每一项技术诞生，都伴随着相应的偶然性风险③。前人关于危机传播与风险沟通的大量研究，都关注到互联网、社交媒体等新媒介在组织、个人的风险预防、响应与评估中可能发挥的创造性功能以及带来的相应挑战④。我们更关注的问题是，新媒介本身是如何在各类内容生产者编织的行动网络中成为一种风险系统，从而反过来影响人们在线上公共领域的传播行为。M. 贾布洛诺夫斯科（M. Jablonowski）指出，当代人越来越注意与技术发展相关的潜在危险。"进步"同时带来了希望与陷阱，当乐观主义成为越来越显而易见的东西时，我们仍有必要以现实主义的姿态去观察一个日益复杂的世界。⑤ 因此，探讨作为风险的新媒介，乃是重新反思传播本身的意义，观照数字网络技术应用在新时期带来的不确定性。

研究者对数字社会的担忧来源于两种不同的观察视角：一种关注私人生活层面，譬如研究网络成瘾⑥、电子商务活动⑦、隐私边界⑧、负面信息

① Grancea, F. (2006). *Inside the Mechanisms of Romanian Modernization*: *The transformation of public sphere between media and political system.* Charleston, SC: BookSurge LLC, p. 9.
② 〔美〕保罗·斯洛维奇：《风险的感知》，赵延东等译，北京出版社，2007，第318页。
③ Virilio, P., & Lotringer, S. (1983). *Pure War* (M. Polizzotti, Trans.). New York, NY: Semiotext (e).
④ Maresh-Fuehrer, M. M., & Smith, R. (2016). Social media mapping innovations for crisis prevention, response, and evaluation. *Computers in Human Behavior*, 54, 620-629.
⑤ Jablonowski, M. (2015). Surviving progress: managing the collective risks of civilization. *Journal of Risk Research*, 18 (10), 1221-1229.
⑥ Young, K. S. (1998). Internet addiction: The emergence of a new clinical disorder. *CyberPsychology and Behavior*, 1 (3), 237-244.
⑦ Forsythe, S. M., & Shi, B. (2003). Consumer patronage and risk perceptions in Internet shopping. *Journal of Business Research*, 56 (11), 867-875.
⑧ Fogel, J., & Nehmad, E. (2009). Internet social network communities: Risk taking, trust, and privacy concerns. *Computers in Human Behavior*, 25 (1), 153-160.

及线下行动关联①等方面的潜在风险；另一种则关注公共领域或国家秩序层面，譬如研究网络安全防护②、线上恐怖主义③、互联网舆情④等主题。不过，上述两种取向并非截然对立。在贝克看来，风险社会作为一种理论框架，实际总是与公共性问题相联系⑤。风险并不是现代性独有的发明，风险在当今之所以如此受到关注，是因为它从过去的一种个人化威胁，在现代化语境下不断衍化成为社会全体性的风险。H. 布赫（H. Bucher）也认为，当互联网作为一种新媒介出现的时候，风险更多地与信息关联起来，个人、经济、政治和媒介交流等领域展现的可及性、互动性、全球性、联结性，这些都导致新闻失去了对信息市场的控制。⑥ 随着过去作为一种特殊社会资源的媒介生产通道被普通公众掌握，不同话语主体卷入新媒介空间的过程，无疑形塑了复杂的线上权力博弈。互联网治理也从过去"统治"，逐渐转变为多元主体的协商过程⑦。可以说，新媒介风险并非风险感知主体单方面的问题，而往往需要从社会公共交往网络的视角进行考量。

综上所述，我们提出的基本预设是：在数字社会的媒介生产中，新媒介乃是同时作为一种资源与风险而存在。如 C. J. 帕斯科（C. J. Pascoe）承认，一旦人们接近新媒介，就意味着也要接受资源带来的威胁。他同时强调，新媒介技术的使用反映了当代社会秩序中的经济、族群与性别权力

---

① Griffiths, M., & Wood, R. T. A. (2000). Risk factors in adolescence: The case of gambling, videogame playing, and the Internet. *Journal of Gambling Studies*, 16 (2), 199–225.

② Cohen, F. (1999). Simulating cyber attacks, defences, and consequences. *Computers & Security*, 18, 479–518.

③ 邵培仁、王昀：《媒介恐怖主义的蜕变与线上正义的伸张》，《探索与争鸣》2014 年第 12 期，第 57~61 页。

④ 曾润喜、徐晓林：《社会变迁中的互联网治理研究》，《政治学研究》2010 年第 4 期，第 75~82 页。

⑤ 〔德〕乌尔里希·贝克：《风险社会》，何博闻译，译林出版社，2004。

⑥ Bucher, H. (2002). Crisis communication and the Internet: Risk and trust in a global media. *First Monday*, 7, 4. Retrieved from http://www.firstmonday.dk/ojs/index.php/fm/article/view/943/865.

⑦ 章晓英、苗伟山：《互联网治理：概念、演变及建构》，《新闻与传播研究》2015 年第 9 期，第 117~125 页。

的差异，这些资源并不是平等的。① 这亦从另一个侧面反映，对于不同群体，新媒介风险的意涵必然有所不同。本书的研究对象是数字社会的媒介内容生产者。在风险解决过程中，"通往媒体的渠道成为决定性的因素"②，通过大众媒介制造议题，进而在公共空间引发的公开辩论决定了社会力量处理风险的走向。研究者并非旨在关注话语如何建构关于他者的风险的问题，而旨在描述线上环境的内容生产者如何在建构新媒介的过程中为整体性公共领域带来不确定性。在新媒介技术冲击之下，数字社会的媒介内容产制已经发生了巨大变革。我们将所要探讨的媒介内容生产划分为专业化新闻生产与线上用户参与两种类型，前者沿袭传统的新闻组织与专业主义定义，后者则基于线上环境，往往与公民新闻（citizen journalism）③、自媒体（we media）④、参与式文化（participatory culture）⑤ 等概念相联系，牵涉普通公众如何依据自身的日常生活经验、运用新媒介参与传播的内容生产。两者无论在具体实践中是构成竞争关系还是处于融合态势，都确实代表了两种截然不同的线上内容形态。通过考察这些线上生产者如何感知新媒介对其事业的影响，并做出何种相应的行动调整，我们试图讨论作为风险的新媒介乃是如何改变新时期的媒介产制的，以期为理解线上社会交往与互联网公共政治提供新的解释框架。

第二节　公共领域研究的应用与批判

国内关于公共领域概念的探讨多数沿袭了自 H. 阿伦特（H. Arendt）与 J. 哈贝马斯（J. Habermas）以来的理论思路。尽管公共领域（public

---

① Pascoe, C. J. (2011). Resource and risk: Youth sexuality and new media use. *Sexuality Research and Social Policy*, 8 (1), 5–17.

② 〔德〕乌尔里希·贝克：《风险社会》，何博闻译，译林出版社，2004，第 33 页。

③ Kang, I. (2016). Web 2.0, UGC, and citizen journalism: Revisiting South Korea's OhmyNews model in the age of social media. *Telematics and Informatics*, 33 (2), 546–556.

④ Gillmor, D. (2004). *We the Media: Grassroots journalism by the people, for the people.* Sebastopol, CA: O'Reilly Media, Inc.

⑤ Burgess, J., & Green, J. (2009). *YouTube: Online video and participatory culture.* Malden, MA: Polity Press.

sphere）已成为政治传播常用的术语，然而其定义并不明确。J. 哈贝马斯
自己也提到，无论是传统用法，或是在官方、日常语言和大众传媒的话语
体系中，公共领域这一用词皆十分模糊。按照他的说法，"公共性本身表
现为一个独立的领域，即公共领域，它和私人领域是相对立的。有些时
候，公共领域说到底就是公众舆论领域，它和公共权力机关直接相抗
衡"①。S. 凯密斯（S. Kemmis）与 R. 麦克塔格特（R. McTaggart）延续
了哈贝马斯的论述，他们也强调，公共领域的形成具有强烈的自发性，它
的出现往往是因为人们意识到现有的法律、政策、实践或者现象存在某些
"合法性不足"（legitimation deficits）。通过将置身某些议题关系当中却处
于决策"外围"的公众、团体吸纳到交往行为空间，公共领域以自由沟通
为先决条件，对社会系统施加着间接性影响。②

H. 阿伦特（H. Arendt）则格外强调公共领域的多元意见，认为与只
能提供固定视角的私生活不同，公共领域的关键价值在于提供了个体超越
单一主观经验的可能性："公共领域的实在性依赖于无数视角和方面的同
时在场，其中，一个公共世界自行呈现，对此是无法用任何共同尺度或标
尺预先设计的。因为公共世界是一个所有人共同的聚会场所，每个出场的
人在里面有不同的位置，一个人的位置也不同于另一个人的，就像两个物
体占据不同位置一样。被他人看到或听到的意义来自这个事实：每个人都
是从不同角度来看和听的。这就是公共生活的意义"。③ 由此来看，公共领
域尤为倾向于一种免于私人利益或公共权力机关干涉、人人都可参与讨论
的社会"中间地带"，其"在本质上是包罗万象的"，在此之中，前人讨论
依然根据哈贝马斯的历史性描述，指认出公共领域形成的一套"制度标
准"："首先，公共领域作为一个赋予公众权力的领域，它必须独立于统治
机关而形成；其次，大众传播媒介在公共领域的形成中起到了必不可少的
作用；其三，公共领域的参与者们认可政治辩论的道德和理性，并认可公

---

① 〔德〕哈贝马斯：《公共领域的结构转型》，曹卫东、王晓珏、刘北城、宋伟杰译，学林
出版社，1999，第 2 页。
② Kemmis, S., & McTaggart, R. (2005). Participatory actioin research: Communicative action
and the public sphere. In N. K. Denzin & Y. S. Lincoln (Eds.), The *Sage Handbook of Qualita-
tive Research*, NY: New York, pp. 559–603.
③ 〔美〕汉娜·阿伦特：《人的境况》，王寅丽译，上海人民出版社，2009，第 38 页。

共领域必须在最大限度内包括所有被统治阶级的权力运作所影响的个人和团体。"① 值得注意的是，公共领域终究根植于特定社会历史阶段，透过不同的历史性"棱镜"，其所映射的内涵往往各有不同。② 甚至在新的传播技术语境下，由于人们公共交往形态的改变，公共领域本身亦面临着相应的结构转型。基于本书研究主题，后续论述牵涉的公共领域概念主要必须注意下述三个层面。

其一是基于哈贝马斯理想型公共领域的反思。一般认为，哈贝马斯的公共领域模型乃是聚焦于 17 世纪至 20 世纪中期的资产阶级政治生活。尽管此种资产阶级公共领域受制于诸多社会因素，哈贝马斯本人仍然试图超越历史既有缺陷，去建构一种规范性理想。依据 C. 卡尔霍恩（C. Calhoun）的概括，为适用于民主政治，公共领域既必须依赖话语的"质量"，也必须实现参与的"数量"。③ 诚然，此种传统的理想模型在现实世界从未实现。在其被广为引用的著作《公共领域的结构转型》中，哈贝马斯也提到，近代国家强有力的官僚体系，大众传媒的商业化、娱乐化、宣传化以及公共关系的出现等因素正打击到原子化公众，导致公共领域的全面衰退。如此观之，哈贝马斯所言的公共领域实际象征着民主生活在近现代西方社会的发展与没落：近代西方社会虽然保留了 18~19 世纪发展而来的政治制度，但针对共同利益应当被保有的知情权、理性的公众讨论与集体行动空间被逐渐侵蚀，过去用以维持民主秩序的道德能力由此面临着衰退境遇。④

抛却公共领域的历史发展争议，哈贝马斯的理论模型亦在多个方面得到后续研究者不断修正、补充。一方面，哈贝马斯所构建的公共领域形态本身即被认为是有问题的。影响较为深远的批判如著名女性主义学者 N.

---

① 〔英〕克拉克：《全球传播与跨国公共空间》，金然译，浙江大学出版社，2015，第 28~29 页。

② Habermas, J. (1974). The public sphere: An encyclopedia article (1964). *New German Critique*, 3, 49–55.

③ Calhoun, C. (1992). Introduction: Habermas and the public sphere. In C. Calhoun (Ed.), *Habermas and the Public Sphere*. Cambridge, MA: The MIT Press, pp. 1–50.

④ Madsen, R. (1993). The public sphere, civil society and moral community: A research agenda for contemporary China studies. *Modern China*, 19 (2), 183–198.

弗雷泽（N. Fraser）的质疑，她认为，哈贝马斯声称的公共领域虽看似"向所有人开放"，在现实运作中却总是排斥了女性、平民等弱势公众。①哈贝马斯列举的沙龙、咖啡馆或文学俱乐部等空间皆指向社会中产阶层聚会场所，诸多历史研究则证明，普通民众并非无法近用相关公共领域资源。譬如，依据 M. 汉森（M. Hansen）对早期无声电影的考察，随着近代以来西方城市化人口规模的扩大与文化工业意识形态的发展，电影工业开始不断吸收之前从未被资本视为观众的城市贫民、劳工群体，私人消费领域的扩大化进一步扩展了公共领域的范畴。②伴随现代消费社会前所未有地赋予私人行动权力以及全球媒介图景的变化，公共领域参与机制呈现异常多元的形态。J. 基恩（J. Keane）于是提醒，新媒介科技的变化已打破传统单一的、以民族国家为限制的哈贝马斯公共领域架构，推动了由类型各异、相互交叠、拼接的"马赛克式"（mosaic）传播形态组成的复合公共领域的形成。③ M. 卡斯特尔（M. Castells）甚至认为，伴随全球性市民社会的到来，公共外交代替政府成为全球公共领域的主要干预者，传播研究有赖于从传统的权力关系协商转向关注共享性的文化意义。④ 因而，"重要的是能够在公共文化的产品中察觉出各种各样意识形态的声音与语码，同时把霸权的意识形态同那些颠覆主流观念的图像、话语和文本等区分开来"⑤，从不同角度的生产内容梳理媒介文化的政治性脉络。另一方面，哈贝马斯的政治公共领域建立在"沟通理性"的基础之上。现实困境则在于，公众的批判性讨论可能本身便是松散、无序化的。G. 沃拉斯（G. Wallas）即提出了所谓政治的"冲动性"，认为政治活动总是存在"非理

① Fraser, N. (1990). Rethinking the public sphere: A contribution to the critique of actually existing democracy. *Social Text*, 25/26, 56－80.
② Hansen, M. (1983). Early Silent Cinema: Whose Public Sphere? *New German Critique*, 29, 147－184.
③ Keane, J. (2000). Structural transformations of the public sphere. In K. Hacker & J. van Dijk (Eds.), *Digital Democracy: Issues of theory and practice*. Thousand Oaks, CA: Sage. pp. 70－89.
④ Castells, M. (2008). The new public sphere: Global civil society, communication networks, and global governance. *The ANNALS of the American Academy of Political and Social Science*, 616 (1), 78－93.
⑤〔美〕道德拉斯·凯纳尔：《媒体文化：介于现代与后现代之间的文化研究、认同性与政治》，商务印书馆，2004，第569页。

性推理"，"在政治中，人往往在感情和本能的直接刺激下行事，感情和兴趣可能针对那些与我们借助有意观察分析而发现的周围世界的实际情况大不相同的政治实体"。① 林郁沁也强调了一种被"呼唤"而存在的公众，指出社会情感在经由大众传播媒介的扩散当中，有可能施加于特定公共议题，形成"一种新的、影响深刻的道德和政治权威"②。在此意义上，我们或可尝试追踪公众关于态度、情绪、认知等生活化经验，以及关注如何引介制度性的规范力量，去重新拓宽公共领域研究的方向。

其二是基于中国语境的在地化反思。公共领域概念自被引入国内，其作为西方"舶来品"之属性能否适用中国语境，一直是研究者纠葛的中心。向来的讨论认为，古典中国发展出的一套"公""私"观念与西方情境存在相当大的差异。"公，平分也"（《说文解字》），所谓"背厶谓之公，或说，分其厶以与人为公"（《韩非子·五蠹》）。在实际使用过程中，公又总是牵涉官府、朝廷、君主、公家等含义，相较之下，"私"则被吞并进入一种"天下为公""大公无私"的社会道德体系。在这种道德体系的约束之下，公共舆论与现实政权体系呈现非常微妙的联系。赖蕴慧（K. L. Lai）提到，西方哲学观念通常强调"在个人主义的基础上构建道德"，在这种基础上，个体作为道德代理的所作所为被放在了重要位置。与之不同的是，中国传统的"道德"概念常常强调"社会共同体做了什么"，③ 而在讲究"圣人德治"的君主体制下，社会共同体的"道德失格"很容易延伸到君主的"执政失格"，影响政权根基的稳定。B. W. 里德（B. W. Reed）进一步指出，宋代以来的"新儒学"（Neo‐Confucian Orthodoxy）强调政治权威是"圣人"的特权，官员的个人修行品质与政治等级挂钩，这就规定了一种明确的社会政治秩序。④ 同时作为权力象征与道德范畴的"公"，也就进一步被政治系统所吸收。这导致古代中国在整个历史发展时期，"舆论皆受上层建筑的影响较大，并在后期集权政治的制

---

① 〔英〕格雷厄姆·沃拉斯：《政治中的人性》，朱曾汶译，商务印书馆，1996，第63页。
② 林郁沁：《施剑翘复仇案：民国时期公众同情的兴起与影响》，陈静湘译，江苏人民出版社，2011，第225页。
③ Lai, K. L. (1995). Confucian moral thinking. *Philosophy East and West*, 4 (2), 249–272.
④ Reed, B. W. (2000). *Talons and Teeth: County clerks and runners in the Qing Dynasty*. Stanford, CA: Stanford University Press, p. 2.

度运作中逐渐调整为以上层建筑'舆论监督'为主导的舆论传播模式。"①

因此，公共领域的中国应用过程实际充满较大矛盾性：一者，古代中国被认为走的是一条与西方不同的建构途径……所以始终无法开拓出现代的民主观念和公共领域的现代体制；二者，人们从典籍文本中溯源到各种接近近现代公共领域思想的论述，提出"纵然如此，在近代中国公共领域的形成过程之中，儒家的民本主义思想依然发挥了重要的作用，后者为前者提供了不可缺少的'传统合法性'的价值"②。一部分研究者因此淡化了中西方大相径庭的制度、文化环境，采用探讨思想史的路线去挖掘中国特色的公共领域理论脉络，可谓一种折中之路。譬如，黄俊杰便从先秦以孟子为代表的儒家思想出发，认为儒家传统中的私人领域与公共领域构成了"连续的互摄互融的关系，而不是一种断裂的互相对立的关系"，这种连续性乃是由基于"理义之悦我心，犹刍豢之悦我口"（《孟子·告子上》）的逻辑所建构的社会中人与人相与的共同道德所决定。③

不过，古代中国究竟是否存在公共领域？诸多研究依然致力于去寻找公共性文化在古典中国语境的特殊案例形式。M. B. 兰金（M. B. Rankin）便以"清议"现象为例，认为在社会危机前夕，处于虚弱、焦虑状态的开明官僚政治体系鼓励了这种在理论上公正、纯粹的意见表达。④ 私人诉求在古代中国强盛的公家文化影响下往往处于不可视的状态，其中一个表现在于，公共意见很少被用以实现日常生活中的"私人"利益诉求；在以"忠孝"为价值尺度的社会认证体系内，个人的利益和需求被认为不符合"君子之道"。⑤ 但两者之间仍然能够在特定社会发展阶段博取一定缓冲空间。沟口雄三提道："随着经济的发展，自然的欲望将以社会性欲望的面貌出现在我们面前，换言之，在欲望从概念共识上通常指社会性欲望的历

---

① 谢清果、王昀：《华夏舆论传播的概念、历史、形态及特征探析》，《现代传播》2016 年第 3 期，第 32 ~ 40 页。

② 许纪霖：《近代中国的公共领域：形态、功能与自我理解——以上海为例》，《史林》2003 年第 2 期，第 77 ~ 89 页。

③ 黄俊杰：《孟子》，生活·读书·新知三联书店，2013，第 97 ~ 102 页。

④ Rankin, M. B. (1982). Public opinion and political power: Qingyi in Late nineteenth century China. *Journal of Asian Studies*, 41 (3), 453 –484.

⑤ 谢清果、王昀：《华夏舆论传播的概念、历史、形态及特征探析》，《现代传播》2016 年第 3 期，第 32 ~ 40 页。

史阶段，旧有的自身一己之内的、主观的'天理对人欲'或'公对私'这种单一化的二律背反命题是无法有效应对事态的。"① 罗威廉（W. T. Rowe）通过考察也认为："到了唐和北宋时期，帝国制度在思想和体制方面都趋于精细和发达，'公'在产权意义上看来已基本完全被政治权威占用来指涉帝制—官僚国家的商业、财产和人员。但是一股反向的潮流也早已存在，具体体现在 11 世纪晚期的推翻王安石国家主义新政措施的反抗浪潮。伴随着 16 世纪末到 18 世纪初的这段时间内的重大社会经济转型，这股反潮流也获得了新的合法性。各类思想家如李贽、吕坤、顾炎武、黄宗羲和戴震等都各自重建关于'利'和'私'的概念，并以之为他们消解新儒家'天理'和'人欲'二分法的部分努力。"②

总体观之，这种在地化脉络的考察既提醒研究者不可直接套用哈贝马斯关于欧洲资产阶级公共领域的分析架构，也的确有利于实现公共领域在中国的应用更具理论灵活性。从当前来看，最具影响力之一的当属黄宗智与希斯·张伯伦等人的观点："我不认为市民社会产生的基本条件是'从国家分离出来'，而是把这个问题看得更加复杂——主要是（1）一个可行的市民社会同时也依赖于它与社会的分离，还有（2）国家可以成为市民社会之形成的强有力的同盟手段。"③ 他们均强调了国家角色在中国公共领域形成中的重要性，抛弃了传统公共领域关于国家/市民社会的二分法，倡导使用相对混杂的视角研究中国问题。面向此框架，中国学者在回归历史语境时因而可以尝试更"小心谨慎地使用'公共领域'这一概念，将中国传统的文化精神融入'公共领域'范畴，诸如儒家的民本主义、士大夫的清议传统等，并着重考察书院、学堂、学社、戏院，甚至一些有名望的私人寓所所具有的'公共领域'特征"。④

---

① 〔日〕沟口雄三：《中国的公与私·公私》，郑静译，生活·读书·新知三联书店，2011，第 17 页。

② 〔美〕罗威廉：《近代中国的公共领域》，转引自张聪、姚平编《当代西方汉学研究集萃：思想文化史卷》，上海古籍出版社，2012，第 381 ~ 382 页。

③ 希斯·B. 张伯伦：《关于中国市民社会的研究》，转引自黄宗智主编《中国研究的范式问题讨论》，社会科学文献出版社，2003，第 251 页。

④ 〔德〕阿梅龙、〔德〕狄安涅、刘森林主编《法兰克福学派在中国》，社会科学文献出版社，2011，第 172 页。

其三是基于技术语境的社会转型反思。相比关于古典中国语境的公共领域理论探讨，这种争议在新媒介环境下似乎减少了许多。在传播科技推动全球社会变化的背景之下，新媒介也被顺理成章地引入讨论政治文化的结构转型。P. 达尔格伦（P. Dahlgren）强调，当代政治传播系统面临的扰动（destabilization）成为我们理解互联网角色的有效情境；新媒介为政治传播带来的显著的积极效果在于，它以多种方式拓展了公共领域并使之多元化。① 一方面，社交媒体固然推动了跨地域、跨文化、无远弗届的公共对话；另一方面，以 EveryBlock 为代表的数据新闻网站，也透过整合在地新闻与邻里对话，试图扩大社区性信息协作，重建地方纽带。这同时加深了线上公共领域的地方化意涵。尽管我们不能忽视尚有许多声音质疑围绕互联网形成的一套关于公共领域的乌托邦式修辞，但不同研究者仍以其个案观察，证实线上公共领域在一定范围内的成立。譬如，N. 普尔（N. Poor）对科技新闻网站 Slashdot 进行了分析。该网站内容主要包括由用户提交的各类科技事件、故事与时事新闻评论。用户围绕每一个故事形成主题讨论。网站通过开放信息源，实施一系列用以调节内容发布的评价、反馈系统，不仅有效促进了用户之间公开、理性的沟通，也使得用户在人口分布上超越了以中产阶层、男性以及欧洲地区为限的传统哈贝马斯公共领域。②

从种种文献来看，新技术赋予的线上参与渠道，的确在相当程度上复兴了公共领域概念在探讨公共政治前景时的生命力。在中国研究视阈内，类似的理论观照亦已蔚然成风。比如，刘世鼎与劳丽珠便通过考察市民在使用网络论坛过程中，如何以实验创意精神进行另类新闻生产与文化抗议，从而形塑批判的公共性，挑战官方公共领域。③ 毋庸置疑，面对当代中国复杂的利益结构与改革矛盾，线上环境为我们从不同层次观察各类群

① Dahlgren, P. (2005). The Internet, public spheres, and political communication: Dispersion and deliberation. *Political Communication*, 22, 147－162.

② Poor, N. (2005). Mechanisms of an online public sphere: The website Slashdot. *Journal of Computer - mediated Communication*, 10 (2). Retrieved from http://onlinelibrary.wiley.com/doi/10.1111/j.1083 - 6101. 2005. tb00241. x/full.

③ 刘世鼎、劳丽珠：《网络作为澳门的另类公共领域》，《新闻学研究》2010 年第 102 期，第 254～294 页。

体/组织如何实践其共同体诉求提供了非常有利的观察视角。线上公共领域在不同的研究者处理下形成了不同的主题化线索，如有研究依据对 NGO 组织"北京全球村"（Global Village of Beijing）的田野调查，指出互联网通过有效赋权弱势行动者，在国内得以建构出一种"环保型公共领域"（green public sphere）。① A. 劳赫弗莱施（A. Rauchfleisch）与 M. S. 谢弗（M. S. Schäfer）则干脆针对微博这一社交媒体，指出中国社会已存在丰富的公共领域"类型"，其中包括：围绕环保、食品安全等议题的主流公共领域（thematic public spheres）；基于突发事件的短期公共领域（short - term public spheres）；为规避审查而产生的编码型公共领域（encoded public spheres）；基于地方议题的地方型公共领域（local public spheres）；关于他国政治议题的非本国政治公共领域（non - domestic public sphere）；基于智能手机的移动公共领域（mobile pubic spheres）；等等。② 整体来看，立足中国视阈的公共领域研究实际都以社会转型期作为背景，尝试发掘公共性文化在新媒介环境的孕育、成长如何影响现实社会的变革与进步。

如前所述，我们在具体运用公共领域的过程中，其实不必拘泥于哈贝马斯的标准化设定。M. B. 兰金也建议，考虑到"公共"这一术语"海纳百川"的特性及其在西方以外语境使用的可行性，我们可以将公共领域视为一个非常宽泛的范畴，而哈贝马斯的公共领域模型仅仅是其中一个特殊的表现。即便资产阶级公共领域的诸多细节无法适用于中国历史，但这一开放、社会性的"中间领域"观念却可能很好地用来理解官方和民间的互动关系。③ 公共领域于是成为一个极具弹性的、可供观照成长中的市民社会与当代公共政治发展之间脉络的理论窗口。本书试图通过公共领域作为理论探照，描绘不同内容生产者、参与者的线上卷入过程，从而探讨新媒介如何作为风险折映出线上参与文化的复杂性，带来关于当代公共政治文

① Sima, Yangzi (2011). Grassroots environmental activism and the Internet: Constructing a green public sphere in China. *Asian Studies Review*, 35, 477 - 497.

② Rauchfleisch, A., & Schäfer, M. S. (2015). Multiple public spheres of Weibo: A typology of forms and potentials of online public spheres in China. *Information, Communication & Society*, 18 (2), 139 - 155.

③ Rankin, M. B. (1993). Some observations on a Chinese public sphere. *Modern China*, 19 (2), 158 - 182.

化新的理解。

第三节　专业化新闻生产与新媒介风险

传统公共领域乃是围绕着新闻业及其所调节的公众意见而形成。公共领域自身因而也就紧紧随着社会传媒结构与传媒政策而变化。[1] 讨论数字社会的公共性文化，我们无法回避新时期新闻业面对的挑战。G. A. 博宁（G. A. Bonin）强调，人们所经历的新闻业是通过"技术之眼"来实现的，在不同的技术语境下，新闻呈现的意义截然不同。[2] 探讨新媒介为专业媒介机构带来的风险，我们并非意在树立一种传统媒介与新媒介之间的对立关系，而是如 G. A. 博宁所言，关注新技术与数字网络提供的创造性渠道，在此之中，新闻组织或个人如何通过不断探索、重构其既有角色，进而使这些资源得到最大限度的利用。B. 泽利泽（B. Zelizer）亦提醒，新闻业将目前在数字社会面临的窘境视为"危机"，往往以一种狭隘的定型化思维来思考如何执行控制的问题，这样可能会错失重新认知一个崭新的新闻业未来的机会。[3] 因此，最为关键之处在于，新闻机构如何应对新媒介带来的种种不确定性。梳理前人观点，可以看到，这些风险至少包含了下述方面。

其一是最为直接的媒介市场压力。2016 年，中国报业广告 1～11 月降幅达到 39.4%，呈现连续五年下降的趋势。[4] 这种广告营收的衰退现象同时也出现在电视和广播媒体。[5] 2014 年，中国传统媒体广告市场出现近年来的首次负增长，与之相反的则是互联网广告自 2010 年以来每年保持

[1] Garnham, N. (2004). The media and the public sphere. In F. Webster et al. (Ed.), *The Information Society Reader*. New York, NY: Routledge, pp. 359-376.

[2] Bonin, G. A. (2013). Editorial: Journalism and new media. *Global Media Journal* (Canadian Edition), 6 (1), 1-3.

[3] Zelizer, B. (2015). Terms of Choice: Uncertainty, journalism, and crisis. *Journal of Communication*, 65 (5), 888-908.

[4] 姚林：《报业融媒体经营新生态初现端倪——2017 年中国报业经营趋势及展望》，《中国报业》2017 年第 1 期（上），第 28～30 页。

[5] 陈玺撼：《广电广告营收首次下滑》，《解放日报》2014 年 3 月 27 日，第 02 版。

40% 以上增长率的强劲势头①。2015 年，传统媒体广告市场继续呈现整体同比下降 6.2% 的趋势②。同年度，《壹读》《今日早报》《都市周报》《九江晨报》等一系列国内报刊先后宣布停刊，移动客户端则成为这些传统媒体不约而同投身的二次战场。与之形成对照的则是大量资本向直播、电子游戏、短视频、付费型知识社区等新兴领域倾斜。新媒介带来的市场风险无疑正在带动中国媒介系统新一轮的结构转型。2014 年 8 月，中央全面深化改革领导小组第四次会议审议通过《关于推动传统媒体和新兴媒体融合发展的指导意见》，强调着力打造一批形态多样、手段先进、具有竞争力的新型主流媒体。从"三网融合"到"互联网＋"战略，不论是在国家层面或是媒介组织层面，都反映出对整合既有资源、发展线上事业的迫切需求。面对新闻业的剧烈衰退，传统媒体行业乃至于新闻门户网站，都在积极寻求途径提升自身的竞争优势③。新闻组织在加快内容与形式转型的同时，亦积极采用社交网络与受众展开对话，这在客观上促进了职业化记者向日常网民身份转换的流动性。与此同时，在社交媒体冲击之下，传统的硬新闻正变得"越来越难做"④。为了探索有效的线上新闻盈利模式，争取广告收入，新闻与商业性内容之间的界限日趋模糊⑤，反映出新闻形态为适应数字网络情境所发生的改变。扑朔迷离的市场环境再次动摇了传媒从业者结构，在过去两年，中国许多职业媒体人纷纷转向互联网企业、公关公司、高校或者自主创业，试水新媒体项目，这种媒体人的职业流动，已成为"观察传媒业'兴衰'的风向标"⑥。伴随数字媒介不断刷新传媒的范畴，新闻业内部正迎来远超过去的多元化竞争。随着一部分互联网企业

---

① 崔保国：《中国传媒产业发展报告（2015）》，社会科学文献出版社，2015，第 1~17 页。
② 祖薇：《"洞察中国"发布未来媒体发展趋势》，《北京青年报》2016 年 8 月 26 日，第 A23 版。
③ Huang, J. S., & Dai, J. (2015). Comparing the competitive advantage of leading news sites in mainland China and Taiwan. *Chinese Journal of Communication*, 8 (2), 142 – 159.
④ 吴琳琳：《原南都总经理陈朝华加盟搜狐》，《北京青年报》2015 年 1 月 10 日，第 A11 版。
⑤ Mitchelstein, E., & Boczkowski, P. J. (2009). Between tradition and change: A review of recent research online news production. *Journalism*, 10 (5), 562 – 586.
⑥ 刺猬公社（2015）：《媒体人年度"跳槽榜"：谁的离职感言最打动人心》，2015 年 12 月 18 日，检索自今日头条：http://toutiao.com/i6229421305041519105/，2015 – 12 – 31。

逐渐形成强有力的新媒介生产系统,它们逐渐带来了媒介市场更具竞争性的信息内容生态,继而改写主流媒体置身其中的序列与格局。

其二是对专业主义的要求。传统新闻专业主义并不能很好地适应数字化浪潮。人人皆占有镜头与麦克风的时代带来了新闻业的普遍焦虑,"大规模的业余化,显然对专业产生了冲击"①。即使是在传统新闻组织擅长的严肃性新闻与深度报道领域,也亟待在新媒介语境下做出相应调整。吴晓波甚至悲观地认为:"新闻的防线已经失守"。在他看来,移动互联网已经超出了传统媒体的报道规律,在重点事件面前,主流媒体在争取舆论主导权、新闻第一落点等方面表现的不足,反映出媒体能力与职业热情的丧失。② 随着大众媒介在传达信息、引导舆论、提供娱乐等层面发挥的社会功能相互融合并移向新的平台,新闻传播从业者的角色在商业性管理文化主导的环境中常常被边缘化③,这促使人们进一步思考媒体从业者的角色定位与身份认同问题。J. B. 辛格(J. B. Singer)曾指出,线上新闻挑战了原本就充满争议的专业主义。传统的对新闻专业主义的坚持者或多或少勾画了一种不平等的社会身份,他们认为专业性角色的关键之处在于他们拥有特别的训练经历、技能和判断能力。这一观点在一个对信息的需求量极大且日益增长的联结性社会(wired society),是需要再度考量的。他于是建议将线上新闻与传统专业主义新闻调和,这对处理现有专业主义面临的挑战,可能是相对稳妥的方式。④ 从现在来看,J. B. 辛格的观点无疑是充满预见性的。不过,由于在传统新闻业向数字新闻业转型的过程中,新媒介的互动性、超文本性、跨媒体性、即时性等特征亦为新闻记者带来了新的道德风险,新闻业的线上事业不仅需要建立一套成功的数字新闻生产模式,还需有赖于有效的线上指导规范⑤。J. 迪亚斯 - 坎波(J. Díaz -

① 魏武挥:《自媒体:对媒介生态的冲击》,《新闻记者》2013 年第 8 期,第 17~21 页。
② 吴晓波:《敢死队犹在,特种兵已死》,2015 年 12 月 26 日,检索于腾讯订阅:http://dy. qq. com/article. htm? id =20151226A00XFT00, 2015 - 12 - 31。
③ Dennis, E. E. (2013). Challenges for content creation in media, communication and journalism education. *Studies in Communication Sciences*, 13, 95 - 96.
④ Singer, J. B. (2003). Who are these guys? The online challenge to the notion of journalistic professionalism. *Journalism*, 4 (2), 139 - 163.
⑤ Campbell, A. J. (1999). Self - regulation and the media. *Federal Communications Law Journal*, 51 (3), 712 - 772.

Campo）与 F. 赛加多 - 博伊（F. Segado - Boj）以西方世界为例的实证研究则发现，新闻机构往往对于建立新的数字新闻伦理体系缺乏兴趣和一致性，传统的新闻伦理体系依然有着强大生命力，他们因而呼吁新闻组织应当努力依据新的现实环境去调整自我规范系统的内容与功能。[1] 吊诡的是，传统新闻业虽有着自身津津乐道的专业主义伦理，其现实运作却往往并不是那么一回事。N. 芬顿（N. Fenton）经过大量的业界访谈发现，新闻媒体总是被视为商业的一部分，新闻则成为产品。在这种传媒经济意识形态指导下，技术常常在新闻实践中被"奉若神明"，新闻以牺牲理想的民主目标为代价而趋于工具化和市场化。他因而寄希望于新媒介力量，认为尽管互联网并未彻底改变新闻价值和传统新闻形式，但其的确有机会通过各种方式让"沉闷"的新闻业在数字社会更好地成为公共产品，为公共利益服务。[2]

其三是在社会治理层面发挥的功能。在中国语境下这方面的讨论显得尤为热烈。中国媒介系统同时被视为党与人民的"喉舌"，媒介产制运作往往在市场化与民主政治的张力之中寻求平衡[3]。正因为大众媒介在建构共同体政治中发挥的作用，新闻业面临的风险又总是超越自身范畴，关系到社会秩序与国家政治风险。在相当长一段时期内，主流媒体提供了大部分的社会知识，人们局限于通过大众媒介去理解国家政体内外的环境变化[4]。这种新闻业与受众之间的权力关系却在新的传播技术条件下悄然改变。D. 吉尔摩（D. Gillmor）强调，数字社会彰显的一项重要事实在于："读者集结起来要比媒体记者知道得更多"[5]，因此，新闻业呈现越来越强

---

① Díaz - Campo, J., & Segado - Boj, F.（2015）. Journalism ethics in a digital environment： How journalistic codes of ethics have been adapted to the Internet and ICTs in countries around the world. *Telematics and Informatics*, 32（4），735－744.

② Fenton, N.（2010）. Drowning or waving? New media, journalism and democracy. In N. Fenton（Ed.），*New Media, Old News：Journalism and democracy in the digital age*. Los Angeles, CA：Sage, pp. 3－16.

③ Zhao, Yuezhi（1998）. *Media, Market, and Democracy in China：Between the party line and the bottom line*. Chicago, IL：University of Illinois Press.

④ Chang, T., Wang Jian & Chen, C.（1994）. News as social knowledge in China：The changing worldview of Chinese national media. *Journal of Communication*, 44（3），52－69.

⑤ Gillmor, D.（2004）. *We the Media：Grassroots journalism by the people, for the people*. Sebastopol, CA：O'Reilly Media, Inc., p. 111.

的被受众所"掌握"的趋势。诸多关于中国互联网政治的研究已经认可线上渠道为公众提供的规避审查、激活集体行动的机会。一方面，新媒介空间中广泛的政治表达与舆论批评，在参与公共政治与社会决策方面表现出越来越大的影响力①；另一方面，在中国频发的群体抗争事件面前，传统管理方在风险应对方面表现的无力感，愈发凸显以受众为中心的风险沟通的必要性②。在此意义上，主流媒体在公共对话机制中的中介作用就显得尤为重要。以往传统媒体在线上事业改革方面的探索，实际很大程度上旨在重新提升其在公共事务中的话语权与传播力，着力于"服务大局"，满足建设"新的信息传播载体、新的舆论引导主体"③ 的需要。包括"三网融合"、媒介融合、政务新媒体服务等诸多转型方向，正是旨在立足新的传播格局打造政府信源场域，从而实现"公开政务信息、树立政府形象"④的目标。在受众主体性至上的新媒介时代，新闻业如何在有效引导舆情、辅助公共决策、完善社会治理等方面发挥更多作用，成为充满考验的风险议题。

基于上述，本书以专业化新闻内容生产作为对象，试图回应作为内容生产者的新闻业在新媒介的种种挑战下迎来何种线上面貌，并检视专业媒介机构如何处理自身线上事业，以及这又将给公共政治文化带来何种影响。

第四节　线上用户的内容参与与公共性风险

线上公共领域的核心价值在于其具有任何人均可通过数字内容与他人联结的开放性全球通路。在数字社会，每个人都是潜在的媒介生产者。线上文化推动的媒介接近及其使用机会，引发了关于自媒体、参与式新闻、

---

① Esarey, A. , & Qiang, X. (2008) . Political expression in the Chinese Blogosphere：Below the radar. *Asian Survey*, 48 (5), 752 – 772.

② 黄河、刘琳琳：《风险沟通如何做到以受众为中心——兼论风险沟通的演进和受众角色的变化》，《国际新闻界》2015 年第 6 期，第 75 ~ 88 页。

③ 徐正、夏德元主编《突发公共事件与微博治理研究》，浙江大学出版社，2014，第 129 页。

④ 何志武：《重构"三网融合"对广播电视新闻传播的影响》，华中科技大学出版社，2016，第 61 页。

公民新闻等方面的大量讨论，但究其核心，这些讨论关注的都是"普通公众可以借助现代网络技术主动地加入传播活动"①，实际指涉了一种职业新闻生产之外的另类范式。比如，按照 J. F. 汉密尔顿（J. F. Hamilton）的归纳，公民新闻这一概念通常用来描述非专业者在新闻报道、写作、编辑、出版与发行中开始占据越来越重要的角色。这些角色可以存在于新闻组织之中，也可以存在其外部。当涉及公民新闻时，一般就形成了普通公众与媒体专业人员之间的区分。②

　　线上用户的媒介生产活动，往往是其生活世界背景知识的投影。M. 利斯特（M. Lister）等人强调，如今数字虚拟与现实被缠绕在一起，网络空间实际就是关于世俗生活归属感的展演，它生产出新的传播方式、新的游戏、新的认同实现机会以及新的人类与技术的关系。同时，新媒介也将迅速减少它的"新"特征，而与日常经历编织在一起。③ 因此，讨论新媒介语境的公共参与，我们应当强化线上活动与人们日常生活的勾连。这种日常化的媒介实践，在中国特殊的媒介与政治环境下，成为一种另类的文化形式④。

　　当使用"日常化"概念时，用户的公共参与也就涵盖了一种更为广泛的面向公共领域的内容传播活动。传统以公民新闻为代表的用以观照线上媒介生产的模型，可能难以细致描绘社会化网络的互动结构及其政治文化效应。这一方面因为用户行动具有复杂性，另一方面则由于新技术本身为媒介内容带来了更多创新的可能。譬如，关于公民新闻的解释框架并不足以用来观察线上亚文化结构与边缘人群。而在关于字幕组、线上游戏等次级文化群体的研究中，社区成员的文化生产方式已被认为同样具备相当的

① 蔡雯：《美国"公共新闻"的历史与现状（下）——对美国"公共新闻"的实地观察与分析》，《国际新闻界》2005 年第 2 期，第 27～31 页。
② Hamilton, J. F. (2015). Citizen Journalism. In J. D. Wright (Ed.), *International Encyclopedia of the social & Behavioral sciences*. Amsterdam, HL: Elsevier, pp. 612–618.
③ Lister, M., Dovey, J., Giddings, S., Grant, L., & Kelly, K. (2009). *New media: A critical introduction* (2nd ed.). New York, NY: Routledge, pp. 237–307.
④ Wu, A. X. (2014). Everyday media practices and changing political beliefs among China's early Internet users. Unpublished doctoral dissertation, Northwestern University.

公共性潜质①。按照卡普尼（D. M. X. Carpini）与威廉斯（B. A. Williams）的观点，人们通过娱乐与非娱乐媒介的划分方式来区分传播的文化政治，过于抬高了关于公共事务内容的新闻媒介的价值。实际上，政治是一种深刻镶嵌于看起来非政治化的公共与私人生活中的文化价值，娱乐媒介同时也能提供事实信息，引发社会舆论与政治讨论；相反，那些看起来关乎严肃性公共议题的新闻反倒有时候是转移注意力、与政治毫无关系的。②即，公众的媒介实践并不一定基于纯粹的公共事务动机，但是，它们却产生了多样性的公共文化效应。H. 詹金斯（H. Jenkins）在关于媒介融合的论述中也提及，公众在跨媒体平台生产的内容，往往是基于他们去寻求娱乐体验的"迁徙行为"③。L. 曼诺维奇（L. Manovich）则更为直接地将数字用户的日常媒介实践视为大众文化生产的一部分，在此之中，事实性内容、意见与对话往往不能被清晰地区分开来。④

上述实际说明了线上用户内容生产的混杂性，但无论对其形态有何争议，这些讨论背后都指向一种公共参与文化，即内容的创造与传播不再是任何专业性组织的特权。并且，线上文化与日常生活的紧密融合也使得线上公共领域呈现更多难以预料、变动不居的面貌。A. 赫勒（A. Heller, 1984/1992）说道："日常生活是历史潮流的基础。正是从日常生活的冲突之中产生出更大的总体性社会冲突，必须为在这些冲突中产生的问题寻找答案，而这些问题一旦得到解决，它们马上就会重新塑造和重新建构日常生活。"⑤ 新媒介在日常化演进中其形塑生活世界的能力也不断增长。我们所讨论的用户在媒介实践中面临的风险，正是关于这种公共性文化的潜在风险，它往往包含了双重问题。

---

① Lee, H. K. (2011). Participatory media fandom: A case study of anime fansubbing. *Media, Culture & Soceity*, 33 (8), 1131–1147.

② Carpini, D. M. X., & Williams, B. A. (2001). Let us infotain you: Politics in the new media age. In W. L. Bennett & R. M. Entman (Eds.), *Mediated Politics: Communication in the future of democracy*. Cambridge, UK; New York: Cambridge University Press, pp. 160–181

③ Jenkins, H. (2006). *Convergence Culture: Where old and new media collide*. New York, NY: New York University Press.

④ Manovich, L. (2009). The practice of everyday (media) life: From mass consumption to mass cultural production? *Critical Inquiry*, 35 (2), 319–331.

⑤ 〔匈〕阿格妮丝·赫勒：《日常生活》，衣俊卿译，重庆出版社，1990，第51~52页。

其一是公共领域如何获得成长？N. F. 福克斯（N. F. Fox）说："在风险社会中，至关重要之处在于权力以及对知识的获取与掌控。"① 公众关于风险的认知，被认为牵涉关于公平、信任、权力的重要性与合法性等一系列充满公共性价值的议题②。因此，普通公众规避新媒介风险的过程，我们从另一方面可以理解为争取数字空间公共权力的需要。这也或可解释为何新媒介影响的公民新闻受到如此之多的关注——因为"新闻是民主的另一个名称"③。讨论公众如何介入媒介生产，便自然而然过渡到公共政治机制的问题。新媒介在国内虽被赋予了推进政治改革的期望，线上参与文化在实践过程中却并非如此顺利，这一方面由于互联网管制与政治审查提高了网民发声与集体行动的风险④，另一方面则因为互联网同样可能导致反公共性。J. 唐尼（J. Downey）与 N. 芬顿（N. Fenton）就曾提醒，新媒介常常被激进组织广泛使用以推动他们的政治主张。不过，他们也建议，这种反公共性并不应当被视为与公共领域相分离的产物，而应该从两者的互动中寻找媒介表达与社会变化之间的联系。⑤ 总体而言，尽管新媒介被认为提供了抵御霸权、扩大公共领域的机遇，但是如 R. W. 麦克切斯尼（R. W. McChesney）所提出的，人们同时必须要警惕此种"乌托邦主义的虚假性"：数字通信使跨行业的媒体、电信和计算机部门之间建立联盟变得更加容易，媒介系统依然可能加剧政治经济反民主的趋势。在他看来，数字社会必须警惕这种公共风险，重新将公众联结起来，推动媒介体系的重建，如此才能真正有效发挥新媒介的民主政治效力。⑥ 在探讨线上空间的资源分配方面，传统意义的"数字鸿沟"（Digital Divide）仍是被研究者广为关注的面向。世界经济论坛发布的《2015 年全球信息技术报告》即显

---

① Fox, N. F.（1999）. Postmodern reflections on risk, hazards and life choices. In. D. Lupton（Ed.）, *Risk and Sociocultural Theory*: *New directions and perspectives*. Cambridge, UK: Cambridge University Press, p. 13.

② Slovic, P.（Ed.）（2000）. *The Perception of Risk*. London, UK: Earthscan.

③ 吴飞：《重新出发：新闻学研究的反思》，《新闻记者》2015 年第 12 期，第 4~13 页。

④ 胡泳：《中国政府对互联网的管制》，《新闻学研究》2010 年第 103 期，第 261~287 页。

⑤ Downey, J., & Fenton, N.（2003）. New media, counter publicity and the public sphere. *New Media & Society*, 5（2）, 185 - 202.

⑥ 〔美〕罗伯特·W. 麦克切斯尼：《富媒体穷民主：不确定时代的传播政治》，谢岳译，新华出版社，2003，第 173~237 页。

示，全球发展中国家并未充分享有新媒介科技带来的好处，高收入国家运用信息通信技术推动社会发展的效率，要远远高于低收入国家。① 从全球的制度性因素出发，研究者也可重新思考线上公共领域促进数字平等化的可能性以及公众为争取资源近用的文化抵抗过程。

其二是线上公共领域如何规避自身的问题？新媒介推动了相对宽松、流动性的参与空间的形成，但自由化背后也意味着普通公众对威胁自身的线上风险可能缺乏抵抗能力。譬如我们并无完备的约束手段阻止线上非法信息被强制推送到公众视线之内②。在以线上游戏为代表的亚文化社群，公共利益的保障问题则更成为少有人介入的边缘地带③。人们实践线上参与式文化的过程中面对的话语失序以及规范机制的缺失，本身就造成了公共领域的风险。G. B. 罗德曼（G. B. Rodman）即曾提醒，言论的"极化"可能是线上公共领域将面对的最大问题。④ J. K. 李（J. K. Lee）等人在关于社交媒体的调查中也印证了这样一个略带悲观主义色彩的发现：当人们越来越卷入志趣相投的社会化网络，由于这种新媒介选择的专一性，线上意见会变得越来越碎片化与极端化。⑤ 换而言之，互联网并不见得是更好的公共领域，相较于传统公共领域，线上空间甚至有时候是更加片面（one-sided）、不够宽容的⑥。尽管新媒介使新闻无处不在，但它在丰富公众媒介实践方式的同时，可能导致一种日趋怀疑、疏离的市民文化⑦。另一种观点则不再关注线上话语内部的冲突，转而强调新媒介空间

① Dutta, S., Geiger, T., & Lanvin, B. (Eds.) (2015). *The Global Information Technology Report* 2015: *ICTs for inclusive growth*. Geneva, CH: World Economic Forum.

② Mitchell, K. J., Finkelhor, D., & Wolak, J. (2003). The exposure of youth to unwanted sexual material on the Internet. *Youth & Society*, 34 (3), 330–358.

③ 王昀：《另类公共领域？线上游戏社区之检视》，《国际新闻界》2015 年第 8 期，第 47～66 页。

④ Rodman, G. B. (2002). The net effect: The public's fear and the public sphere. In B. E. Kolk (Ed.), *Virtual Publics: Policy and community in an electronic age*. New York, NY: Columbia University Press.

⑤ Lee, J. K., Choi, J., Kim, C., & Kim, Y. (2014). Social media, network heterogeneity, and opinion polarization. *Journal of Communication*, 64, 702–722.

⑥ Gerhards, J., & Schäfer, M. S. (2010). Is the internet a better public sphere? Comparing old and new media in the USA and Germany. *New Media & Society*, 12 (1), 143–160.

⑦ Pavlik, J. V. (2001). *Journalism and New Media*. New York, NY: Columbia University Press.

的公共参与到底能给现实生活带来多大影响。M. 卡尔森（M. Karlsson）等人的实证研究便认为，线上用户发表的评论以及书写的博客并未对大多数现实公众造成多大吸引力，所谓的"参与式新闻"对媒介生产者与用户来说价值其实是存疑的。[①] 对于我们讨论线上用户的公共参与而言，他们如何在其话语生产中预估此种"无人问津"的风险，进而调整自身的媒介实践，无疑也是需要考量的重要方面。

既然人们在数字空间的日常媒介实践面临多重不确定性，我们或可依据其规避风险的方式，来提出线上行动的另一种诠释路径。本书将以线上参与文化的具体案例讨论数字用户如何形成不同线上社区的面貌，其如何通过风险感知来调整自身行为、进行媒介生产，这又对整体线上公共领域产生何种风险效应？

第五节　新媒介风险与公共性文化

风险社会孕育了一种强制性文化，在此之中，人们"别无选择"，不论愿意与否都被拉入这一风险社会之中，成为共同承担风险的主体[②]。由于"风险与矛盾都是被社会性地生产的"[③]，因此，现代性的风险并非个人可以解决，而往往上升到集体性的公共事务层面。U. 贝克（U. Beck）甚至以"世界主义社会"（cosmopolitan society）的描述来形容风险推动的这种广泛公共性。他认为，风险社会，本质上是全球风险社会。当人们谈论一种全球风险社会的时候，"有必要说，全球风险已经促使（或者说将要促使）人们开始行动"[④]。关于风险沟通的主流观点也认为："专家知识和

① Karlsson, M., Bergström, A., Clerwall, C., & Fast, K. (2015). Participatory journalism – the revolution that wasn't: Content and user behavior in Sweden 2007 – 2013. *Journal of Computer – Mediated Communication*, 20, 295 – 311.

② Luhmann, N. (1993). *Risk: A sociological theory* (R. Barrett, Trans.). Berlin, GER: de Gruyter, p. 218.

③ Bauman, Z. (2000). *Liquid Modernity*. Malden, MA: Polity Press, p. 34.

④ Beck, U. (1996). World risk society as cosmopolitan society? Ecological questions in a framework of manufactured uncertainties. *Theory, Culture & Society*, 13 (4), 1 – 32.

公众知识是有条件的——各自反映了根本的社会关系和各种行动者的暗含的假设。因此要得到风险在真实世界里的全景,必须调和两套知识。"① 风险事件中复杂的利益牵涉网络既孕育了话语的不一致性,亦为不同文化社群之间产生的联结性机制提供了可能。可以说,风险治理向来依赖于社会协作网络,是被多元利益主体的社会话语所共同建构的过程。A. 斯科特(A. Scott)也指出,在传统阶层社会(class society),人们的集体经验是通过阶层意识(class consciousness)来实现的,但进入风险社会后,集体认同与行动则通过人们的风险意识(risk consciousness)来实现。② 换而言之,人们感受到的风险威胁强化了公共参与的必要性,风险成为了一种团结社会共同体的动力机制。

面对新媒介风险,这种由不同社会主体相互协调的联结性文化愈发呈现它的重要功能。K. 凯利(K. Kelly)提及,新技术网络弱化了中心权力,赋予了系统内部成员更高的自治权,这就导致了不可预测与突发性的"失控"风险。按照他的观点,解决这种失控的方法是采用协作控制(co - control)③。虽然 K. 凯利当时强调的协作尚侧重于人机方面,但无疑仍为我们思考数字技术带来的风险提供了新的思路。毋庸置疑,从具体的讨论来看,线上公共领域的双面性使新媒介风险总是处于相对化的状态:对于官方公共领域而言,挑战在于线上舆论与集体行动的不稳定秩序;对于特定用户社群而言,则面临一系列外部性制度约束以及共同体内部的沟通理性问题。这些微观层面交织的风险共同构成了线上公共领域的复杂生态。与其纠葛于新媒介产生的对立性,倒不如将整体性数字空间视为一种建设性资源:"网络公民社会不是异议的工具,而是一种建设性的力量。

---

① 〔英〕多米尼克·戈尔丁:《风险研究的社会和规划历史》,转引自〔英〕谢尔顿·克里姆斯基、〔英〕多米尼克·戈尔丁编《风险的社会理论学说》,徐元玲、孟毓焕、徐玲等译,北京出版社,2005,第 26 页。

② Scott, A. (2000). Risk society or angst society? Two views of risk, consciousness, and community. In B. Adam, U. Beck & J. Loon (Eds.), *The Risk Society and Beyond: Critical issues for social theory*. London, UK: Sage, pp. 47 – 62.

③ Kelly, K. (1994). *Out of Control: The Rise of neo - biological civilization*. New York, NY: Basic Book.

政府与网络公民社会不能相互对抗，而应相互协调。"① 因而，越来越多的研究者关于当今互联网公共政治的讨论，便关注到社会资源的协作问题。J. 马赛厄森（J. Mathiason）即认为，与其他由政府力量主导的领域不同，在数字网络之中，私人领域与公民社会扮演的角色并不亚于政府，因此，将互联网视为一种政治管理资源，必须重视多元化的利益相关者。② 互联网治理，由此也就转变为平衡数字空间各方行动者风险利益的过程。

若借鉴 J. 范迪克（J. van Dijck）③、W. L. 贝内特（W. L. Bennett）与 A. 西格伯格（A. Segerberg）④ 等人关于"联结性"（connectivity）的观点，不同线上行动主体者透过新媒介进行的内容表达，便可转化为建构联结性的话语与身份，形塑线上公共性文化的过程。在此之中，除却严肃、理性的传统政治议题，还牵涉一种"生活政治"，一种日常生活世界的参与动机。举例而言，J. 崔（J. Choi）通过对 SNS 社交网站的实证研究即发现人们的新闻活动源于各种不同的使用习惯："获得赞赏"是用户进行新闻发布的主要动机，而"获取娱乐"动机则对新闻浏览与新闻支持行为的影响更大。⑤ 探讨用户的线上参与，由是回归到探讨私人观念的"使用与满足"理论中来。

按照 Z. 鲍曼的看法，现代社会建构的"新"世界充满了流动性、对传统的瓦解以及生活政治的非结构化。⑥ 那么，在这种私人化、碎片式、充满流动生活方式的世界里，有没有可能形成一种联结性价值观念？本书认为，数字社会提供了这样一种可能性。与以往的大众媒介不同，互联网一开始便以"公共资源"的形态出现："只有当普通人通过互联网实现联

① 陶文昭：《推进民主政治：网络公民社会的定位》，《探索与争鸣》2010 年第 6 期，第 31～35 页。
② Mathiason, J. (2009). *Internet Governance: The new frontier of global institutions*. New York, NY: Routledge.
③ van Dijck, J. (2013). *The culture of connectivity: A critical history of social media*. New York, NY: Oxford University Press.
④ Bennett, W. L., & Segerberg, A. (2013). *The Logic of Connective Action: Digital media and the personalization of contentious politics*. Cambridge, UK: Cambridge University Press.
⑤ Choi, J. (2016). Why do people use news differently on SNSs? An investigation of the role of motivations, media repertoires, and technology cluster on citizens' news - related activities. *Computers in Human Behavior*, 54, 249–256.
⑥ Bauman, Z. (2000). *Liquid Modernity*. Malden, MA: Polity Press.

结的时候，互联网才焕发生命力。"① 可以说，互联网的目标即在于"联结"（connectivity），并且，"联结"本身也是互联网发展为自身带来的馈赠②。在 J. 范迪克看来，这意味着一种"分享"的意识形态，它使线上世界的任何事情都变得"社会化"。同时，他亦指出这种联结性文化的广泛性与潜在风险：新媒介不仅被用于推动用户之间的联结，同时也成为全球信息工业巨头用来提取与利用用户这种联结性的工具手段③。前人关于互联网社会运动的研究，业已广泛认可新媒介在动员社会资源、促进联结性行动方面表现出的显著作用④。在某种程度上，"联结性"接纳了现代性关于个人化世界趋向的看法，不过，更为重要的价值在于，它提供了一种在私人与公共地带之间转换的思路，关注到弱势群体面对利益风险如何呼应，从而推动公共领域实践。如 J. 哈贝马斯所言："个人化越是向内部发展，个人同样就越深地向外陷入一个更稠密的，也是更脆弱的、由相互承认关系构成的网络中。这样，他也就要，面临这种被交互性排斥的风险……共同生活的准则——它也可以在陌生人之间产生出团结来——依赖所有人的同意。为了发展出这些准则，我们必须参与对话。因为道德的话语让所有相关的人都有发言权。它要求参与者也吸收别人的观点。"⑤ 这种新媒介语境下的公共参与机制，已经被作为在转型时期讨论个人与集体、国家与公民社会之间权力关系的重要路径之一。

从既往来看，西方研究者青睐讨论的线上公共性文化多聚焦于公众行动层面，虽然这种带有强烈民主政治色彩的传统逻辑在观照社会运动方面颇为流行，但在风险治理网络中的适用性却是存疑的。本研究认为，更为妥当的做法是将公共性问题扩展到线上空间的不同利益相关者。作为被数

① Lessig, L. (2001). *The Future of Ideas: The fate of the commons in a connected world*. New York, NY: Random House, p. 147.
② Carpenter, B. E. (Ed.). (1996). *Architectural Principles of the Internet*. Retrieved from https://tools.ietf.org/html/rfc1958.
③ Van Dijck, J. (2013). *The Culture of Connectivity: A critical history of social media*. New York, NY: Oxford University Press.
④ Juris, J. S. (2012). Reflections on occupy everywhere: Social media, public space, and emerging logics of aggregation. *American Ethnologist*, 39 (2), 259–279.
⑤ 〔德〕哈贝马斯：《在自然主义与宗教之间》，郁喆隽译，上海人民出版社，2013，第8页。

字时代放大的产物，公共领域表现出的联结性文化在互联网治理与行动政治中代表着一种特殊隐喻。线上动员往往牵涉一种复杂的集体性协商与共同体建构过程①，尤其在媒介融合背景下考量线上行动，更应当着眼于其本身作为系统如何运作，从更广泛的社会关系结构上进行解释②。本研究划分专业化新闻生产与线上用户参与两个面向来探讨数字社会的媒介生产，也是为了形成对照，将关于新媒介的风险感知纳入系统性的话语场域。贝克认为，风险具有多样性，"它们有时是相对的，有时是互补的，有时又是对抗的……每一个利益团体都试图通过风险的界定来保护自己，并通过这种方式去规避可能影响到它们利益的风险"③。这决定了风险治理总是卷入动态的权力博弈机制。通过勾勒数字社会的专业新闻生产者与日常用户如何在非传统性的内容机制下参与到线上情境，我们试图探索新媒介带来的风险意识有无可能促进一种认同文化，进而形塑线上公共领域之中特殊的媒介产制。由此，本书将基于勾勒不同主体参与线上内容生产的生态，进一步总结面对新媒介风险，媒介组织与普通用户在发展自身事业过程中的常规实践，从而讨论这些实践如何创造行动者之间的联结性，并促进我们对整体性公共领域的理解。我们的预设是：数字风险压力提升了职业新闻生产者与线上用户面向外部互动的合作需求，从而推动了当代媒介实践的公共性文化。通过结合媒介实践与风险治理之间的关系，将数字社会的媒介生产纳入一种专业化与日常化的互动过程，本书试图为人们理解数字社会的媒介生态变化、线上行动与公共政治文化提供新的解释框架。

---

① Earl, J., Hunt, J., & Garrett, R. K. (2014). Social movements and the ICT revolution. In H. van der Heijden (Ed.), *Handbook of Political Citizenship and Social Movement.* Cheltenham, UK: Edward Elgar, pp. 359 – 383.

② 邵培仁、王昀：《转向"关系"的视角：线上抗争的扩散结构分析》，《浙江学刊》2014年第6期，第199～207页。

③ 〔德〕乌尔里希·贝克：《风险社会》，何博闻译，译林出版社，2004，第31页。

第三章 ▶▶

融合视野中的新闻生产：
社交网络的媒体间互动结构

线上公共领域作为一个复杂的风险系统，其难题在于主体行动难以把握的多元性。毋庸置疑，在当代公共意见气候中，专业化新闻生产仍发挥着举足轻重的作用。我们首先好奇的是，在社会上普遍存在的关于"新媒介改写新闻业"的话语场域之下，线上新闻业内部究竟呈现何种情况？为了实现各类媒体之间竞合现象的可比较性，本章将其纳入同一关系网络，勾勒媒体间各自的社交网络位置，以此评估不同新闻生产者在线上发展的真实生态。

第一节　社交网络作为新闻融媒

社交媒体时代的新闻业究竟何去何从？类似媒介研究的"新旧"争议无疑构成了当今新闻传播学聚焦的重要议题。新技术语境在大众媒介既有边界以外，增添了诸多牵涉互动性、民主性、多媒体性的新议题以及有关市民记者的讨论，从而将媒介生产实践带向多维度的方向。[①] 这种不确定性迫使人们不断呼吁重新认知传统产制的不适用性，进而审视媒体行业未来可持续发展的基本问题。[②]

在整体媒介环境的变迁下，既有研究关于传统媒体与新媒体之间关系的讨论至少历经了三种层次的观念转变：其一是线上空间能否创造传统媒体的增补形式，甚至成为替代物[③]，此一面向在早期多少透露出对媒介形式急速变化的焦虑，带有强烈的危机意识；其二是基于社交媒体服务提供

---

① O'Sullivan, J. , & Heinonen, A. (2008) . Old values, new media: Journalism role perceptions in a changing world. *Journalism Practice*, 2 (3), 357 – 371.

② Zelizer, B. (2015). Terms of choice: Uncertainty, journalism, and crisis. *Journal of Communication*, 65, 888 – 908.

③ Althaus, S. , & Tewksbury, D. (2000) . Patterns of Internet and traditional news media use in a networked community. *Political Communication*, 17 (1), 21 – 45.

的另类平台资源，探讨其何以助益转型进程中的媒体生态①；其三则更进一步，将社交网络作为媒体产业自身发展的进阶层次，社交媒体本身即被纳入新闻实践的有机体系②。以这些角度来看，媒介研究者正逐渐摆脱传统对立思维。正如 R. G. 皮卡德（R. G. Picard）提醒的，新闻业的太多声音叹息所谓过去的"黄金岁月"，反而忽视了新媒体时代带来的社会效应及相应机会。③ 李红涛分析国内新闻界的怀旧话语实践时也认为，与名流纪念、个体离职、组织纪念日、丑闻危机等场景下的怀旧文本相对照，新闻叙事同样浮现一种关于"黄金时代"的叙事。这种关于黄金时代的神话除却传递对"当下"的批判，"更像是呼应纸媒衰落，对建构出的过往所作的一曲挽歌"。④ 的确，对于过去新闻业的"向往"并不能回应新闻业目前面对的风险。一些研究也认为，正统的新闻业精神在新媒介环境面临的挑战或许不像人们想象的那样悲观。C. 纽伯格（C. Neuberger）通过分析针对 1000 名德国互联网用户的调查数据发现，新闻业、社交媒体与新闻搜索引擎尚未构成显著的竞争关系。大部分受访者仍然相信新闻组织的官方网站具有可信、规范与及时性的特征，认可传统新闻从业者的把关人与议程设置角色。⑤ 而对于专业新闻生产来说，也逐渐将社交网络作为自身常态运作的必要组成部分。有关 Twitter 等线上平台的实证观察即指出，许多新闻组织正在逐渐承认社交媒体作为新闻工具的潜力，开始采纳与受众的新型线上关系。⑥ 与其使用"传统"与"新兴"这样的划分将媒体运作严格地加以限制，倒不如积极将新媒介视为新闻实践有机体系的一部分。

---

① Broersma, M., & Graham, T. (2012). Social media as beat: Tweets as a news source during the 2010 British and Dutch elections. *Journalism Practice*, 6 (3), 403–419.

② Ju, A., Jeong, S. H., & Chyi, I. H. (2013). Will Social Media Save Newspapers? Examining the effectiveness of Facebook and Twitter as news platforms. *Journalism Practice*, 8 (1), 1–17.

③ Picard, R. G. (2014). Twilight or new dawn of journalism? Evidence from the changing news ecosystem. *Journalism Practices*, 8 (5), 488–498.

④ 李红涛：《"点燃理想的日子"——新闻界怀旧中的"黄金时代"神话》，《国际新闻界》2016 年第 5 期，第 6~30 页。

⑤ Neuberger, C. (2014). The journalistic quality of Internet formats and services: Resrlts of a user survey. *Digital Journalism*, 2 (3), 419–433.

⑥ Hong, S. (2012). Online news on Twitter: Newspapers' social media adoption and their online readership. *Information Economic and Policy*, 24, 69–74.

C. 纽伯格（C. Neuberger）甚至判断，事实上，新闻业并不太可能与社交网络形成对抗关系，如果新闻记者像过去一样仅仅通过传统媒介载体来进行对话，将约束探索其他路径的思维方式。[①]

无论如何，网络新闻（network journalism）的范式转向正推动专业媒体将自身核心竞争力与新媒介渠道的市民社会特质相互融合。[②③] 一方面，各类媒体通过开设社交媒体账号积极保持自身的线上活跃度；另一方面，这些媒体也不得不参考与采纳社交网络当中其他信源提供的资讯内容。依据皮尤研究中心 2016 年的数据，62% 的美国人开始依赖社交媒体获取新闻资讯，其中 Facebook 新闻用户达到 66%，而 Twitter 的这一比重亦升至 59%。[④] 在国内，入驻新浪微博的媒体总数在 2013 年 10 月便接近 13 万。以新华社、《人民日报》为代表的主流媒体逐渐通过微博、微信以及手机应用等方式，扩展移动社交平台基础，表现出面对媒介融合趋势的战略改革。[⑤] 跨媒介的数字新闻汇流的情况下，愈来愈多的媒介生产者主动通过社交网络进行新闻实践，因此，研究者不仅有必要留意社交媒体为传统媒体的专业主义标准所施加的压力，且需关注不同类型的新闻从业者如何以其各自的方式拥抱社交网络生活。[⑥] 可以说，回答融媒环境下的媒介转型问题，必须进入社交网络的互动结构去检视新时期媒体生产者争取自身认同的身份场域。

通过描绘不同媒体账号在社交媒体平台的线上出席，本章旨在探讨其

① Neuberger, C. (2013). Competition or complementarity? Journalism, social network sites, and news search engines. In H. Nienstedt, S. Russ – Mohl & B. Wilczek (Eds.), *Journalism and Media Convergence*. Berlin, GER: De Gruyter, pp. 119 – 130,

② Bardoel, J., & Deuze, M. (2001). Network journalism: Converging competences of media professionals and professionalism. *Australian Journalism Review*, 23 (2), 91 – 103.

③ 陈宁、杨春：《记者在社会化媒体中的新闻专业主义角色——以记者微博的新闻生产为例》，《现代传播》2016 年第 1 期，第 133 ~ 138 页。

④ Pew Research Center (2016, May). News use across social media platforms 2016. Retrieved from http://www.journalism.org/2016/05/26/news – use – across – social – media – platforms – 2016/.

⑤ 新华社新媒体中心：《中国新兴媒体整合发展报告 2013—2014》，新华出版社，2014，第 32 ~ 61 页。

⑥ Hedman, U., & Djerf – Pierre, M. (2013). The social journalist: Embracing the social media life or creating a new digital divide? *Digital Journalism*, 1 (3), 368 – 385.

互动偏向性，以及在此之中形成的整体性媒体社交网络生态圈。伴随愈来愈多的传统媒体、新兴媒介乃至自媒体人在社交网络展开内容实践，这些媒体之间究竟形成了何种关联格局，以往研究缺乏详细的讨论。本章无意从公众效果层面解读社交媒体为媒介制度带来的革新，而是试图基于线上空间的信息流动，勾勒传统媒体、新兴媒体在社交网络传播中的各自位置，从而帮助人们了解媒介融合趋势下，不同媒体形态之间形成的竞合生态。具体研究问题包括：不同类型的媒体在社交网络形成了怎样的互动结构？它们在社交网络中的位置受到何种因素的影响？在新媒介为新闻业带来的风险语境之下，这种互动网络体现出传统媒介与新兴媒介怎样的共生面貌与关系模式？

第二节　社交网络的信息流动模式

传播学领域对于信息流的观察已形成丰富的视角，这些视角既在早期被广泛应用于人际传播[1]、组织传播[2]层面，亦在后续大众媒介研究中得到极大扩展，譬如立足于经典的文化帝国主义理论架构，讨论世界新信息秩序下的全球媒介图景及其逆向流动[3]。从种种角度来看，研究者总是期望依据传播内容的分配偏向性，进而探索其背后呈现的权力结构或制度体系。而针对信息流之中的媒体互动结构，业已形成诸如语义网络分析[4]、社会化网络分析[5]等成熟的方法，这些方法通常透过梳理媒体话语生产或

---

① Lazarsfeld, P. F., Berelson, B., & Gaudet, H. (1948). *The People's Choice: How the voter makes up his mind in a presidential campaign.* New York, NY: Columbia University Press.

② Fisman, R., & Khanna, T. (1999). Is trust a historical residue? Information flows and trust levels. *Journal of Economic Behavior & Organization*, 38 (1), 79 - 92.

③ Thussu, D. K. (2007). Mapping global media flow and contra - flow. In D. K. Thussu (Ed.), *Media on the Move: Global flow and contra - flow.* New York, NY: Routledge, pp. 10 - 29.

④ van der Meer, T. G. L. A., & Verhoeven, P. (2013). Public framing organizational crisis situations: Social media versus news media. *Public Relations Review*, 39 (3), 229 - 131.

⑤ 吴瑛、李莉、宋韵雅：《多种声音，一个世界：中国与国际媒体互引的社会网络分析》，《新闻与传播研究》2015 年第 9 期，第 5 ~ 21 页。

内容互引机制，从而判别在此过程中形成的关系逻辑。

在数字新闻发展浪潮下，社交媒体成为包含众多复杂信源的内容生产协作型网络。[①] 承认社交媒体对于新闻工作发挥的积极作用，已是新闻组织的业内共识。[②] B. E. 威克斯（B. E. Weeks）与 R. L. 霍尔伯特（R. L. Holbert）的实证研究也发现，一旦用户与新闻组织/记者建立起好友关注，他们能够更容易地接收新闻的信息更新。这种用户与媒体之间的关系，能够作为预测社交网络新闻流动的一项有力指标[③]。在日趋分众化、多元化的社交媒体平台，既有研究者观照线上信息流的方式，往往又存在两种不同的视角。

其一是中心扩散模式，通常立足于新闻生产的资源近用差异，认为线上空间依然由少数来源占据中心地位。关于新媒体信息流的前期研究已经指出，线上议题传播尚存在不对称性，尤其在国际新闻等领域，新媒体向来以转载传统媒体内容为主，其议程设置受到主流媒体的显著影响。[④] 面对新技术环境之冲击，精英媒体与新闻通讯社通过迅速调整战略，使自身能够灵活、充裕地运用社交媒体资源[⑤]，而专业技能差异所缔造的分水岭，仍使他们得以在在线新闻生产当中占据优势[⑥]。尽管社交媒体被认为推动了市民新闻的另类报道模式，但 T. 普尔（T. Poell）与 E. 博拉（E. Borra）以 Twitter、YouTube 和 Flickr 等平台为例的调查指出，关于特定事件的报道总是由一小部分用户主导，社交媒体新闻所谓的群众性实际难以摆脱

① Westerman, D., Spence, P. R., & Hiede, B. V. D. (2014). Social media as information source: Recency of updates and credibility of information. *Journal of Computer - Mediated Communication*, 19 (2), 171 - 183.

② Weaver, D. H., & Willnat, L. (2016). Changes in U. S. journalism: How do journalists think about social media? *Journalism Practice*, 10 (7), 844 - 955.

③ Weeks, B. E., & Holbert, R. L. (2013). Predicting dissemination of news content in social media: A focus on reception, friending, and partisanship. *Journalism & Mass Communication Quarterly*, 90 (2), 212 - 232.

④ Veltri, G. A. (2012). Information flows and centrality among elite European newspapers. *Europe Journal of Communication*, 27 (4), 354 - 375.

⑤ Engesser, S., & Humprecht, E. (2015). Frequency or skillfulness: How professional news media use Twitter in five Western countries. *Journalism Studies*, 16 (4), 513 - 529.

⑥ Örnebring, H. (2013). Anything you can do, I can do better? Professional journalists on citizen journalism in six European countries. *The International Communication Gazette*, 75 (1), 35 - 53.

自身缺陷。① 同时，市民社会所形成的自媒体生态，由于面临自身的可持续发展困境，也被认为不得不寻求与专业媒体的长期合作关系②。换而言之，公民记者仍然需要借助主流媒体既有的平台资源，而主流媒体则通过把关人等实践操作，继续维持着在信息传播上的"霸权"③。事实上，大众媒体在应用社交网络时，往往侧重参考官方账号，并不在意普通公众信息。④ 因此，中心扩散模式关注到信息生产流通的不平衡局面，强调了专业媒体在社交网络信息秩序中仍扮演相对重要的枢纽角色。如 M. 查（M. Cha）等人归纳，传统大众媒介来源在社交媒体议题方面始终发挥着关键作用，一部分名人、意见领袖则较为远离中心网络，通常作为过渡性的推广者（evangelists）将这些议题向普通公众引介，一般用户在信息流动网络中则总是处于相对消极的状态。⑤

其二是圈层离散型模式。社交媒体在提供技术赋权的同时，显然也带来众声喧嚣的争议。⑥ 去中心化的社交网络加剧了新闻资讯流通的离散性，D. 多明戈（D. Domingo）等人因而主张使用行动者网络理论（actor‐network theory）来看待数字网络的新闻生产，从而克服用原有的定型化理论分类来划分新闻实践。⑦ 回到新闻内容的效果层面，一方面，由于存在规

---

① Poell, T. , & Borra, E. （2011）. Twitter, YouTube, and Flickr as platforms of alternative journalism: The social media account of the 2010 Toronto G20 protests. *Journalism*, 13（6）, 695 – 713.

② 魏武挥：《自媒体：对媒介生态的冲击》，《新闻记者》2013 年第 8 期，第 17 ~ 21 页。

③ Ali, S. R. , & Fahmy, S. （2013）. Gatekeeping and citizen journalism: The use of social media during the recent uprisings in Iran, Egypt and Libya. *Media*, *War and Conflict*, 6（1）, 55 – 69.

④ Moon, S. J. , & Hadley, P. （2013）. Routinizing a new technology in the newsroom: Twitter as a news source in mainstream media. *Journal of Broadcasting & Electronic Media*, 58（2）, 289 – 305.

⑤ Cha, M. , Benevenuto, F. , Haddadi, H. , & Gummadi, K. （2012）. The world of connections and information flow in Twitter. *IEEE Transactions on Systems*, *Man and Cybernetics – Part A: systems and humans*, 42（4）, 991 – 998.

⑥ Abbott, J. P. （2011）. Cacophony or empowerment?: Analyzing the impact of new information communication technologies and new social media in Southeast Asia. *Journal of Current Southeast Asian Affairs*, 30（4）, 3 – 31.

⑦ Domingo, D. , Masip, P. , & Meijer, I. C. （2015）. Tracing digital news networks towards an integrated framework of the dynamics of news production, circulation and use. *Digital Journalism*, 3（1）, 53 – 67.

模巨大的信源内容，社交网络信息的可信度测量变得非常困难①；另一方面，诸多成果证实了社交网络的"回音室效果"（echo chamber），认为人们总是依据自我倾向来看待新闻资讯，筛选与自身相对立的意见，用户卷入的线上信息于是呈现相当同质化的面貌。②③④在此意义上，社交网络中的信息流动变得内群体化，不同圈层意见彼此之间固守自身阵地，共生共荣，在舆论事件中往往形构出"一种破碎的共识"。⑤

事实上，在实际应用中，上述两种模式并非截然对立。不同次级群体固然在社交网络之中形成处于主流声音之外的离散话语，但特定场域下，通过圈子内部以及圈子与外部环境之间的持续性互动，线上关系依旧能够相互呼应，提供一种彼此整合的动力。⑥换而言之，研究者可以借由一种主体联结型思路审视社交网络的信息流动。传统社会化网络分析中关于权威型网页（authorities）、目录型网页（hubs）等的划分，亦开始被引入用以诠释社交媒体用户的联结方式以及他们与整体性网络之间的依附结构。⑦按照 A. 埃米达（A. Hermida）等人的发现，五分之一的社交网络用户从他们关注的新闻组织或媒体记者获知新闻，而五分之二的用户则通过他们关注的其他个人来接收新闻内容。换而言之，社交媒体的新闻消费很大程度上乃是由群体互动所形成。他们因而指出一种由媒体提供新闻而社交网

① Johnson, T., & Kaye, B. K. (2014). Credibility of social network sites for political information among politically interested internet users. *Journal of Computer - Mediated Communication*, 19 (4), 957 - 974.

② Sobieraj, S., & Berry, J. M. (2011). From incivility to outrage: political discourse in blogs, talk radio, and cable news. *Political Communication*, 28 (1), 19 - 41.

③ Colleoni, E., Rozza, A., & Arvidsson, A. (2014). Echo chamber or public sphere? Predicting political orientation and measuring political homophily in Twitter using big data. *Journal of Communication*, 64 (2), 317 - 332.

④ Lee, J. K., Choi, J., Kim, C., & Kim, Y. (2014). Social media, network heterogeneity and opinion polarization. *Journal of Communication*, 64 (4), 702 - 722.

⑤ 杨洸：《社会化媒体舆论的极化和共识——以"广州区伯嫖娼"之新浪微博数据为例》，《新闻与传播研究》2016 年第 2 期，第 66 ~ 79 页。

⑥ 邵培仁、王昀：《转向"关系"的视角：线上抗争的扩散结构分析》，《浙江学刊》2014 年第 6 期，第 199 ~ 207 页。

⑦ Murthy, D., & Longwell, S. A. (2013). Twitter and disasters: The uses of Twitter during the 2010 Pakistan floods. *Information, Communication & Society*, 16 (6), 837 - 855.

络公众再构新闻的流动状态①，强调不同主体在社交网络新闻生产流通中的地位分工。

本章着眼点在于专业新闻生产者在社交网络信息流中形塑的媒体间互动性。大众媒介组织的社交媒体应用虽在过去得到不同程度的关注，但研究者的关注多集中在三个方面：一是针对公共舆情事件媒体在微博、微信等主流社交平台产生的传播效果②；二是社交媒体作为可选择的信息源之一，与传统媒体运作之间形成的关系③；三则是新闻组织在社交平台的用户影响力。④ 我们希冀在描绘线上信息流动网络的过程中，呈现当今媒体卷入社交网络的互动面貌。媒体本身在社交网络的互动形态不仅体现相应的内容资源分配格局，也映射出新媒介环境下，不同媒体在转型进程中形塑的角色生态。对媒体类型的进一步划分同样也将有助于我们评估传统媒体与新媒介之间的关系特质，了解不同媒介组织在社交网络情境的传播力。

第三节　媒体间线上互动的社会化网络探索

为有效观察各类型媒体的线上互动结构，本章选择以新浪微博为平台，透过社会化网络分析探讨媒体账号在其中建立的关系机制。微博、微信无疑是国内当前最主要的社交应用，而由于开放式的"广场"环境，微博往往被认为更多表现出大众媒介特性⑤，是在线上公共场合分析新闻信息流通更为适宜的对象。在样本选择方面，研究者收集了包含传统媒体（报纸、杂志、电视、广播）、由传统主流媒体建立的新闻门户网站（人民

① Hermida, A., Fletcher, F., Korell, D., & Logan, D. (2012). Share, like, recommend: Decoding the social media news consumer. *Journalism Studies*, 13 (5 - 6), 815 - 824.

② 刘丛、谢耘耕、万旋傲：《微博情绪与微博传播力的关系研究——基于 24 起公共事件相关微博的实证分析》，《新闻与传播研究》2015 年第 9 期，第 93 ~ 106 页。

③ Broersma, M., & Graham, T. (2012). Social media as beat: Tweets as a news source during the 2010 British and Dutch elections. *Journalism Practice*, 6 (3), 403 - 419.

④ 王晓光、袁毅：《微博用户影响力构成因素分析——以媒体微博为例》，《情报科学》2016 年第 34 卷第 8 期，第 78 ~ 82 页。

⑤ 李良荣：《新生态、新业态、新取向——2016 年网络空间舆论场特性概述》，《新闻记者》2017 年第 1 期，第 16 ~ 19 页。

网、新华网等）、新兴的新闻资讯平台（界面、钛媒体等）以及自媒体等多种类型的账号。由于当前关于自媒体概念并无严格、统一的定义，为便于操作化，其账号选择全部依据新浪微博认证的自媒体标签进行过滤。研究样本框基于 2016 年 11 月～2017 年 1 月新浪微博统计的全媒体影响力排行榜及其发布的 2015 年最具影响力媒体微博数据，上述微博账号排行由新浪微博依据自身所开发的权衡用户影响力的算法统计而出，其中，涉及大量娱乐、演艺界人士账号（如 "GEM 邓紫棋" "王凯 kkw" 等），因而在实际分析中予以剔除。同时，鉴于新浪官方的总体榜单针对入选媒体微博数量进行了限制，诸多新兴媒体平台未能被涵盖，为保障研究能够观照不同类型的媒体，部分新媒体账号（如界面、钛媒体、I 黑马等）则通过其他代表性媒体账号的日常关注线索，采用滚雪球样本取得。在过滤所有明星、视频微博及重复样本之后，共收集媒体微博账号 76 个。

在时间界定方面，尽管微博在国内兴起于 2010 年左右，但媒体法人大量入驻微博，则通常被认为以 2012 年为显著发端[1]，样本账号的统计因而乃是基于自 2012 年 1 月 1 日～2016 年 12 月 31 日五年跨度内的发布内容。具体分析过程中，研究者基于微博站内搜索结果，辅以人工筛选搜集相关资料，获得原始文本数共 4010123 篇。媒体互动频次通过两种方式予以确认：一是通过转发、超链接等形式对某新闻来源进行了直接引用；二是通过@、via 或 cr + 媒体名称形式标注的会话。以 75 家媒体微博作为 75 个节点，依据上述信息流形成的边建构出 75 ＊ 75 矩阵。在此基础之上，研究者将数据导入 Ucinet 与 Gephi 软件，完成网络密度以及各节点中心度等相关数据分析，并对媒体间互动的整体关系网络进行可视化。

一　整体网络互动密度、中心势的年际变化

我们首先引入密度（density）与网络中心势（network centralization）两项指标，用以描述媒体微博互动网络的整体面貌。一般来说，密度（density）呈现网络节点之间的联结程度，密度越高，互动网络的完备性程

---

[1]　李婷：《别把微博当个人空间它既是自媒体也是大众媒体》，《三湘都市报》2012 年 12 月 9 日，第 A4 版。

度越高，社群的紧密合作行为越多，整体网络对个体行动者提供资源影响的可能性越大。中心势指数则代表整体网络的集中化程度，其取值越大，说明成员之间交流的向心性更高，个别中心节点对网络结构的控制力更强。①

2012～2016 年数据变化显示（见图 3 − 1），网络密度浮动范围为0.2107～0.2525，2012 年之后有显著上升趋势，2016 年则又相对降低，说明各媒体在微博间互动的活跃程度有所下降，协作行为减少，这可能与微博作为公共新闻平台在近来的相对"降温"趋势有关。网络中心势指数则徘徊于 9.27% 与 12.82% 之间，整体离心性显著，体现了线上生产浓厚的去中心化色彩，不同类型媒体微博之间的信息流动较为分散，难以出现少数中心媒体在整个网络互动结构中扮演权力垄断角色的局面。在时间变化上，网络中心势总体呈现"倒 U"型，在 2014 年下滑至最低点，说明此年度媒体微博之间权力结构最为松散。沈阳等人（2014）曾指出，2013 年开始的国家为强化线上公共领域自律行为开展的系列网络治理行动，导致社交网络尤其是自媒体意见领袖参与意愿降低。② 可能在一定程度上受此政策影响，2014 年后媒体微博的网络中心势指数持续上升，2016 年达到五年内峰值，中心节点在互动网络中的资源主导能力有所提高。这意味着在

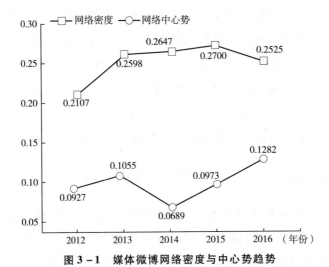

图 3 − 1　媒体微博网络密度与中心势趋势

---

① Scott, J. (2013). *Social Network Analysis*. Los Angeles, CA：Sage, pp. 63 − 94.
② 沈阳、吴荆棘：《中国网络意见领袖分析》，《财经》2014 年第 14 期，第 30～37 页。

微博场域当中，一部分中心媒体的议题设置能力出现回升，尤其结合后续中心性数据可以发现，主流媒体在受社交网络对新闻产制造成的冲击之后，其作为舆论引导阵地的功能得以强化。

二 社交网络的媒体中心性分布与关联因素

中心性（centrality）是社会化网络重要的结构属性，能够描绘个体行动者在关系社区相应的话语权力位置。[①] 主流研究关于社会化网络中心性测量已经涵盖点度中心性（degree centrality）、中间中心性（betweenness centrality）、接近中心性（closeness centrality）[②]、特征向量中心性（eigenvector centrality）[③] 等多种度量方式。本研究各案例对象的中心性分布如表1所示，对媒体微博的中心性观察有助于我们从个体层次了解不同媒体在整体生产空间扮演的具体角色。

点度中心性测量某节点与其他节点相互关联的边数，点度中心性越高，该节点与网络成员的直接联系越多，在互动中也就越处于权力中心地位。从数据来看，《人民日报》、人民网、央视新闻、《环球时报》、新华网五家国家级主流媒体的点度中心性居于前五位，此外，地方都市报亦表现出较高水平指数。前人研究已经发现："报纸媒体在微传播中所做的探索性改革最多。"[④] 喻国明在研究传统媒体的线上发展时也指出，纸媒的媒体微博数量虽不如电视、广播电台，但整体运维水平远远超过电视台和广播电台。[⑤] 不过，本研究显示，即使与相对新兴的媒体资讯平台进行比较，传统主流媒体的点度中心性水平依然普遍较高。此外，自媒体的点度中心性程度普遍处于低值，在自媒体内部，则是财经类账号在整体网络中的互动活动最为活跃。

---

① Freeman, L. C. (1978). Centrality in social networks: Conceptual clarification, *Social Network*, 1, 215 - 239.

② Borgatti, S. P. (2005). Centrality and network flow. *Social Networks*, 27 (1), 55 - 71.

③ Bonacich, P. (2007). Some unique properties of eigenvector centrality. *Social Network*, 29, 555 - 564.

④ 黄楚新、张安、王丹：《2014年中国报纸微传播力研究报告》，转引自唐绪军主编《中国新媒体发展报告（2015）》，社会科学文献出版社，2015，第133页。

⑤ 喻国明：《中国社会舆情年度报告2014》，人民日报出版社，2014，第184~185页。

　　一般来说，点度中心性又可划分出入度与出度两类概念，其取值由两者相加计算。入度代表其他节点向某节点发出互动行为的程度，入度越高，该节点受欢迎程度越高；出度则代表某节点主动与外界进行互动的频繁程度，出度越高，该媒体在信息流动中的包容性便越强。总体而言，杂志媒体以及专业财经类媒体的出度远大于入度，更多向外界投射互动意愿。《人民日报》、央视新闻、新华网、《生命时报》、人民网五类媒体在互动网络中最受关注，《生命时报》的高入度说明除却主流媒体新闻内容之外，生活健康类资讯亦在媒体微博中得到相当的青睐。而出度最高的前五位媒体微博则为《环球时报》、人民网、《扬子晚报》、《辽沈晚报》、《重庆晨报》。《环球时报》、人民网出度远远领先于其余都市媒体，体现出此两家国家主流媒体在发展线上业务时的开放姿态。

　　中间中心性用以测量节点在多大程度上扮演网络的桥梁作用。中间中心性越高，意味着流经该节点的数据越多，在信息流中的资源控制力也越强。数据显示，《扬子晚报》、《环球时报》、《每日经济新闻》、人民网以及《新京报》等更多位于媒体微博互动结构的枢纽位置。都市类报纸与主流新闻门户的整体中间中心性水平均较高，表明其更多在整体网络联结中扮演中间人角色。自媒体方面，如中青报曹林、罗昌平等记者型个人账号的中间中心性要高于一般自媒体，说明传统媒体从业者作为独立消息源出现于社交网络时，亦在线上信息流中发挥一定的交通纽带功能。

　　接近中心性依据某节点与网络其他节点最短路径距离之和测算。在某种意义上，若节点与其他节点的距离总和最短，它不一定在该网络处于核心位置，与他人关系也不一定最多，但通常"在网络中有最佳视野，可以察知网络中所发生的事情，以及讯息的流通方向"[①]。本研究的互动网络中，自媒体账号的接近中心性普遍取值较小，说明社交网络中个人意见领袖在信息传播中的独立性较强。而在专业媒介组织方面，则是凤凰卫视、《三联生活周刊》、《人民日报》、新华网、《生命时报》等接近中心性较低，其内容互动更不受他者限制，对于其他媒体信息来源的依赖程度不高。

---

　　①　邱均平、姜冠图：《基于 SNA 的国内信息资源管理被引现状分析》，《情报科学》2010 年第 28 卷第 10 期，第 1592 页。

　　特征向量中心性的测量将与特定节点相连接的其他节点的中心性纳入考量。分析者首先为整体网的每个节点赋予一个相对值，在对某节点的特征向量中心性进行计算时，与高分值节点之间的连接要比与低分值节点的连接贡献更大。P. 波纳西茨（P. Bonacich）认为，点度中心性测量方式的局限在于其无法有效识别一些高分值节点与许多低分值节点相连或者一些低分值节点与少数高分值节点相连接的情况，特征向量中心性则能有效地处理这一问题。换而言之，其基本预设在于强调每个节点并非在网络中均处于平等化的地位。[①] 数据显示，人民网、《人民日报》、新华网、《新京报》与央视新闻的特征向量中心性居于前五位。后五位的则全部为自媒体微博，它们基本被排除在核心权力网络之外。具体而言，在媒体间互动网络，无论媒体形态几何，国家级主流媒体的特征向量中心性均较高。《新京报》则是居于话语核心地位的都市报。凤凰网与所有节点的平均联系较少，因而整体点度中心性偏弱，但其高特征向量中心性体现出其更多与整体网中的权威性节点进行互动。值得注意的是，尽管《人民日报》的点度中心性远远领先于其他媒体，但其特征向量中心性却略低于人民网，位居第二，说明人民网在微博环境的互动范围虽不及《人民日报》，却更多与其他偏中心位置的媒体相互联结。自媒体方面，如罗昌平、中青报曹林等记者微博的特征向量中心性为最高，说明其内容更受居于网络中心位置的其他媒体微博青睐，类似如悬疑志等微博账号由于偏向于悬疑类文学内容，极少与其他新闻媒体产生互动，因而特征向量中心性几乎接近零。

表 3 - 1　案例媒体微博中心性分析

微博名称	点度中心性	入度	出度	中间中心性	接近中心性	特征向量中心性
《人民日报》	54105	51034	3071	92. 278	0. 638	0. 998
人民网	38712	19181	19531	155. 370	0. 787	1
央视新闻	33513	31883	1630	82. 280	0. 725	0. 954
《环球时报》	33412	5000	28412	159. 330	0. 822	0. 930
新华网	29336	25002	4334	71. 482	0. 643	0. 990

---

　　① Bonacich, P. （2007）. Some unique properties of eigenvector centrality. *Social Network*, 29, 555 - 564.

微博名称	点度中心性	入度	出度	中间中心性	接近中心性	特征向量中心性
《新京报》	22094	16891	5203	122.174	0.796	0.973
《扬子晚报》	21314	7053	14261	167.694	0.831	0.915
《生命时报》	19650	19202	448	10.934	0.649	0.762
《新闻晨报》	19240	7298	11942	17.759	0.763	0.858
《广州日报》	17069	7582	9487	103.899	0.822	0.915
《华西都市报》	16467	7359	9108	58.875	0.771	0.911
《重庆晨报》	16205	3329	12876	25.063	0.747	0.856
《现代快报》	15864	5513	10351	103.440	0.804	0.890
《辽沈晚报》	14934	1190	13744	32.212	0.787	0.827
《华商报》	14680	4918	9762	111.126	0.813	0.893
《新华视点》	14074	11489	2585	16.684	0.685	0.889
《成都商报》	13885	4617	9268	20.431	0.771	0.860
《北京青年报》	13183	2228	10955	32.869	0.796	0.889
《中国新闻网》	12344	5721	6623	47.870	0.755	0.904
《楚天都市报》	12252	5026	7226	27.603	0.779	0.864
《南方日报》	12193	3764	8429	25.184	0.779	0.891
《每日经济新闻》	10750	1275	9475	157.222	0.851	0.785
《法制晚报》	10534	5669	4865	31.278	0.771	0.891
《中国新闻周刊》	10431	1225	9206	99.200	0.851	0.786
《南方都市报》	9675	2936	6739	78.794	0.804	0.914
《都市快报》	9052	5068	3984	12.047	0.763	0.844
环球网	8358	4456	3902	74.107	0.747	0.876
《21世纪经济报道》	8130	932	7198	107.771	0.831	0.803
财经网	7744	2325	5419	76.216	0.796	0.885
《新安晚报》	7719	564	7155	7.036	0.747	0.698
《齐鲁晚报》	7451	2033	5418	35.768	0.796	0.836
《中国日报》	5744	2082	3692	49.324	0.763	0.909
中国之声	5771	2535	3236	56.547	0.771	0.923
头条新闻	4211	1721	2490	60.002	0.763	0.857
澎湃新闻	4201	2919	1282	32.033	0.705	0.884
财新网	4076	965	3111	34.758	0.692	0.828
凤凰网	3601	3082	519	80.707	0.698	0.926

续表

微博名称	点度中心性	入度	出度	中间中心性	接近中心性	特征向量中心性
央广网	3381	2257	1124	17.093	0.673	0.867
《凤凰周刊》	2929	52	2877	11.705	0.755	0.385
《Vista看天下》	2656	204	2452	17.455	0.74	0.660
观察者网	2239	917	1322	52.462	0.813	0.766
《今晚报》	2128	106	2022	22.247	0.771	0.508
《环球》杂志	1449	241	1208	3.975	0.699	0.604
凤凰卫视	1322	797	525	12.608	0.617	0.771
叶檀	1239	436	803	21.917	0.570	0.363
《南方人物周刊》	916	409	507	19.378	0.705	0.679
《新周刊》	899	572	327	34.395	0.673	0.673
《三联生活周刊》	627	207	420	5.506	0.632	0.634
李大霄	544	170	374	18.660	0.556	0.143
石述思	511	325	186	26.497	0.525	0.372
光远看经济	495	280	215	7.906	0.529	0.375
界面	492	282	210	7.784	0.602	0.742
占豪	416	21	395	7.099	0.612	0.085
花荣	350	309	41	1.877	0.507	0.032
学习粉丝团	347	115	232	3.995	0.632	0.676
苏渝	315	48	267	17.933	0.655	0.048
清华南都	276	226	50	17.621	0.561	0.551
《南都娱乐周刊》	268	95	173	21.654	0.617	0.468
《北京青年周刊》	242	14	228	1.555	0.655	0.116
中青报曹林	222	80	142	30.286	0.627	0.506
乔志峰	214	6	208	1.331	0.612	0.095
意林杂志	210	50	160	2.396	0.607	0.143
钛媒体	195	43	152	4.041	0.532	0.088
罗昌平	191	148	43	20.083	0.556	0.581
36氪	135	79	56	2.194	0.552	0.296
康斯坦丁	129	121	8	0.685	0.497	0.027
陶短房	125	79	46	3.673	0.536	0.244
丁辰灵	122	2	120	0.644	0.597	0.038
I黑马	114	72	42	13.195	0.552	0.233

续表

微博名称	点度中心性	入度	出度	中间中心性	接近中心性	特征向量中心性
陆琪	99	94	5	0.127	0.463	0.421
唐师曾	58	13	45	1.518	0.503	0.099
文怡	43	40	3	0.029	0.465	0.251
wu 2198	27	2	25	0.231	0.521	0.022
凯恩斯	21	7	14	6.802	0.507	0.064
悬疑志	16	0	16	0	0.514	0
抚摸三下	10	2	8	0.077	0.497	0.030

　　基于媒体微博互动网络的中心性分布结果，研究者选取描述微博运营的三个经常性指标，以此初步探索媒体间社交网络的可能关联因素。关注度由媒体跟随关注的其他账号数目构成，被关注度代表微博粉丝数目，发文规模则代表微博的总文本生产数。回归分析的结果显示（见表3－2），账号的关注度以及被关注度对媒体在本研究互动网络中的中心性并无明显影响。不过，发文规模对出度、中间中心性、接近中心性以及特征向量中心性四项因变量均呈现显著的正向影响。这意味着，社交网络常常追逐的"粉丝效应"并不对专业媒介生产的内部权力结构构成太大影响。而在微博空间投入内容创造越多的媒体，其对信息流的包容程度更强，在互动网络中的枢纽位置更明显，也更倾向于依赖社交网络中的其他对象进行信息传播，同时更易与其他权威性的节点产生互动。

表3－2　媒体微博中心性预测的线性回归分析

	入度	出度	中间中心性	接近中心性	特征向量中心性
关注度	−0.016	−0.014	0.048	0.047	0.011
被关注度	0.204	−0.209	−0.036	−0.041	0.041
发文规模	0.199	0.628***	0.347*	0.397**	0.429**
R^2	0.12	0.3	0.12	0.155	0.207
调整后的 R 方	0.083	0.27	0.083	0.12	0.174

　　注：报告值为标准化回归系数，* $p < 0.05$；** $p < 0.005$；*** $p < 0.001$。

三　同类型媒体微博的网络互动地位

传统主流媒体的社交网络中心性呈现何种变化？研究者选取点度中心性较高的五家国家媒体，描绘出其 2012～2016 年五年间的时间趋势（见图 3 - 2）。2012 年媒体微博浪潮兴起后，五家媒体在媒体微博互动网络的点度中心性均在此后一年拥有较大程度增长。人民网、新华网作为国内重要的两家新闻门户，较之其余三家传统中央媒体在初始的 2012 年媒体微博网络要更居于核心位置。点度中心性总体成长最高的为《人民日报》，新华网则由 2012 年处于较高点度中心性，降至 2016 年五家媒体最低。整体而言，五家媒体在 2013～2015 年的微博社交网络与其他节点互动频度最为密集。2016 年，除却央视新闻的点度中心性数值略有上升，其余媒体均呈现下降表现，结合图 3 - 1 数据的网络密度，这可能与媒体微博整体网络联结程度的降低相关。

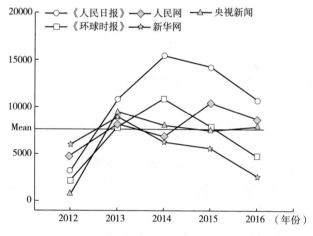

图 3 - 2　五家国家主流媒体点度中心性趋势

那么，相较于传统主流媒介组织，以在线意见领袖为代表的自媒体账号又呈现何种面貌？图 3 - 3 描绘了统计的 22 家自媒体账号在 2012～2016 年五年间点度中心性趋势。其中，可以更为明显地看到叶檀、光远看经济、石述思等财经类自媒体在点度中心性方面的优势。不同类型自媒体的年际变化波动虽各有不同，但除了苏渝、学习粉丝团、乔志峰等少数账号，相较于 2012 年的初始点数据，大多均呈现下降或略显平稳的状态。从

2016 年的点度中心性分布曲线及其数值规模来看，较之中间年份，自媒体的互动频度趋向下降，一定程度上已经接近于 2012 年状态。关于以微博环境为代表的社交媒体观察已经指出，社交网站正在逐渐调整以往的"大V"策略，将重心转向"中小V"①。同时，社会对高粉丝账号的在线管控日趋严格，在某种意义上亦限制了自媒体账号的互动频度。可以预见，自媒体在未来相当长一段时间内仍难以在媒体网络占有整体性的中心位置。

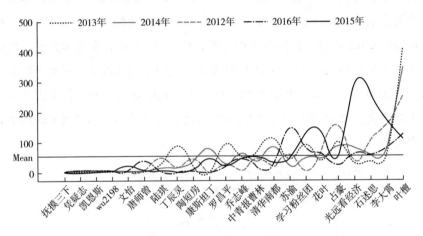

图 3 – 3　自媒体微博点度中心性趋势

四　媒体微博的群组聚类与整体互动网络

上述所描绘的两类代表性媒体微博，乃是基于一般意义而言的传统主流媒体与自媒体之划分，不过，不同类型媒体之间的社交网络互动，往往还表现出更为复杂的勾连。为此，研究尝试进行"凝聚子群分析"，从总体网络当中梳理更为细化的子结构。凝聚子群分析是一种探究群组聚类的方式，用以提取整体网络当中可能存在的"小团体"，在此当中集合的节点，被视作具有相对紧密而积极的关系。"凝聚子群"在社会化网络分析工具中存在多种度量路径，本研究则运用 Gephi0.9 的团体发现分析功能，通过随机算法（randomize）进行"模块化"探索。一般认为，此种方式能

---

① 魏武挥：《大 V 策略之败》，《二十一世纪商业评论》2015 年第 12 期，第 20 页。

够到达更为优化的分解效果①。基于模块化指标实现的群组聚类，有助于我们深入响应"媒体间互动关系"这一核心命题，探究不同类型媒体生产者的竞合生态。

结果显示，媒体微博互动网络共析出 7 个群组（见表 3 - 3），其中，构成互动网络当中最大规模、最为核心的两类群组分别为以《人民日报》、人民网、环球网为主导的子群一，以及以新华网、凤凰网、央视新闻为主导的子群二。子群一以"人民系"媒体账号为核心，与该群组之间信息流动最为频繁的除《中国日报》外，大多乃是地方主流报纸，《环球》杂志及学习粉丝团、清华南都两类自媒体亦在外围形成依附状态。子群二则表现出更多综合性，由新闻门户网站、电视媒体、平面杂志以及自媒体微博账号共同形塑，形成较为热络的信息互引关系。比照而言，规模较小的群组带有更为显著的议题或专业倾向，譬如，子群五显示，财经类自媒体构成了相对独立的内在结构，而《每日经济新闻》亦与其形成良好的合作关系；子群六则呈现明显的科技类信息风格。人们日常谈论的传统与新媒体之分在社交网络并非如想见般"泾渭分明"，尤其自媒体未构成单一聚类，而是与其他媒体账号相互内嵌于不同群组。整体上，媒体微博的群组聚类一定程度上表现出互动网络的离散状态：《北京青年周刊》与陆琪、文怡两类生活自媒体依附于以《生命时报》等为核心的子群三网络结构；子群四中，中国之声与央广网两类主流媒体独立形成了自我"派系"；《新京报》《南方都市报》同属具有全国性影响力的地方都市报，与一部分主流杂志一并构成了子群七的主干网络。这些群组均说明其内部成员在内容发布与运营策略上与其他群组之间存在一定差异性，形构出社交网络信息流动相互交叠共振的协作生态。

为清晰勾勒媒体微博的整体互动面貌，研究者结合 Gephi 软件的 ForceAtlas 与 Frunchterman Reingold 算法，进一步呈现矩阵数据的可视化网络（见图 3 - 4）。节点大小反映加权后的点度中心性取值，节点越大，在网络结构中的重要性越高，可以看到，《人民日报》在网络中的节点规模

---

① 邓君、马晓君、毕强：《社会网络分析工具 Ucinet 和 Gephi 的比较研究》，《情报理论与实践》2014 年第 8 期，第 133 ~ 138 页。

表 3 – 3　媒体微博网络的模块化分析结果

模块序号	群组成员
子群一	《人民日报》；人民网；《环球时报》；《华西都市报》；《扬子晚报》；《广州日报》；《中国日报》；《华商报》；《现代快报》；《北京青年报》；《重庆晨报》；楚天都市报》；《成都商报》；《新闻晨报》；《都市快报》；《辽沈晚报》；《新安晚报》；《环球》杂志；学习粉丝团；清华南都
子群二	新华网；凤凰网；央视新闻；财经网；中国新闻网；澎湃新闻；环球网；新华视点；头条新闻；财新网；《21 世纪经济报道》；《新周刊》；凤凰卫视；观察者网；界面；《三联生活周刊》；罗昌平；中青报曹林；《今晚报》；《凤凰周刊》；陶短房；唐师曾；意林杂志；占豪；乔志峰；抚摸三下；wu2198；悬疑志
子群三	《生命时报》；《南方日报》；《法制晚报》；《齐鲁晚报》；《北京青年周刊》；陆琪；文怡
子群四	中国之声；央广网
子群五	《每日经济新闻》；叶檀；李大霄；花荣；凯恩斯；苏渝
子群六	36 氪；I 黑马；钛媒体；康斯坦丁；丁辰灵
子群七	《新京报》；《南方都市报》；《中国新闻周刊》；《南方人物周刊》；《Vista 看天下》；《南都娱乐周刊》；光远看经济；石述思

最为显著。节点之间曲线代表互动联系，观察曲线流动方向，亦有助于我们判别整体网中的哪些子群或哪些节点在互动网络实现了高度联结。其中，自媒体账号无论是在自媒体群体内部还是与其他不同类型媒体账号之间的联系，均较为松散。并且，由于自媒体运营本身的分众化色彩，诸多自媒体均表现出明显的互动倾向性，譬如康斯坦丁与钛媒体之间所代表的科技类资讯互动，以及叶檀、李大霄与《每日经济新闻》所代表的财经类资讯互动。在结构分布层面，节点愈趋向中心位置，则说明其愈居于网络权力核心。节点大小与节点的空间分布情况并非完全一致，譬如，《生命时报》虽与其他节点的总互动频数较高，但并未进入网络结构偏中心位置，说明不是所有节点均与其保持了高互动状态。

可视化网络描绘的信息流动以及不同节点的空间位置，在一定程度上体现出各类型媒体在微博互动环境所建构的权力关系生态。总体来看，主流媒体在媒体社交网络的表现相当强势，《人民日报》、人民网、央视新闻、《环球时报》等占据媒体微博互动结构的权力主导地位，紧邻于此的多数为都市纸媒以及部分新闻门户网站，其余新媒体与自媒体微博则分布在较为外围的空间。基于块模型的"中心—边缘"（core - periphery）结构分析也显示，传统新闻组织位于网络中心，新兴媒介与自媒体依附在边缘位置，由此可见不同类型媒体在微博场域的共生面貌呈现显著的中心—边缘模式。这一方面反映出在社交网络环境下，主流媒体依然凭借其资源优势，维系着在线上信息流中的权力话语；另一方面亦透露相较之下新媒体与自媒体阵营在内容生产方面的资源与专业弱势。

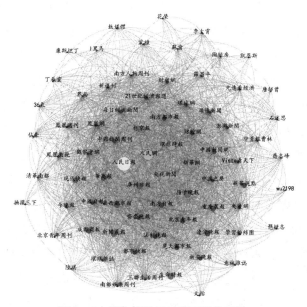

图 3 - 4　媒体微博互动的可视化网络

社交媒体时代为媒介系统带来的转型契机已是传播学界研究的焦点议题。然而，过于沉浸在新旧对立的危机观念，常常使传统媒介产制被抛离于某种关于"过去"的静态时空，忽视了不同生产主体进入社交网络所形塑的内容融合生态。新技术提供的流态新闻模式推动新闻业卷入官方与非官方纷繁的信息碎片，从而助长了一种无处不在的"弥漫新闻"（ambient journalism）。传播研究因而有必要发展出更为有效的方式去协助人们理解公共传播层面产生的复杂线索。① 鉴于过往研究往往以事件为导向，将社

---

① Hermida, A.（2010）. Twittering the news：The emergence of ambient journalism. *Journalism Practice*, 4（3），297 - 308.

交网络视为"装置空间",强调公众与大众媒体互构的社会舆论场域,我们在此尝试将社交网络作为媒体自身进阶发展的一部分,进而检视当差异化形态的媒体被整合进入统一的社交网络时空时,它们相互呈现何种互动面貌。

在观察对象考量上,研究者亦将专业化的自媒体作为另类的新闻媒介形态纳入共同网络。关于以微博为代表的自媒体在新闻生产领域发挥的作用虽得到诸多研究者关切,却鲜有研究将他们置于与专业主义新闻相提并论的平等地位,以一种鲜明的新闻业视角来进行讨论。[①] 本章数据显示,当进入同一互动网络,自媒体仍与传统媒体存在较大权力落差。尽管不乏新媒体观察声音强调,在将参与式新闻带入市民社会的过程中,社交媒体推动了传统媒体与网络公民媒体之间的权力再分配,精英新闻从业者必须开始面对在议程设置效果上流失的垄断权。[②] 甚至在内容产出方面,新闻组织可能也要适应它们会一直落后于社交网络的状况。[③] 但如果将视角转入社交网络的媒体间互动,传统主流新闻媒体依然具有相当优势。新兴媒介平台以及自媒体账号则多处于互动结构的半边缘、边缘位置,在信息传播中相对独立,较少与外界进行资讯交流,也难以获得权力主导控制。甚至在互动关系上,相较于与新兴媒介平台的互动,一般自媒体账号也更倾向于援引传统都市纸媒尤其是国家主流媒体的信息内容。从五年的数据来看,媒体间互动密度前四年不断攀升,在 2016 年略有下滑,网络中心势则经过 2014 年低点后逐渐提升,显示出中心媒体在近来呈现对互动网络的更强控制能力。值得注意的是,传统主流媒体、新兴媒介平台与自媒体之间并未形成各自封闭的圈层,一部分媒体微博由于相近的专业性资讯形成了

---

① Bosshart, S. G., & Schoenhagen, P. (2013). Amateurs striving for news production. Can they compete with professional journalism? *Studies in Communication Sciences*, 13 (2), 139 – 147.

② Meraz, S. (2009). Is there an elite hold? Traditional media to social media agenda setting influence in blog networks. *Journal of Computer – Mediated Communication*, 14, 682 – 707.

③ Newman, N. (2009). The rise of social media and its impact on mainstream journalism: A study of how newspapers and broadcasters in the UK and US are responding to a wave of participatory social media, and a historic shift in control towards individual consumers. Retrieved from The Reuters Institute for the Study of Journalism: http://reutersinstitute.politics.ox.ac.uk/fileadmin/documents/Publications/The_rise_of_social_media_and_its_impact_on_mainstream_journalism.pdf.

相对靠近的集群，这对于增益线上新闻的内容协作网络无疑产生了一定的作用。整体而言，在探讨媒体间互动结构基础之上，我们有必要对所谓新媒介风险下的新闻生产做如下进一步反思。

其一是线上内容的流向性问题。历来针对社交网络的研究热衷于以社会公众热度来衡量舆情事件价值，而通过对媒体间互动的观察，我们则发现传统议程设置、框架理论或许依然具有相当效力。线上新闻的现实困境可能并不一定在于传统新闻业的"衰落"，而在于它依然保持了相对中心化的新闻生产结构。基于媒体网络的不对称性，一方面，我们有必要探讨新兴媒介、自媒体如何通过自身方式近用主流媒体资讯，扮演中间桥梁作用，提升不同内容在社交平台上的能见度；另一方面，我们需要观察在转型压力之下，传统主流媒体如何参与社交网络资讯内容生产，提升与其他媒介来源之间的互动可能性，从而推进建立更为开放的新闻产制结构。

其二是线上新闻的生产规范问题。新闻实践一直被认为自有其专业主义边界，但伴随数字语境不断扩大生产者与消费者之间的转换余地，新闻记者往往处于既要接受受众进入参与新闻内容生产，又要维护既有专业边界的矛盾之中。[①] 虽然社交网络在推动公共传播方面表现出突出特质，但所谓自媒体与市民新闻始终在内容可靠性、观点纵深度等方面具有缺陷。在媒体间互动网络的影响之下，主流媒体如何发挥其主导优势，植入原有专业主义意识形态的线上影响力；一部分记者型账号在组织专业主义与个人专业主义之间游离，是否带来线上内容生产新的示范模式，这些都是需要考量的问题。

其三是新闻体系的媒介偏向性问题。不同媒体的报道内容向来被认为存在显著内在差异。有研究者通过对国内主流报纸的文本分析与聚类分析也发现，报道存在中央与地方、政治与经济两种维度之划分，从而造成了向新闻内容向不同方向倾斜。[②] 但从本案例描绘的社交网络媒体结构来看，媒体形式之间同样存在相应的现实偏向。中央级、政治性的媒体所得到的互动可能性要远大于其他媒体，而其余商业性媒体网站、杂志以及自媒体

① Lewis, S. C. (2012). The tension between professional control and open participation: Journalism and its boundaries. *Information, Communication & Society*, 15 (6), 836–866.

② Yuan, Han (2016). Measuring media bias in China. *China Economic Review*, 38, 49–59.

等账号则处于互动网络较为偏远的位置。我们单纯凭借媒体间数据的分析回避了"媒体—受众"这一传统接收路径，并无法准确判断线上用户的"喜好"；可以预见，那些处于媒体间网络中心的声音更容易在社交网络中被广泛传播，并产生较大话语权威。在此意义上，线上公共领域的新闻生产实际并未形成如传统乐观主义希望的多元声音。媒体间的竞合关系向来相当复杂，在不同的媒介议题中往往有不同表现。中国在线公共事件的诸多案例显示，传统主流媒体的新闻线索亦常常来自新媒体与自媒体平台。大量媒介事件乃是在新媒体平台发端、发酵，尔后随传统媒体参与而被推向发展高潮，在这些事件情境中，传统主流媒体与新兴媒体之间的互动网络颇为密切。换而言之，新媒体在媒体互动网络中的离散化与边缘化可能仅仅是一种"总体效应"，置于特定时间段内的议题传播则可能生发不一样情形。研究者亦可以类型化的媒介议题为导向，展开分析社交网络当中的媒体互动差异，进一步探讨不同语境下新闻生产偏向性的构成动因。同时，考虑到所采集的新浪微博数据与媒体原始数据可能存在一定的落差，研究者仍必须依赖大量的质化研究工作去细致描绘各类媒体在社交网络融合背景下的新闻生产机制。

其四是跨平台迁徙的融合行为问题。我们通过微博数据的代表性账号固然能够在一定程度上评估当前媒体间的互动生态，但是鉴于社交网络包含相当丰富的平台空间，在流动的新闻业态下，其本身即形成十分复杂的场域。为了全面了解新闻业在线上环境中的当下生态，我们恐怕还需通过追寻媒介生产者的跨平台线索，基于不同场域属性去建立各类型媒体间互动的多模型网络结构，从多层次的宏观数据角度评估线上新闻的议题建构与流动趋势。同时，亦可进一步考虑引入公众指标，详细检视日常用户在各类社交网络上对不同媒体的关注、追随差异，探讨媒体间互动网络如何延宕更大范围的公共领域共鸣，从而为新闻业在新媒介风险下保持自身竞争力提供更为有效、持续的经验基础。

第四章

转型语境的公关生产：
内容提供者的线上专业实践

新闻生产并不完全由媒介组织决定，它还有赖于一系列社会性的内容提供者。在新的传播技术环境下，不仅新闻生产内部结构本身产生了一系列变化，这些传统内容提供者与新闻业之间的关系也发生了改变。本章聚焦于公共关系这一新闻生产领域重要的消息来源。新媒介尤其是社交媒体应用改变了组织近用新闻资源的方式，公关人员作为内容提供者的专业实践变化，亦进一步作用于新时期社会的新闻产制。为了适应数字化的公共对话方式，公关从业者不断通过各种方式建构、参与用户社群，也在一定程度上影响着新闻生产的线上选择。而在企业／组织强调使用不同媒介形态去最大限度地提升公众接触面的思路中，传统新闻生产实际进一步迎来了自身发展的转型压力。本章将立足公共关系领域的社交媒体近用，以公关从业者的他者视角来看待一种关于传统媒体关系的想象，从而基于新技术环境描绘公关业与新闻业的互动面貌，探讨在公众内容消费的转向中，这些传统领域的内容生产与提供者争取日常公共支持的竞合面貌。

第一节　社交媒体语境的公共关系

讨论中国语境的新闻生产，研究者通常采用的路径是基于专业记者队伍或者编辑室对新闻组织进行观照[1]，在此之中，亦往往避免不了管理者与市场之间的复杂生态[2]。不过，在新媒介冲击之下，不仅人们对新闻的认知观念发生转变，参与新闻生产的主体亦趋向复杂，尤其是社交媒体的发展浪潮更推动新闻产制的内涵呈现多样化面貌[3]，以至于当今人们获取

---

[1] Chan, J. M., Pan Z. D., & Lee, F. L. F. (2004). Professional aspirations and job satisfaction: Chinese journalists at a time of change in the media. *Journalism & Mass Communication Quarterly*, 81 (2), 254 – 273.

[2] Lee Chin – Chuan, He Zhou & Huang Yu (2007). Party – market corporatism, clientelism and media in Shanghai. *The Harvard International Journal of Press/Politics*, 12, 21 – 42.

[3] Tewksbury, D., & Rittenberg, J. (2012). *News on the Internet: Information and Citizenship in the 21st Century*. Oxford, UK: Oxford University Press.

新闻资讯的方式形成两大分野："一类是媒体组织通过专业化新闻生产提供的内容，另一类是媒体组织之外的其他社会组织或者个人提供的内容。"① 2016 年，在微博平台，企业账号数量已经达到 130 万②；而在智能手机移动端，尽管对于大部分企业来说，微信使用仍处于初始阶段，国内微信企业号数量仍在 2015 年 5 月突破 30 万，达到相当可观的规模。③ 随着越来越多的组织透过社交媒体直接向公众传递企业资讯、分享新闻议题，线上空间由此延宕形成更为复杂而多元化的内容格局。

如是观之，传统新闻生产边界日渐模糊，原本便存争议的新闻专业主义愈发呈现不确定性。M. 莫里斯和 C. 奥根（M. Morris & C. Ogan）早期便提醒，随着互联网作为大众媒介兴起，传播研究者应该采取更为灵活的态度应对技术与媒介报道的变化④。S. C. 刘易斯（S. C. Lewis）也认为，"记者"这一专业身份原本由一系列工作、专业和意识形态的界限所维持，互联网却迫使新闻变成了一项多维度的网络工作⑤。在新的信息市场压力下，我们有必要关注不同专业规范的张力在线上语境中对新闻生产的影响，从而检视作为社会建构物的新闻如何在线上被赋予多重形态，及其为当代中国媒介实践带来的变化。

本章选择公共关系领域作为观照对象，试图从他者视角探讨新闻生产在新技术环境面临的风险与变化。过去以来，公共关系从业者一直扮演着中国新闻生产重要的内容提供者的角色⑥。而在互联网情境下，公共关系之新闻营销亦发生较大改变。一方面，社交媒体已成为公共关系从业者的

---

① 蔡雯：《需要重新定义的"专业化"——对新闻媒体内容生产的思考和建议》，《新闻记者》2012 年第 5 期，第 17~21 页。

② 新浪微博：《2016 微博企业白皮书》，2017 年 1 月 24 日，检索于 SocialBeta：http://socialbeta.com/t/2016-weibo-enterprise-white-paper-2017-1，2017-3-2。

③ 艾媒咨询：《2015 年中国微信企业号市场研究报告》，2015 年 8 月 24 日，检索于艾媒网：http://www.iimedia.cn/39464.html，2017-3-2。

④ Morris, M., & Ogan, C. (1996). The Internet as mass medium. *Journal of Computer-Mediated Communication*, 4 (1), 39-50.

⑤ Lewis, S. C. (2012). The tension between professional control and open participation. *Information, Communication & Society*, 15 (6), 836-866.

⑥ Chen, Xihanhong, Chen, Ouyang & Chen, Ni (2012). How public relations functions as news sources in China. *Public Relations Review*, 38, 697-703.

有效传播工具①。与传统新闻营销对媒介组织的依附不同，在开放的线上环境，公共关系从业者更主动地介入新闻生产。如 D. 菲利普斯（D. Phillips）指出，网络环境使组织可以创造自己的新闻。② 一些组织已经发现，自行设置线上新闻室（online press room）有利于促进与公众之间的对话③。另一方面，在新闻实践卷入社交网络的过程中，许多记者开始青睐从用户原创的"非公关"内容中寻找新闻来源④，这在某种程度上动摇了传统公关与新闻媒体之间的关系。以社交媒体平台微信为例，国内调查数据显示，"2015 年 77.4% 的受访手机网民表示已经关注微信公众号，而媒体和企业为用户最主要的关注对象"，在微信公众号使用过程中，广告则成为"公众用户首要厌恶因素"。⑤ 这意味着，企业/组织使用社交媒体作为展示窗口不应当仅仅聚焦单纯的广告功能，而必须更为重视内容的选择编辑，配合有社会影响力的议题，推动组织更为积极地树立在公共领域扮演的角色。从种种迹象来看，随着公共关系业者广泛通过社交媒体空间展开活动，公关领域在议题建构与媒介近用之间进行的调整，这势必影响公关人员与新闻业者所处的权力关系，从而给媒介生产领域带来相应的影响。

基于上述，公共关系从业者的新媒介认知亦从某种意义上折映出当前转型语境的新闻业生态。组织在应用社交媒体的过程中，也使公共关系领域与新闻组织之间的合作发生着相应改变。本章即试图探讨公关人员如何考量互联网情境下自身近用媒介的方式，了解在社交网络环境中，公共关系人员乃是采取何种价值观以及何种方式介入新闻生产。具体研究问题如下：其一，以社交媒体为代表的新媒介环境是否改变了公关人员关于新闻

---

① Scott, D. M. (2007). *The New Rules of Marketing & PR: How to use social media, online video, mobile applications, blogs, news releases, and viral marketing to reach buyers directly*. New York, NY: John Wiley & Sons.

② 〔英〕大卫·菲利普斯：《网络公关》，陈刚、袁泉译，北京大学出版社，2005，第 192 ~ 193 页。

③ Reber, B. H., & Kim, Jun Kyo (2006). How activist groups use websites in media relations: Evaluating online press rooms. *Journal of Public Relations Research*, 18 (4), 313 - 333.

④ Lariscy, R. W., Avery, E. J., Sweetser, K. D., & Howes, P. (2009). An examination of the role of online social media in journalists' source mix. *Public Relations Review*, 35 (3), 314 - 316.

⑤ 艾媒咨询：《2015 年大型企业集团微信公众号内容运营管理市场专题研究报告》，2016 年 3 月 14 日，检索于艾媒网：http://www.iimedia.cn/41130.html, 2017 - 3 - 2。

营销的认知？其二，公关人员如何动员线上资源参与新闻生产？其三，在新时期语境下，如何看待公关人员与新闻媒体之间的互动关系？

第二节 两种专业主义：公共关系 Vs. 新闻生产

一 公关与传统新闻业的分歧与合议

在新闻生产过程中，公共关系是一条不可忽视的线索。公关人员通过将其知识资源带入新闻产制，对新闻报道施加着不同程度的作用[①]。J. 麦克纳马拉（J. Macnamara）认为，以往的研究表明，有 40% ~ 75% 的不同类型媒介内容受到公共关系的显著影响。[②] 不过，由于存在参与新闻生产的动机差异，公关工作者与新闻记者之间往往被认为存在相互冲突的专业精神。S. 乔（S. Jo）在分析美国《纽约时报》《华尔街日报》以及 ABC、CBS 和 NBC 三家主要电视网络公司关于公共关系含义的报道之后也发现，公关总是被视为一种过分表达组织诉求的手段，关于公共关系的负面含义主导了记者的新闻叙事。[③] 因此，公关从业者可能需要更多地与记者进行双向沟通，从而使彼此认知到新闻故事的价值。

依据 J. 麦克马纳斯（J. McManus）的观点，公共关系介入新闻生产是市场作用的结果。对于新闻组织而言，利用公关信息有利于降低新闻生产成本，提升媒介利润空间。公共关系则通过为媒介提供信息补贴（information subsidies）影响着议程建构[④]。过去许多研究对组织的新闻发布等公关活动的新闻比例进行了评估，有研究认为这一比例甚至超过了 75%[⑤]。

① Wahl‐Jorgensen, K. , & Hanitzsch, T. (2009). *The Handbook of Journalism Studies*. New York, NY：Routledge.

② Macnamara, J. (2014). Journalism‐PR relations revisited：The good news, the bad news, and insights into tomorrow's news. *Public Relations Review*, 40, 739–750.

③ Jo, S. (2003). The portrayal of public relations in the news media. *Mass Communication & Society*, 6 (4), 397–411.

④ McManus, J. (1994). *Market‐driven Journalism：Let the citizen beware*? Thousand Oaks, CA：Sage.

⑤ Verčić, A. T., & Colić, C. (2016) Journalists and public relations specialists：A coorientational analysis. *Public Relation Review*, 42 (4), 522–529.

尽管基于成本因素，媒介机构会有意识地使用公关材料，但是，新闻把关人仍会极力避免去支持主办机构的议程建构目标①。这意味着，媒介机构意识到过多受到公共关系影响可能会伤害新闻的客观中立原则，因而会有选择性地与公关人员进行合作。J. V. 特克（J. V. Turk）也发现，公关信息虽被媒介拿来使用，却通常不会被作为主要的消息来源。②

可见，公共关系与专业新闻生产之间既存在矛盾又相互依赖。从新近研究者的发现来看，新闻记者与公关从业者之间的对立正日益减弱，两者之间处于一种"爱恨交织"的关系。J. 麦克纳马拉（J. Macnamara）的访谈研究表明，事实上，双方均认可彼此专业主义分歧的存在。③ 公共关系与新闻工作之间的矛盾确保了媒介生态系统的正常运作。在新闻生产层面存在的动机分歧并不妨碍公关人员与新闻记者在关于"什么是好新闻"问题上的共识，换而言之，双方对于新闻价值实则抱有相似的看法④。通常，公关人员认为对他们的代理人较为重要的话题，同样也能在媒介报道上得到重点关注。因而，E. W. 布罗迪（E. W. Brody）质疑，人们总是认为记者与公关人员都不满对方的专业主义精神，这在有意无意中夸大了他们之间的反感⑤。在现实新闻生产机制中，公关人员往往与新闻从业者建立了良好的关系，并且，由于一些记者的新闻工作存在消极态度，他们甚至会在报道过程中更多听从于公关人员的安排⑥。

① Curtin, P. A. (1999). Reevaluating public relations information subsidies: Market-driven journalism and agenda-building theory and practice. *Journal of Public Relations Research*, 11 (1), 53–90.

② Turk, J. V. (1986). Public relations' influence on the news. *Newspaper Research Journal*, 7 (4), 15–27.

③ Macnamara, J. (2014). Journalism–PR relations revisited: The good news, the bad news, and insights into tomorrow's news. *Public Relations Review*, 40, 739–750.

④ Sallot, L. M., Steinfatt, T. M., & Salwen, M. B. (1998). Journalists' and public relations practitioners' news values: Perceptions and cross-perceptions. *Journalism & Mass Communication*, 75 (2), 366–377.

⑤ Brody, E. W. (1984). Antipathy between PR, journalism exaggerated. *Public Relations Review*, 10 (4), 11–13.

⑥ Erjavec, K. (2005). Hybrid public relations news discourse. *European Journal of Communication*, 20, 155–179.

二　线上赋权：公共关系的空间转向

新技术改变了现代媒介格局，推动公共关系从线下进入线上。传统新闻媒体在数字时代面临的改革困境改变了公共关系与媒介组织之间的权力对话关系。J. 迪米克（J. Dimmick）等人便基于使用与满足理论和利基理论，发现互联网在日常新闻领域对传统媒体造成了强大的竞争冲击。[①] 在新闻市场激烈竞争的间隙中，公关人员或可获得更多灵活近用媒介的机会。依据皮尤研究中心（Pew Research Center）的数据，在数字化新闻领域，近年来公共关系介入新闻的影响表现得确实越来越显著，《纽约时报》《华盛顿邮报》《华尔街日报》等知名报纸都开始以新闻故事的形式，着手打造专门面向公共关系的付费内容。[②]

而社交媒体的"赋权"功能，进一步强化了公关人员避开传统把关人直接与公众对话的可能性。在线上空间，媒介组织作为新闻把关人的核心地位被弱化，这极大地改变了公关从业者关于新闻的认知。D. K. 赖特（D. K. Wright）与 M. D. 欣森（M. D. Hinson）发现，公关人员普遍认为社交媒体能够有效扮演传统媒体的"看门者"（watchdog）角色，倡导一种符合公开透明原则的道德文化。[③] 许多组织开始积极建立与博客主、网络社区管理者以及网络意见领袖等角色之间的联系。[④] 社交媒体所创新的内容分享形式，甚至在空间功能上部分取代了传统公关青睐的公共活动[⑤]。公关人员不仅通过自己企业的网站以及其他商业门户网站发布讯息，更应

① Dimmick, J. , Chen, Yan & Li Zhan (2004). Competition between the Internet and traditional news media：The gratification - opportunities niche dimension. *Journal of Media Economics*, 17 (1), 19 – 33.

② Pew Research Center (2014, Mar.). State of the news media 2014. *The Pew Research Center's Project for Excellence in Journalism*. Retrieved from http://www. journalism. org/packages/ state - of - the - news - media - 2014/.

③ Wright, D. K. , & Hinson, M. D. (2012). Examining how social and emerging media have been used in public relations between 2006 and 2012：A longitudinal analysis. *Public Relations Review*, 6 (4), 1 - 40.

④ Brown, R. (2009). *Public Relations and the Social Web：How to use social media and web* 2. 0 *in communications.* London, UK：Kogan Page.

⑤ Allagui, I. , & Breslow, H. (2016). Social media for public relations：Lessons from four effective cases. *Public Relations Review*, 42, 20 – 30.

用 Facebook、Twitter 等平台打造社交媒体新闻室（social media newsroom）。这种社交媒体新闻室既被用来辅助企业网站发布新闻，增强与新闻记者、博客主的互动，同时亦成为市场营销以及与消费者沟通的工具。①

由此观之，如今的公关从业者正在业务层面积极寻求与新媒介接轨。在澳大利亚与欧洲，大约70%的公关人员都声称自己持续关注与社交媒体相关的知识。② 尽管目前还缺乏测量手段用以充分证明使用社交媒体能够有效支持组织目标的实现，但当前公关界确实已经存在一种认为"使用社交媒体就是好"的普遍话语。③ 在线上媒介文化与日常生活互动的过程中，一部分公关人员在日常生活中更频繁地使用社交媒体，他们可能会在工作中进一步赋予社交媒体更多的重要性。④ 公关从业者运用各类社交媒体工具进行信息生产的过程也对新闻报道产生着越来越重要的影响。⑤

三　中国新闻产制中的公共关系

1988 年，新闻出版署、国家工商行政管理局印发《关于报社、期刊社、出版社开展有偿服务和经营活动的暂行办法》，正式从国家政策层面推动媒体与公共关系合作。市场经济深刻改变了中国媒体的所有权结构，随着媒介体制受到的束缚渐趋宽松，政府与企业管理层都逐渐将媒介关系视为优先考虑的事情。⑥ 不过，公关组织与新闻媒体之间依然交织着一种

---

① Zerfass, A. , & Schramm, D. M. (2014). Social media newsrooms in public relations: A conceptual framework and corporate practices in three countries. *Public Relations Review*, 40, 79 – 91.

② Macnamara, J. , & Zerfass, A. (2012). Social media communication in organizations: The challenges of balancing openness, strategy and management. *International Journal of Strategic Communication*, 6 (4), 287 – 308.

③ Valentini, C. (2015). Is using social media "good" for the public relations profession? A critical reflection. *Public Relations Review*, 41 (2), 170 – 177.

④ Moreno, A. , Navarro, C. , Tench, R. , & Zerfass, A. (2015). Does social media usage matter? An analysis of online practices and digital media perceptions of communication practitioners in Europe. *Public Relations Review*, 41 (2), 242 – 253.

⑤ Kiousis, S. , et al. (2016). Agenda – building linkages between public relations and state news media during the 2010 Florida Senate Election. *Public Relations Review*, 42 (1), 240 – 242.

⑥ Chen Ni (2009). Evolutionary public relations in China, Japan and South Korea: A comparative analysis. In A. R. Freitag & A. Q. Stokes (Eds.), *Global Public Relations: Spanning borders, spanning cultures*. New York, NY: Routledge.

复杂的关系：一方面，由于受到各种压力，它们对新闻报道尤其是负面报道的看法存在不确定性；另一方面，在国内新闻出版管理机制下，大众媒介成为稀缺资源，这使得公关人员在与新闻媒体打交道时不得不面对某种权力不对称的局面。因此，陈霓等人指出，公共关系在中国呈现比西方更为特殊的面貌，中国公关从业者会更多地依赖家族、地缘等"关系"手段来推动建立其与媒体之间的交往。①

不过，在互联网推动媒体进入碎片化时代的背景下，中国媒介市场中传统媒体与新媒介以及新媒介内部的竞争格局推动着媒介组织越来越重视公共关系工作。② 线上渠道已经成为中国现代社会的主要信息来源之一。不少实证研究发现，中国网民青睐线上新闻或者社交媒体的自由表达，并非意味着网站自身具有更大的影响力，而是受到民间长期以来对"党管媒体"存在偏见的影响。③ 这暗示了新的传播技术环境推动了中国新闻生产的"去中心化"。传统新闻生产方式的重构在很大程度上影响着新时期中国新闻工作者的专业主义判断。如 J. B. 辛格所言，"专业"（profession）本意味着一整套明显区分从业者与外行的特殊训练、技能以及评判。但是，网络新闻工作者（online news workers）从根本上冲击了原本就争议不断的"记者"这一专业身份。④ 尽管在许多中国记者看来，主流媒体网站依然比一般的商业门户网站拥有更高权威与信度，但是，他们已经承认，商业门户网站提供了另一种新闻生产模式⑤。一部分媒体专业记者甚至开

① Chen, N. , & Culbertson, H. M. (2003) . Public relations in mainland China：An adolescent with growing pains. In K. Sriramesh & D. Vercic（Eds.）, *The Global Public Relations Handbooks：Theory, research and practice.* Mahwah, NJ：Lawrence Erlbaum Associates.

② 余明阳：《中国公共关系史：1978 - 2007》，上海交通大学出版社，2007，第207 ~ 209页。

③ Shen Fei, Wang Ning, GuoZhongshi & Guo Liang (2009) . Online network size, efficacy and opinion expression：Assessing the impacts of internet use in China. *International Journal of Public Opinion Research*, 21 (4), 451 - 467.

④ Singer, J. B. (2003) . Who are these guys? The online challenge to the notion of journalistic professionalism. *Journalism*, 4 (2), 139 - 163.

⑤ Chan, J. M. , Lee, F. L. F. , & Pan Zhongdang (2006) . Online news meets established journalism：How China's journalists evaluate the credibility of news websites. *New Media & Society*, 8 (6), 925 - 947.

始通过社交媒体来规避把关人的影响。①

新闻生产者与受众在社交媒体语境中呈现的新特质为公共关系介入线上新闻寻得了空间，公关从业者开始利用更为多元的方式与公众进行互动。这一效应也反映在政府公关层面：中国企业对于政府通常存有一种强烈的资源依赖。过去，公关人员总是以专业新闻媒体作为中介建立与政府之间的联系，而新媒介的出现让公关人员开始拥有新的渠道。有研究者通过分析中国 80 家知名企业的网站发现，这些企业通过熟练运用线上渠道发布慈善、政治宣传、企业党组活动以及官员访问等内容，提升企业形象与声誉②。整体来看，尽管企业/组织的公关或咨询部门逐渐将社交媒体纳入其发展双向沟通能力的对话体系，并出现一批资深业者开始掌握较高水平的社交媒体运用能力，但回溯过往经验，亚洲、欧美等地仍呈现相当差异化的情形。③ 研究者因而需要发掘更多中国语境的现实经验材料，去诠释当代公共关系乃是如何应用社交网络力量，从而重新考量其与新闻业之间的关系建构。

综合上述，我们预设，在新媒介对传统新闻生产模式的挑战之下，公关从业者关于新闻生产者的"想象"也发生了变化。需要注意的是，就社交媒体使用而言，公共关系行业内部也存在差异。如 T. 莱哈弗（T. Lahav）指出，新媒介确实在一定程度上改变了公共关系的工作规范。尽管公关人员认可其作用，但这并非意味着他们会在行动上予以落实：进行创新可能会花费相应成本，而过去以来，公关从业者通常已经形成面对传统媒体领域的专业技能，同时，市场上仍然存在一部分受众对新媒介缺乏兴趣，这些因素都影响着公关从业者对新媒介的使用。④ 因而，不应将发布线上新闻视为公关新闻营销的绝对要求，我们需要深入描绘的是，当代公

① Yu Haiqing (2011). Beyond gatekeeping：J - blogging in China. *Journalism*, 12 (4), 379 - 393.

② He, Yuanqiong & Tian, Zhilong (2008). Government - oriented corporate public relation strategies in transitional China. *Management and Organization Review*, 4 (3), 367 - 391.

③ Macnamara, J. (2010). Public relations and the social：How practitioners are using, or abusing, social media. *Asia Pacific Public Relations Journal*, 11 (1), 21 - 39.

④ Lahav, T. (2014). Public relaitons activity in the new media in Israel 2012：Changing relationships. *Public Relations Review*, 40, 25 - 32.

关从业者如何在传统媒体与新媒介之间做出权衡，公共关系"转入线上"在多大程度上影响了公关人员与新闻组织之间的关系，基于此，我们才能进一步理解新闻业转型处境中的互联网话语生态。

第三节　挑战新闻业？公共关系的社交媒体实践

在后续讨论中，本章主要通过半结构化访谈，了解当前公关人员通过何种策略为线上新闻提供内容及其在此种线上新闻生产中所扮演的角色。基于"公关"一词在中国语境的复杂性，本研究选择的访谈对象不以其职业标签是否身处"公关部门"为准，而以其从事工作是否与公共关系领域有关为原则，主要分为三类人群：一是专业性公关公司的从业者；二是企业或其他组织带有公关性质的部门的从业者；三是在新闻媒体接触公共关系的工作者。基于本研究主题，此类对象由于牵涉媒体与公关工作的双重性质，可能对于公共关系与新闻生产之间关系有不同诠释。

研究者于 2016 年 4 月至 2017 年 2 月间约访了 14 名访谈对象，其中男性 8 名、女性 6 名，受访者从业年龄为 2 ～ 15 年不等。访谈过程主要基于研究者事先设定的问题展开，主要包含四个层次：其一是所在单位的传统媒体关系；其二是所在单位的社交媒体运营与新闻营销现状；其三是关于社交媒体与传统媒体之间的近用比较；其四是当前对于线上新闻以及公关与新闻业之间的关系评估。由于受访者存在个体差异，访谈细节往往随受访者回答而变化，访谈问题亦随之调整。访谈结束后，研究者逐字记录受访内容，并经反复阅读后，围绕"社交媒体""媒体关系""新媒体营销""用户""流量""公众号""新闻"等关键词，筛选、整理出与研究主题相关的论述予以进一步分析。针对部分受访者观点，研究者亦通过二次回访予以进一步确认。出于对受访者隐私考量，后文论述将隐去受访者真实姓名，并删除与受访者身份直接关联的内容。

一　社交媒体作为新闻营销工具

按照 A. I. 米歇尔（A. I. Michel）等人的调查，运用新闻发布来传递信息是公关人员使用社交媒体的首要目标。[1] 从种种访谈资料来看，社交媒体作为公关业的新闻营销工具，首先意味着一种转型化的专业实践。最明显的例子莫过于受访者 M1 所言："组织对于传统媒体依赖的减弱是必然的，自媒体时代人人都可以是记者，都可以是传播源。"这种有别于"传统"的论述既意味着组织通过社交网络自主发布简洁、具有吸引力的内容，能够得以在主流媒体选择之外更有效地与公众"打交道"，同时也意味着面对新媒介带来的整体性变革，公关人员对传统媒体的前景持有不确定的看法。在某种程度上，公关人员关于社交媒体的说辞包含着认为新闻生产风向已然改变的预设，也呈现对新时期媒介权力格局的再想象。为此，公关从业者不得不努力适应新媒介环境的变化，重新评估与传统媒体之间的合作，甚至调整企业官方网站等早期互联网运营方式。受访者 F4 便谈道，自其所在企业成立了专门的品牌部运营微信公众号，已保持每两天更新一次的常态，单篇文章理想情况下能够吸引 5000～6000 人次的阅读流量，"相比之下，我们虽然很早就建立了官网，但一直做得都不是很好，现在大家都是玩微信，尤其我们的目标受众针对的是学生用户，大家都是拿手机，看官网也不是很方便"。

　　社交媒体语境下建立的新闻营销，在影响公关人员传统新闻生产观念的同时，也改变了公关业与公众之间的对话。公众虽是公关领域最为主要的诉求对象，公众本身却并不易把握。作为特定的观念建构物，公众包含了纷繁复杂的利益关系，总是随时空与议题而变化[2]。尤其在移动社交趋势下，公众的媒介使用总是处于一种流态结构之中。这要求人们在恰当的时机掌握信息流动中出现的最具价值的片段或瞬间[3]。公关从业者因而必须将自身置于同一流态语境，通过多种媒介形式，站在公众角度聆听、

① Michel, A. I., Ruggiero, T. E., & Yang, K. C. C. (2016). How Public Relations Practitioners Perceive Social Media Platforms? A Media Richness Perspective. In S. Anurag & P. Duhan (Eds.), *Managing Public Relations and Brand Image through Social Media*. Hershey: IGI Global, pp. 1 - 19.

② Einsiedel, E. F. (2008). Public Participation and Dialogue. In M. Bucchi & B. Trench (Eds.), *Handbook of Public Communication of Science and Technology*. New York: Routledge, pp. 173 - 184.

③ Boyd, D. (2010). Streams of Content, Limited Attention: The Flow of Information through Social Media. *Educause Review*, 45 (5), 26 - 28.

"说话'。在此之中，相较于传统媒体，社交媒体被认为能够帮助公关从业者发展更多双向对话，推动改变组织的传播管理策略。访谈中，大部分公关人员暗示从传统新闻营销走向社交媒体，乃是公众流向的必然结果。受访者既将社交媒体视作一种方法工具，也倾向于将其描述为"空间"或者"环境"，将公关的线上化当成既定事实，强调公关从业者跟上用户媒介使用习惯变化的紧迫性。一位受访的新闻网站编辑也从传播效果角度，强调新技术对受众行为测量的推动，公关人员通过算法跟踪、信息挖掘以及大数据计算结果，能够对公关内容做出更精准的判断。

整体而言，受访者出于不同的行业背景，在评估社交媒体的新闻营销功能时，往往形成两种方向侧重。一是强调用户关注度的变现。前述受访公关从业者 M1 过去从事新闻媒体，在他看来，无论企业组织或新闻媒体，均需探索社交媒体提供的受众商业模式："很多人觉得有了粉丝就万事大吉，不是的。现在的某报纸，以前的东家，他们现在做了十几个公众号……很多篇篇都是 10 万，但是有了流量转化起来比较难。"他强调的是公关人员要通过特定内容塑造较为稳定的线上认同社群，然后将强关系用户转化为潜在消费者，实际带有显著的市场运作考量。二是强调内容口碑，也即社交媒体信息产生的社会效应。受访人 M4 如此梳理公关人员当前评价社交媒体内容效果的指标："依靠平台的数据反映（转发、阅读、评论、点赞等指标），反映的是内容本身的质量；第三方数据机构的榜单（新榜、清博指数等），反映的是在同类竞争对手中的位置；专管部门的评价体系（像某部委新闻中心年度颁奖），反映的是上级部门的认可。当然，组织领导的口头表扬（转发朋友圈），组织内部人员的刷屏转发也是重要的评价指标。"受访人 F4 也谈道，其企业品牌部的媒体运营当前主要通过微信公众号和地方新闻门户来实现，"作为一个创业型企业、中型企业，考虑传统媒体一般做严肃性新闻，我们的消费群体阅读兴趣不大，起不到什么作用，不一定适合我们"。从她的表述来看，如微信等社交平台，已经具有和新闻媒体类似的品牌建构功能："公众号其实是为了让大家更了解我们，维护公司形象……让大家搜索的时候，能看到很多正面的东西，这样他们在犹豫之后，最后购买的可能性更大一些。"

一位受访的新闻业者则从新闻业自身的角度，谈到对公关从业者大量投入社交媒体的思考。依据他的看法，"企业和组织仍然在通过公关部门向媒体提供一定的内容"，但专业新闻机构对其采用概率却不高。数位新闻业者在访谈中也均认为，国内公关部门常常局限于一种片面的宣传思维，这导致其向记者主动"放料"的部分难以实现较高新闻价值。前述受访者甚至尖锐地指出，在市场化媒体严苛的内容筛选条件下，"他们（公关人员）出于宣传需要，转而维护自己的新媒介账号，这样名义上完成了（向公众）曝光的部分业绩考核"。不过，当我们具体去检视新闻记者在线上环境的采编行动时，专业主义新闻生产与公关新闻营销之间实际有着更为深刻的矛盾。前人研究指出，新时期的信息市场需求对记者造成了更高强度的工作压力，这导致新闻业者常常花费较少时间去联系他人，较少进行原创调查，而是更多地通过代理人和公关材料完成所谓的"炮制新闻"[①]。从本研究经验资料来看，尽管新闻业者对公关人员主动提供的材料抱有相当警惕的态度，但这并不排斥他们依据自身专业标准去筛选组织发布的公开内容。在受访人 M2 看来，"微信、微博、公司网站、公司公告、公司合作伙伴、公司管理层、投资人、监管机构、第三方机构、知情人士"等均成为并行不悖的新闻消息源。这能够使公关人员摆脱以往单一的新闻获取方式，通过社交媒体运营策略性地吸引新闻业关注，从而实践另类的信息补贴手段。

二　跨媒介的线上资源运作

本研究经验资料中，受访者提及社交媒体时几乎均不约而同强调，新媒介仅仅是媒体关系的一部分。社交媒体固然是公共关系将特定内容传达给公众的重要手段，但是，公关人员在参与新闻生产的过程中仍然清楚地表达了充分运用各类媒介资源的必要性。一段时间以来，业界不乏提醒公共关系领域存在"社交媒体泡沫"风险的声音，因为对社交工具过分的积

① Moloney, K., Fackson, D., & McQueen, D. (2013). News Journalism and Public Relations. In K. Fowler‐Watt & S. Allan, *Journalism: New Challenges*. Centre for Journalism & Communication Research: Bournemouth University, pp. 259–281.

极认知反而可能夸大它们的使用价值。[①] 有研究者因而基于资讯丰富理论（media richness theory）指出公关人员有必要感知社交媒体与传统媒体各自独一无二的媒介特征，方可适应新形态的信息传播环境[②]。部分公关人员的实际媒介近用已表现出相当的倾斜性，如受访人 M6 表示，"新媒介出现以前主要依靠电视、广播、户外广告等传统媒体，2014 年之后，基本依靠微信、微博等自媒体寻求媒体曝光。"但是，他同样并不否认传统媒体发挥的效能："一般情况下政府或社会公共团体主导某项活动时，企业作为参与者提供相关的企业资料，比较容易为新闻媒体采纳。"因此，许多公关人员对新媒介使用的评估仍呈现较为理性的姿态，相比而言，他们更为关注不同情境的媒介应用，强调依据对媒介属性的精准定位来达到传播效果。

事实上，公关从业者总是基于跨媒介思路来运作内容发布。数位受访者常常提及"接触点"这一概念，即人们接触信息实际存在各种不同层次的情景，以此强调通过多元化媒介最大限度地提升与公众建立关系的可能性。这种思路其实使公关从业者的媒介近用带有明显的混杂特性。其线上资源的动员便卷入将不同媒介方式加以组合，从而融入社交网络的复杂过程。具体来看，这至少包含了如下面向。

一是组织自行运营的内容平台。部分受访者认为，传统媒体存在"条条框框限制"，社交媒体则能协助创造更为轻松随意的内容，这往往使他们能够以较大的热情投入。从这些受访者的经验叙述来看，其社交媒体使用的确已经达到一定纯熟程度。譬如，有公关人员便针对用户阅读习惯的时间测算，向研究者展示微信内容发布时机以"11 点 30 分、17 点 50 分、19 点 50 分、22 点 30 分阅读量相对较好"。在实际工作中，大部分公关人员并不是采用单一的社交媒体进行运营，而往往通过多开账号、结合各类

① Moreno, A., Navarro, C., Tench, R., & Zerfass, A. (2015). Does social media usage matter? An analysis of online practices and digital media perceptions of communication practitioners in Europe. *Public Relations Review*, 41 (2), 242–253.

② Michel, A. I., Ruggiero, T. E., & Yang, K. C. C. (2016). How public relations practitioners perceive social media platforms? A media richness perspective. In S. Anurag & P. Duhan (Eds.), *Managing Public Relations and Brand Image Through Social Media*. Hershey, PA: IGI Global, pp. 1–19.

平台争取不同类型用户关注，由此形成规模矩阵。一名企业公关人员在访谈中依据自身工作经历，如此论述这种多平台运作模式："微信有主微信和支持微信，其中主微信使用频率最高，平均三天一条推送，内容为公司新闻、行业新闻、社会热点等；支持微信主要有两个，平均一个星期各一条推送。微信矩阵、论坛、微博相互配合，可以吸引一部分关注……因为人力限制，官网、微博、论坛、微信内容为相互复制或转化。"

二是通过新闻媒体社交账号或线上意见领袖作为中介提升用户流量。国内媒体线上事业发展成果卓著，令其依然保持了在社交网络中的信息枢纽地位，这使公关人员普遍关注到新闻媒体社交账号可能产生的"能量"。一位受访者即承认，"当然目前传统媒体也在进行转型，比如《人民日报》等也开通了微信等新媒介，而且借助其前期的粉丝积累和导流，目前在新媒介排行中也位于前列……企业如果用类似这些微信大号来进行传播，肯定更具有说服力。"除此之外，高人气的线上意见领袖或明星账号也是受访公关从业者经常提及的合作对象，他们认为在投入允许的情况下，可以考虑"大咖渠道，比如网红的自媒体。他们动个指头转发一下，除了阅读量暴增，甚至会带来销量的井喷"。从另一侧面来看，这或许亦意味着在公关人员追求的大范围公众曝光效果层面，线上自媒体已经能够部分取代传统媒体角色。总体而言，无论对于新闻媒体还是其他高关注度的线上用户，按照受访人 F3 的看法，公关人员能够通过与上述线上意见领袖的互动，将其受众部分引流到组织自身的社交平台。而 A. L. 哈钦斯（A. L. Hutchins）与 N. T. J. 廷德尔（N. T. J. Tindall）指出，为了在这种参与式（participatory）媒介关系中建立较为长久的联系，公关从业者也会转变为粉丝（fan），跟随具有话语权的意见领袖，并在自身实践中保持对他们及其所在社区文化的尊重与兴趣。①

三是将传统新闻的影响力效应向社交平台进行扩散。M. 瑞安（M. Ryan）与 D. L. 马丁森（D. L. Martinson）强调，记者虽然总是标榜他们

---

① Hutchins, A. L., & Tindall, N. T. J. (2016.). New media, new media relations: Building relationships with bloggers, citizen journalists and engaged publics. In A. L. Hutchins & N. T. J. Tindall (Eds.), *Public Relations and Communication Research*. New York, NY: Routledge, pp. 103 – 116.

比公关从业者更具可信度，两种职业考虑新闻的价值取向全然不同，但是，新闻组织与公关部门实际对于"真相"总是有着一系列相似的标准①。在受访人 F1 看来，公关人员有义务通过策划线下活动获得良好的社会反响，从而令新闻媒体主动关注企业形象。类似，作为某酒店公共关系经理，受访人 F3 也谈道，自己会将企业各类展会、节庆、美食活动等定期发送给通讯录中的相关新闻记者，供其筛选以期为后续内容合作提供可能。新闻记者对于公关内容的筛选，亦成为公关人员发现自身组织问题与优势的过程。通常来说，当内容经由媒体机构把关并获得采用后，公关从业者会进一步在社交网络转引这些内容，推动传播效应最大化。值得注意的是，公关人员在社交网络转引新闻文本的情形存在显著的类型差异。如前人调查发现，那些试图推进新闻娱乐功能的记者，对公共关系行业较少抱有敌对情绪②。综合本研究经验资料，记者与公关人员总是在社会、娱乐类新闻的文本类型选择上产生共鸣，而较少在严肃的财经、时政类题材上展开社交网络合作。这或许也可以促进我们重新思考，当转入线上大众文化场域时，公共关系乃是如何作为另类力量参与其中并施加相关话语影响的。

三　公共关系与传统新闻业想象

新闻生产领域向来被认为交织着由公共关系与大众媒介共同建构的真实，公共关系不仅提供媒介内容，也能在时间、立场、议题显著性等方面对消息刊登实施控制，影响新闻报道的方式③。公关与新闻业以其各自特性，形成了既紧密互动而又相互独立的状态。新时期"危机中的新闻业"面临媒介商业模式的种种困境，媒介组织开始积极寻求新的付费内容形式，从而加速公关与新闻业的资源融合。譬如，作为全球最大公关公司之

① Ryan, M., & Martinson, D. L. (1994). Public relations practitioners, journalists view lying similarly. *Journalism & Mass Communication Quarterly*, 71 (1), 199-211.

② Fredriksson, M., & Johansson, B. (2014). The dynamics of professional identity: Why journalist view journalists working with PR as a threat to journalism. *Journalism Practice*, 8 (5), 585-595.

③ 臧国仁：《新闻媒体与消息来源——媒介框架与真实建构之论述》，台湾三民书局股份有限公司，1999，第 161~235 页。

一的爱德曼（Edelman）便已在付费内容方面与诸多主流媒体机构开展合作。在我们的访谈经验资料中，公关人员关于传统新闻业的想象呈现一定的矛盾性，受访者虽普遍承认社交媒体挑战了关于新闻、媒体、受众等传统概念，也认为需要重新调整公关行业与新闻组织之间的互动模式，传统媒体关系与新闻记者角色却始终在其话语论述中占据不可替代的地位。受访者谈及的传统新闻业，仍被视为与公关行业存在重要的责任与利害关系，换而言之，公关从业者与新闻生产者之间的专业合作，立足于新媒介变革背景，成为应对各自事业发展种种不确定性的必要路径。

一方面，主流新闻组织依然拥有线上信息流的高阶话语权。既有研究的广泛共识在于，伴随社交媒体推动线上内容民主化，在用户原创内容（UGC）潮流下，传统公共关系与新闻媒体实则面临着同样的挑战①。但本研究分析资料也显示，数位受访记者虽然会基于个人感受强调社交媒体用户原创内容带来的社会价值，但这并不表示他们对这些内容生产完全肯定。事实上，他们往往提及社交网络中的所谓自媒体并不能向公众提供高质量的新闻知识。受访人 F3 也认为，无论是站在权威性角度还是站在受众覆盖面角度，新闻机构目前仍维系着核心优势。尤其在危机公关部分，为避免线上空间的谣言或非理性讨论，公关人员往往诉诸传统主流媒体。在将传统媒体形容成较为高阶的近用资源时，受访者亦可借此将自身定位为相较社交网络普通用户更为专业的内容提供者。按照 D. 杰克逊（D. Jackson）与 K. 莫洛尼（K. Moloney）的观点，公关人员新近发展的媒介关系实践已超越传统信息补贴方式，达到一种所谓的"编辑室补贴"（editorial subsidy），即往往提供包含关键客户信息的目标化、定制化的"新闻稿件"②。本研究在访谈过程中发现，许多公关人员所提供的内容确已形成一种包含数据、图片以及文化文本的常规产制。虽然在相当程度上，这一做法乃是为方便新闻记者的"炮制新闻"，能够提高公关材料采用率，但此种"编辑室"思路无疑也促使公关人员站在新闻记者的角度去思考

① Solis, B., & Breakenridge, D. (2009). *Putting the Public Back in Public Relations: How social media is reinventing the aging business of PR*. Upper Saddle River, NJ: Pearson Education.

② Jackson, D., & Moloney, K. (2015). Inside journalism: PR, journalism and power relationship in flux. *Journalism Studies*, 17 (6), 763 – 780.

问题。

另一方面，公关从业者的新媒介运营也面临着相应的困境。社交媒体虽然已经建立能够与传统媒体比肩的合法性，但是它们影响公众的方式并不清晰①。在访谈过程中，数位公关人员同时强调了社交媒体内容传播产生的双面性，即流动、开放的线上舆情令传统组织在应对方面变得力不从心。部分公关人员应用社交网络时，仍然融入惯有的传统媒体思路。一位受访者甚至批评，企业投入、从业人员素养以及领导者的保守观念等，使"新媒介运营着运营着慢慢变得和传统媒体无异了"。虽然公关人员被认为有责任去创建、培育与管理线上品牌社区，但在受访人 M7 看来，大量生产者的涌入以及社交媒体维护成本的提高，使得企业自营账号发展正遭遇瓶颈："目前微信、微博等新媒介早已普及，全民在用，再小的公司都有在用。它的普及带来了便捷和高效率、低成本的品牌传播，进而转化为销量，对企业运营帮助很大，这也是再小企业的老板都关注的原因。但网络信息的爆炸式增长，造成信息量过剩，难以像以往聚焦消费者注意力。以我个人经验为例，在 2012 年微信起步初期运营公司微信，一个人仅用了一年时间将粉丝做到了 2 万。但到 2016 年，在新增加人员的情况下去开展新的账号运营，粉丝数增长明显放缓，其中一个账号一年时间才涨到 1500 个粉丝……以我的预计，往后自媒体运营效果会越来越差。少数强势自媒体会越来越强，而大部分缺乏投入和创意型人才的企业自媒体会变得越来越鸡肋。"

可见，社交媒体虽已成为当今公共关系体系的有机部分，但质疑声音依然不少。加之专业新闻组织在现实话语以及线上空间保持的影响力，公关人员仍强调通过各种方式，努力发展与传统媒体的合作。R. 布朗（R. Brown）指出，大众媒介系统正变得更加碎片化，媒介在数量不断增长的情况下内容输出更加多元。对于公关从业者来说，更多的选择意味着更少的受众数量。② 无论是传统新闻渠道还是社交网络渠道，面对流动的广大

① Barlett, J. L., & Barlett, G.（2012）. Kaleidoscopes and contradictions: the legitimacy of so-cial media for public relations. In S. Duhe（Ed.）, *New Media and Public Relations*. New York: Peter Lang, pp. 13 – 20.

② Brown, R.（2009）. *Public Relations and the Social Web: How to use social media and web* 2. 0 *in communications*. London, UK: Kogan Page, pp. 11 – 14.

受众，组织必须积极进入多元社交空间，通过持续的对话互动建立起分众社群之间的联系。

　　本章探讨了公共关系从业者如何基于社交媒体语境，重新想象自身作为内容提供者的专业实践。如 J. 麦克纳马拉（J. Macnamara）所言，关注公共关系与新闻业之间的关系，就要讨论社会信息传播的透明性及一系列伦理准则，从而为维系有效的公共领域机制提供帮助。① 公共关系研究的重要部分应当是检视企业或机构如何通过补贴媒介影响其内容。如此看来，公共关系策略便成为一种应用于政治经济领域的武器，在公共意见场所生产着竞争②。新闻背后的消息来源竞争呈现不同利益之间的组织展演，并不全然由特定生产者或消息来源所独占。那些展演犹如社会戏剧（social drama）般的仪式，其生成过程中充满话语争夺，并导致冲突被制造出来。研究者有必要去检视包含公共关系在内的消息来源在卷入内容生产时如何带来不同的政治机遇与风险，以及这些消息来源何以在多元行动者与社会制度的公共展演中维系、争取自身合法性③。因此，在新的技术条件下观察公关人员的媒介近用，有利于我们描绘公关业与新闻业的互动变化，去发掘在公众内容消费转向社交网络的时代，这些传统领域的内容生产与提供者争取日常公共支持的竞合面貌。

　　基于受访公关从业者的话语论述，社交媒体已成为其实践专业主义的辅助工具，帮助他们发展更多双向对话去传递组织理念。公共关系不但借助自主性的内容生产进入线上公共领域，也在一定程度上影响着新闻生产者的线上选择，成为专业记者重要的信息来源渠道。因此，一部分批判声音认为，数字时代并未改变公共关系介入日常新闻生产，企业和其他组织在线上渠道的扩张意味着普通民众难以近用相关资源，进而带来公共领域

---

① Macnamara, J. (2016). The continuing convergence of journalism and PR: New insights for ethical practice from a three-country study of senior practitioners. *Journalism & Mass Communication Quarterly*, 93 (1), 118-141.

② Cutlip, S. M. (1994). *The Unseen Power: Public relations, a history.* Hillsdale, NJ: Lawrence Erlbaum Associates, p. xi.

③ Cottle, S. (2003). News, Public Relations and Power: Mapping the field. In S. Cottle (Ed.), *News, public relations and power.* London, UK: Sage, pp. 3-24.

的收缩①。不过，在实际运作过程中，公关人员总是带有显著的跨媒介思路，强调使用不同媒介形态去最大限度地扩大与公众之间的接触面。面对吸引用户关注以及维护线上品牌社区的挑战，公关人员更有意愿也更有义务进行公共对话，这使其内容实践往往表现出对新闻媒体、线上意见领袖以及社区公共意见的追随，在某种程度上亦丰富了线上公共讨论的空间。

本章基于部分经验材料同时发现传统媒体在新媒介空间的话语竞争力。社交媒体在当前环境下无法取代企业/组织与主流媒体站在一起时的明显优势。换而言之，线上空间并未解构传统的公关 - 记者关系模式。与媒体人员建立关系网络，形成共同体合作，仍然是新闻营销的重要考量。如黄懿慧与林颖萱认为，"关系"并非仅仅是台面下的或非专业的作业，而往往包含了"正式关系现象所引发的道德考量及专业义理问题"②。"关系"这一术语实际牵涉某种"各取所需"的合作机制，其存在使媒体能够寻找到特定行业资源进行符合自身选题的报道，对于公关从业者来说，亦可近用较为可靠的新闻机构，使其代理组织向公众展开对话。这种关系结构的存在，使得专业新闻生产在线上环境中依然拥有自身稳定性。以此角度切入新媒介语境的公共关系，一方面，我们可以看到公关人员乃是如何沿袭传统意义上关于新闻记者的想象，从而使其专业主义的线上转型呈现较为混杂的面貌；另一方面，通过将"关系"之类的传统意义的在地概念植入线上，我们或许能基于新闻媒体和公关人员的互动，考察双方如何实现相互之间的资源配置，从而回应公共领域内部的沟通实践。此种企业组织与新闻媒体之间的联合，又是否会导致线上内容偏向特定关系利益，从而压缩普通公众在线上公共领域的话语空间，则是另一项需要进一步解释的公共性风险议题。

---

① Leuven, S. V., Deprez, A., & Raeymaecke, K. (2014). Towards more balanced news access? A study on the impact of cost – cutting and Web 2.0 on the mediated public sphere. *Journalism*, 15 (7), 850 – 867.

② 黄懿慧、林颖萱:《公共关系之关系策略模式初探：在地与文化的观点》,《新闻学研究》2004 年总第 79 期, 第 135 ~ 195 页。

第五章　▶▶

自媒体的可持续风险：
线上用户及其社群化动力

　　阐释线上用户的行动自主性，"自媒体"概念是一个颇为适用的核心术语。第三章对专业经营的自媒体已有一定程度的探讨。本章我们进行讨论的自媒体概念更为接近指涉普通公众运作的平台。与面临解构压力的职业新闻机构相对应，自媒体现象消解了传统意义的媒介把关文化，挑战着组织化的专业主义意识形态。在线上公共领域，自媒体是市民社会实现创造性表达的一部分，这种具有较大灵活性的意义文本生产又带来了相关问题，由此成为当前互联网治理的重要方向。自 2013 年，国家开始针对网络"大 V 大谣"扰乱社会秩序的行为进行整顿，引起了全社会范围内关于自媒体带来的信息失真、社会监督失衡等问题的讨论。自媒体在诸多研究者视野内往往与政治意见气候相联系，从政治传播意义层面上讲，自媒体在很大程度上扮演了社交网络的中介角色，有助于作为一项重要观察指标在公共危机事件的舆情风险评估中发挥作用。除此之外，用户进行内容生产的动机、目标和具体运营过程，以及其他用户如何通过关注、参与自媒体创作进而形成额外的共同体社区，也应当是研究者需要关注的议题。事实上，围绕单个自媒体对象，总是存在双重性的问题：一者，用户行为如何为线上公共领域注入特殊的内容力量；二者，自媒体即用户的线上参与如何遭遇自身发展问题，并解决随之而来的压力。借助对自媒体运作的"自我呈现"过程的观察，我们可以较为具象地探讨线上用户进入公共空间的动态内容机制以及由此带来的公共性文化反思。

第一节　自媒体形态的发展与争议

　　显然，各个历史时期均有人们通过不同方式近用媒介资源、发表自我意见的案例。按照 S. 鲍曼（S. Bowman）与 C. 威利斯（C. Willis）的观点，自媒体可以被理解为普通市民运用数字技术所授予的行动能力，在全球范围内实现知识联结、参与事实核查及"新闻"生产活动的方式。自媒体生产推动着"日常的我"（The Daily Me）逐渐为"日常的我们"（The Daily We）所取代①，这实际上使公共性文化日益走出传统范畴，进入无处不在的日常生活秩序。

在国内，关于自媒体的讨论在近年来的社会话语中显示出相当的热度。我们将"自媒体"与"新媒介"进行对照，描绘出 2011 年 1 月 1 日至 2017 年 3 月 1 日两者的整体指数趋势（见图 5 - 1），数值大小代表词汇出现频率的周平均值。在搜索指数方面，新媒介术语自 2011 年以来即广泛进入公众视野，一直维持着较高的被关注度，并且该指数在 2014 年左右又有所提升；自媒体则在前期较少被搜索，自 2013 年左右该指数开始快速增长，此后基本维持与新媒介搜索指数同步的趋势，这从某种程度上说明，在普遍的社会公共话语中，自媒体已成为新媒介的代名词。在媒体指数方面，新媒介的被关注度近七年来同样较高，自 2015 年以来，关于新媒介的论述整体略有增加。与之对比的是，新闻媒体关于自媒体的关注度自 2016 年才显著上升，相对落后于民间关注度，但其指数的升降幅度也基本维持与新媒介的一致。

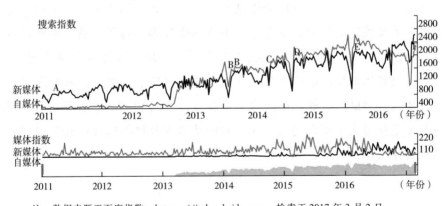

注：数据来源于百度指数，https：//index.baidu.com，检索于 2017 年 3 月 2 日。

图 5 - 1 "自媒体"与"新媒介"作为对比词的百度指数趋势

可以说，在既有语境下，当使用自媒体这样的字眼时，我们潜意识

---

① Bowman, S., & Willis, C. (2003). *We Media*: *How audiences are shaping the future of news and information.* Reston, VA: The Media Center at The American Press Institute, p. v, p. 7.

里已经形成一种以新传播技术为基础的预设："'自媒体'无疑代表了新媒介的最新发展，也是新新媒介最为典型的样态。"① 在这种以"新"为导向的价值观照下，我们自然也就格外注重自媒体能够为传播研究补充的区别于以往的实务经验与理论资源。不过，从本质上讲，如果我们重新回顾媒介近用历史，会发现它无疑充斥着一种民主行动的权力之争。人们对媒介使用愿景的追寻，在很大程度上变成了市民社会对话语资源的争取。邵培仁等人便认为，数字社会表现出信息自由化、媒介民主化的权力意志，这种传播机会层面的提升，带来了冲击社会主流文化价值观的风险，也推动着公共媒介和个人媒介同时成为参与民族心理认同和核心价值观念构建的重要力量。② 因而，自媒体作为用户可以发挥其能动性的内容渠道，产生了社会制度层面的相应影响。对于传统媒介生产者而言，首先面对的就是原有社会把关制度的消解以及专业新闻主义的模糊化。曾繁旭也认为，社交媒体可以令新闻采编者能动地在不同身份之间实现转换："许多记者对自己的定位已经不再是客观、中立的事实呈现者，而是以一个公共知识分子的姿态介入到诸多公共议题当中，借用自己的媒体平台与关系网络发声，聚焦于公民行动，培育公共议题。"③

鉴于社交网络平台被不同参与者以各自方式运营、"为我所用"，这些形形色色的内容生产来源逐渐形成了"分庭抗礼"的局面。徐琦对微信公众号的类别进行了归纳，认为其至少包含四种：一是由广电媒体运营的平台，如央视新闻中心推出的"央视新闻"；二是由报刊平面媒体运营的平台，如人民日报社推出的"人民日报"；三是由互联网媒体运营的平台，包括综合类门户如腾讯网推出的"腾讯新闻"，以及垂直类网络媒体如"爱范儿""虎嗅网"等；四是自媒体平台，如程苓峰推出的"孕峰"、冯大辉推出的"小道消息 by Fenng"等。④ 表 5 - 1 整理了 2017 年 2 月 1 日～

① 潘祥辉：《对自媒体革命的媒介社会学解读》，《当代传播》2011 年第 6 期，第 25～27 页。
② 邵培仁：《媒介理论前瞻》，浙江大学出版社，2012，第 107～109 页。
③ 曾繁旭：《媒体作为调停人：公民行动与公共协商》，上海三联书店，2015，第 227～228 页。
④ 徐琦：《新闻媒体微信公众平台发现现状与思考》，转引自强荧、焦雨虹《上海传媒发展报告（2014）：主流媒体公信力、传播力、影响力》，社会科学文献出版社，2014，第 236～247 页。

2017 年 2 月 28 日微信热度前 50 位的自媒体账号，从中可以看到，微信公众号的运营呈现多样化的生态，有占豪、冯站长之家、周小平同志等新闻资讯、时事评论类自媒体，更多的则是偏向于生活娱乐性质的自媒体。从这些自媒体整体的内容发布来看，传统的"硬新闻"数量并不多，谈资气息更为浓厚的"软新闻"盛行。这样的内容取向显然符合社交网络一贯的信息消费生态。T. J. 霍兰（T. J. Horan）根据对 200 多万 Twitter 用户数据的语义网络分析发现，在数量上软新闻信息超过硬新闻信息两倍多，在信息流中占据明显优势。[①] 一部分针对中国社交媒体的实证研究也发现，中国社交网络流行的内容向来不是全球事件或者新闻时事，而更多偏向于玩笑、图片与视频内容。[②] 在探讨线上公共性文化的时候，我们需要谨慎地去看待这种用户内容风格：大量琐碎的纯趣味信息可能湮没某种重要的社会议题。如 M. A. 鲍姆（M. A. Baum）提醒，那些看起来属于消遣性的软新闻却能够吸引"怠惰"的公众，为人们提供一种可供替代的资讯获取途径，从而在一定程度上继续增进民主话语。[③] 由此观之，我们仍然必须肯定自媒体"非政治性"的一面在线上空间所起的作用。A. M. 卡普兰（A. M. Kaplan）与 M. 亨莱因（M. Haenlein）甚至认为，专业主义并不被社交媒体内容运作所需要。比如，万豪国际连锁酒店的董事长兼 CEO 比尔·马里奥特仅仅发布一些自己的日常事情和旅行故事，以此与线上公众交流。事实上，社交媒体的运营主体都是普通人，他们更希望去了解一些"平常"的事情。[④] 线上用户内容生产所体现的公共性，也就更贴近日常世界体验，进而融入一种"生活政治"氛围。

---

① Horan, T. J. (2013). "Soft" versus "hard" news on microblogging networks: Semantic analysis of Twitter produsage. *Information, Communication & Society*, 16 (1), 43 – 60.

② Yu, L., Asur, S., & Huberman, B. A. (2011). *What trends in Chinese social media*. In The 5th SNA – KDD Workshop' 11. SanDiego, CA.

③ Baum, M. A. (2002). Sex, lies, and war: How soft news brings foreign policy to the inattentive public. *American Political Science Review*, 96, 91 – 110.

④ Kaplan, A. M., & Haenlein, M. (2010). Users of the world, unite! The challenges and opportunities of social media. *Business Horizons*, 53, 59 – 68.

表 5 - 1　前 50 位微信活跃自媒体数据（2017 年 2 月 1 日 ~ 2017 年 2 月 28 日）

自媒体名称	总阅读量 （万 +）	平均 阅读量	自媒体名称	总阅读量 （万 +）	平均 阅读量
占豪	2210	98668	一读	864	96084
天天炫拍	2231	99630	小果哥哥	1482	66197
美国内参	2133	96085	零点励志语录	1485	66327
任真天	2240	100000 +	零点养身	1554	69393
玩车教授	2222	99210	北美吐槽君	1802	80474
有车以后	2201	98268	局座召忠	729	74428
同道大叔	2216	98958	人民网	2440	50739
六点半	894	98268	学生时代	1570	70115
零点创意	2057	92260	娱乐圈扒姐	1046	94252
地球在线	2111	97743	思想聚焦	1526	70670
一星期一本书	1665	99119	绝密曝光	1310	78020
金猫侠	1470	82620	农村牛人	1533	68448
冯站长之家	1161	53796	圈内扒爷	1186	91945
音乐早餐	1781	79512	不二大叔	1128	67182
如意祝福	1687	75992	奔波儿灞与灞波儿奔	1195	74743
HUGO	777	99718	周小平同志	769	53466
清华南都	1262	99426	严肃八卦	480	100000 +
英国那些事儿	1839	82502	武志红	748	81395
读文摘精选	1411	69169	晚安少年	1210	86489
黄生看金融	399	81442	新闻早餐	1219	54437
爆笑 gif 图	1549	69157	小北	501	98266
毒舌电影	809	99888	阅尽天下沧桑	1242	56209
魔音相册	1671	75276	深八影视圈	579	91990
不正常人类研究中心	2000	89309	我走路带风	762	79450
咪蒙	240	100000 +	一个人听	320	100000 +

注：数据来源于清博指数，http：//www.gsdata.cn/rank/detail，检索于 2017 年 3 月 5 日。

值得注意的是，即使是在自媒体内部，仍存在诸多类型的区分。如前所述，许多职业化媒体工作者开始通过社交网络开设自己的自媒体频道，这些自媒体在内容主题甚至采编方式方面事实上已经接近传统意义上的职

业新闻。近年来，媒体行业的离职潮也扩大了这一类自媒体阵营。2017 年
1 月 19 日，南方报业传媒集团副总经理、《南方都市报》执行主编庄慎之
在微博上宣布将离职，打算去打造人文自媒体集群"百神传媒"，即引发
业内不小的震动。① 自媒体涵盖较广，无论是个人还是非传统媒体机构运
作的账号，皆可使用此概念。在 D. 吉尔摩看来，数字时代记者（journa-
list）、新闻制作者（newsmaker）和以前所称的"受众"（the former audi-
ence）三者之间的界限变得模糊，但自媒体更偏向于草根化，强调信息内
容既"由人创造"，又"服务于人"。②

如果我们逐一检视表 5 - 2 自媒体名单中的认证信息，会发现它们大部
分由互联网企业、咨询公司或者线上意见领袖建立，其内容运营较为市场
化、专业化，并不具有特别浓厚的"市民性"特征。以往国内的自媒体研
究也极易将视线集中于这些拥有大规模追随者的平台，而忽视中小规模的
自媒体群体。但事实上，如本书第三章关于社交网络的媒体间互动结构研
究所显示的，自媒体实际与传统主流媒体的联系较为薄弱，形成了自己别
具一格的生态圈。从 2016 年以来的趋势看，"微信公众号整体分布格局趋
于稳定，大号与底部的公众号数量均在减少，中部区域数量增加"。③ 这些
都使得我们必须重新去挖掘一些分众的、由普通公众创建的、基于"小社
区认同"的自媒体平台，从而更为具体地了解当前线上用户自主性生产的
真实面貌。

在后文的讨论中，本书选择了微信公众号个案来探讨围绕自媒体运作
形成的用户内容生产、参与机制。在社交网络，转发者与新闻来源之间的
互动频率在很大程度上决定着新闻流行性。④ 但将更多注意力投向高热度
的线上信息互动与信息流偏向，反倒可能限制我们对于其他非宏观议题以

---

① 张少杰、陈浩洲：《庄慎之离职首曝创业新动向：打造百神传媒》，2017 年 2 月 23 日，检
　索于观媒：http://www.guanmedia.com/news/detail_5602.html，2017 - 2 - 27。
② Gillmor, D. (2004). *We the Media*: *Grassroots journalism by the people*, *for the people*. Scbas-
　topol, CA: O'Reilly Media, Inc., p. xxv.
③ 新榜：《2016 年中国微信 500 强年报》，2017 年 1 月 6 日，检索于搜狐财经：http://
　mt.sohu.com/business/d20170106/123630310_467142.shtml，2017 - 3 - 15。
④ Wu, Bo & Shen, Haiying (2015). Analyzing and predicting news popularity on Twitter. *Inter-
　national Journal of Information Management*, 35, 702 - 711.

及隐藏在"全民效应"背后的小群体网络的观察。事实上，诸如微信、人人网等一部分社交媒体，其内容向来在较为封闭的圈子内流动，由此带来的一大优势是，它们往往较易形塑相对稳定的共同体。换而言之，我们不必拘泥于从宏观层面去看待公共领域议题，着重在普遍意义上具有高热度的事件与对象，同时也应当考察个体的内容生产精神如何透过新媒介被表达与认可，进而落实到特定范畴的共同体文化之中。

第二节　用户内容与社群化动力：一项微信公众号的个案考察

一　背景与基本情况

研究者以微信公众号 ELB 为个案，进行关于用户自媒体生产的具体情况分析。通常认为，微信社交网络具有人际、内群体传播结构的特征，此种传播结构虽使研究者难以对社会宏观性的公共事务议题展开分析，但有利于挖掘特定个体的用户生产风格。本章使用的个案的目的并非总结个体公众号的运营模式，而是基于用户内容本身描绘以自媒体为中心发散出的周边互动，探讨自媒体与其他新闻媒体、公众之间形成的关系，以及由此带来的线上意见气候与认同机制。

2015 年 8 月，湖南省长沙市因实施市政新建地铁项目，决定移栽岳麓山脚下大学城附近大量数十载树龄的行道树。8 月 20 日左右，麓山路两侧进行的香樟树疏枝、修剪、挖掘工程，引起大学城师生、民众的质疑，并导致社会声音逐渐在线上发酵。许多公众通过社交网络发表原创内容，推动护树风波牵动舆论神经。在此过程中，微信移动平台率先沸腾。尤其以麓山路附近师生、已毕业校友为代表的行动者通过公众号发布保护母校古树的大量评论，在微信半封闭式的内群体空间得到迅速转发。毕业于该大学城某校的市民 S，在得知相关议题之后，亦于 8 月 24 日创建公众号 ELB，参与关于移栽古树的讨论。

事实上，参照 2011 年 3 月在全国范围内产生相当影响的南京市梧桐树事件，长沙市此次护树风波同样反映了国内城市化发展与生态建设之间长期以来既有的矛盾。2011～2015 年，类似的舆论诉求亦在石家庄、晋城、洛阳、福州、苏州、上海等城市出现，相关环保抗争运动于是成为政治传播研究的重要议题之一。

相较于分析舆情与政治决策之间的博弈关系，本书关注的则是在不同时期人们近用新媒介形式所表现出的差异性。以南京梧桐树事件为例，其线上讨论多通过论坛、博客等空间扩散，在事件经历近 1 个月的舆情震荡之后，用户行动随着接受政策层面的妥协而复于消退。通过对 ELB 公众号的观察我们可以看到，移动传播语境之下的自媒体呈现略有差异的公共性意义。首先，麓山路周边社区环境其实对作为大学校友的市民 S 等人并无直接影响，换而言之，这些自发性的自媒体运营者表达的是一种"想象"的共同体精神。其次，线上用户的确表现出明显的市民意识，但这种市民意识初始乃是在相对狭小的内群体范围内萌芽的。微信朋友圈的人际传播特性使其在短时间之内迅速团结了一批与麓山大学城这一地理空间相联结的线上群体，随后，传统新闻媒体的关注推动议题走向公共化，体现出私人领域与公共领域之间的模糊性。最后，随着事件消退，以 ELB 等为代表的自媒体并未因此取消，反而由于前期社群的形成，这些自媒体相对稳定地保持着运作。这也许可以使我们摆脱以事件为导向的思路，转而探索从行动者及其认同的网络线索来观照线上公共领域的内容生产机制。

二　用户内容的联结化运作

人们基于不同新媒介形态进行内容生产时，向来表现出具有差异化的使用风格。有研究便运用深度访谈方法，通过对比人们关于 Facebook 和即时通信软件的使用习惯，发现 Facebook 被更多用来"寻找乐子"、了解个人社交网络中发生的行为活动，而即时通信软件则更多用来维持、发展社会关系。[①] 不过，这些针对社交媒体的实证分析仍非常强调私人需求的实现。K. D. 斯威策（K. D. Sweetser）与 T. 凯莱赫（T. Kelleher）认为，

---

① Quan‐Haase, A. , & Young, A. L. (2010) . Uses and gratifications of social media: A comparison of Facebook and instant messaging. *Bulletin of Science, Technology & Society*, 30 (5), 350 – 361.

社交媒体中的领导力与用户内在动机显著相关，那些无动机（amotivation）用户的各项领导力指标相对较低。① 尽管这些内在动机似乎仅仅基于人们通过线上行为本身获得的满足与欢愉，这种以自我为基础的内容活动仍是以社会评价为参照系。如 J. H. 米德（J. H. Mead）强调，"自我，作为可成为它自身的对象的自我，本质上是一种社会结构，并且产生于社会经验。当一个自我产生之后，从某种意义上说它为自身提供了它的社会经验，因而我们可以想象一个完全独立的自我，但是无法想象一个产生于社会经验之外的自我。"②

这种自我的"社会想象"使人们总是有意无意地以一种公共指标来参照自身的线上活动。公众号 ELB 运营者 S 便将当初求学经历的个人情感，与整体护树事件相联结。这样的情形并非偶然：2015 年 8 月 20 日，H 君，这位同样是岳麓山大学城毕业的校友游经麓山路时，发现道路两侧香樟树的变化，旋即在微信公众号发布消息，该文阅读量在原本粉丝约 300 人的公众号迅速突破 10 万，甚至被主流媒体《南方周末》报道③；21 日，另一位吴姓校友了解情况后，也发表《当你再回到岳麓山南，或许迎接你的就不是参天的香樟了》一文，引发微信朋友圈大量转发，被湖南地方媒体所广泛关注。8 月 25 日，同为校友的《南方周末》记者刘长发布《就麓山路砍树事件致长沙市市长的公开信》，成为参与护树事件的意见领袖之一。

从本章个案经验来看，相对独立的自媒体通过转发他人文本，邀请相关者提供材料进行撰文或自己撰写具有一定质量的原创内容来实现内容生产的联结化。譬如，ELB 公众号便大量引述了上述 H 君、刘长等人内容，扮演了互动网络的中介节点角色。但更具影响力的则是 2015 年 8 月 25 日发表的《在长沙，680 米修两个地铁站是一件多么过分的事？》一文，该文成为在护树事件中反响较为热烈的代表性文章。该文后续在博客、微博、豆瓣、知乎等平台得到转发，被大量线上用户使用作为论争材料。譬如，

① Sweetser, K. D., & Kelleher, T. (2011). A survey of social media use, motivation and leadership among public relations practitioners. *Public Relations Review*, 37 (4), 425–428.
② 〔美〕乔治·H. 米德：《心灵、自我与社会》，赵月瑟译，上海译文出版社，1997，第126 页。
③ 刘文慧、潘章帅：《长沙：守护香樟树的这五日》，《南方周末》2015 年 8 月 27 日，第23 版。

湖南民间环保组织"绿色潇湘"便将文章收入在其豆瓣主页的"截至目前守护香樟相关的文章汇集",批评国内城市"砍树—护树"现象所凸显的"老难题"。客观上,如 ELB 此种个人自媒体的内容生产,便经由线上信息流动带来的意义文本共鸣,与其他线上用户汇聚而形成整体性的议题互动网络。

若对照本书第三章数据我们就会发现,自媒体虽在日常情况下难以得到传统主流媒体的互动青睐,但自媒体仍能通过社交网络展现强大的舆论传播力量,推动特定议题进入主流公共领域视野。一部分国内新媒介研究承认,考虑到数字信息参与性、互动性、开放性与透明性等因素,社交媒体已被中国地方政府广泛使用来传递城市品牌形象。① 因而,基于微信平台等自媒体扩散的公共意见,往往能被官方较早察觉。2015 年 8 月 25 日晚间,政府官员代表现身移栽树木现场,向公众承诺"能不移就不移"②,标志着护树事件告一段落。需要指出的是,线上用户生产并非在舆情演变中占据着完全的主导地位,传统新闻组织依然起到了相当关键的作用:严格来讲,地方报纸第一时间的新闻落点为后续自媒体生产提供了消息来源。8 月 21 日,《三湘都市报》发布新闻《长沙麓山路百余株香樟被砍?》,即关注到有关部门因修建地铁 4 号线站点对道路两旁的香樟树进行移栽。③ 后续,长沙地方媒体提出"能否既修地铁又护树"的建议,推动新闻逐渐进入公众视线。刘长也承认,自己是看到相关报道后才跟进此事,开始通过自己的社交媒体平台参与议题讨论。④ 由于在以微信为代表的线上平台内部社交关系更具接近性,以 ELB 为代表的自媒体的加入团结了一批利益相关人士,并引起"共鸣",使移栽香樟风波在社交网络产生更大规模的效应,乃至引起媒体发出"'护树运动':市长不敌朋友圈?"

① Zhou, Lijun & Wang, T.(2014). Social media: A new vehicle for city marketing in China. *Cities*, 27, 27-32.

② 樊瑞:《长沙修地铁移树引争议官方回应能不移就不移》,《京华时报》2015 年 8 月 27 日,第 14 版。

③ 丁鹏志、饶宁:《长沙岳麓山百余株香樟被砍?》,《三湘都市报》2015 年 8 月 21 日,第 A8 版。

④ 丁鹏志:《能否既修地铁又护树》,《三湘都市报》2015 年 8 月 26 日,第 A3 版。

的感慨①。从案例观之，这种舆论发酵甚至令事件突破地方层级，《人民日报》也撰文批评："这些树在那里生长了几十年上百年，而地铁不过近几年才规划建设，当初规划是否认真考虑过少砍树？"② 其站在国家主流媒体角度反思城市规划与环境保护之矛盾，使原本的地方性风波，映射出主流公共领域议题的色彩。

三　自媒体的社区诠释：线上社群之形成

如上述所言，自媒体通过参与舆论事件，吸引公众关注，使自身与特定的主题讨论气候相联结。但我们更为关注的是，在这种短时期内环境诉求主导的意见"热情"消退后，自媒体如何继续维系它的功能？在研究者的观察中，自媒体将日常生活经验纳入一种参与式互动的文化记忆，达到一种可持续的社区维度。诚然，公共领域并非完全能够由理性主义范式诠释，理性与情感常常互相包含，形塑着线上内容生产的复杂动机。在社会转型矛盾时期的中国，公共空间亦"饱含公众的情感激荡"③。不过，这种情感不全然意味着"激情政治"。依据本书案例，我们可以看到，自媒体生产同样能够创造出稳定的共同体情感。这种共同体记忆经由社交网络重新诠释后，形塑出内容生产者与受众之间的认同纽带，进而使私人化微信平台成为社区化的互动场所。

以护树风波为契机建立的 ELB 公众号，无疑体现出用户 S 对于岳麓山大学城的个人情感记忆。而 ELB 一词原本即指代麓山路某公交站点名称，带有明确的地理时空指称。在舆论事件渐趋降温之后，自媒体从原有表达环境诉求的渠道，转变为各类用户表达对大学城过往记忆的窗口。事实

---

① 湘秦君：《长沙"护树运动"：市场不敌朋友圈？》，2015 年 8 月 26 日，检索于微信公众号：http://mp.weixin.qq.com/s?__biz=MzAxOTQyMzEwMA==&mid=207302640&idx=1&sn=8af0bd03274060d9765edbb0abf448ad&scene=1&srcid=94Tt9iVNqB9uaMn2XC9Q&key=dffc561732c226515be6372c2c211ddd355c43c37e2b999bbd8381781e55c94e92f35e9049fb667f6b158baf154f86bf&ascene=1&uin=MjQwMzU5MTF4MA%3D%3D&devicetype=Windows+7&version=61020020&pass_ticket=6%2FtmLrfbVhYbUloAaeOfmZUJD6XqASiCIoWjkwCGBIePyy3yd6T%2ByfUpNITxOFkF，2017-3-6。

② 邓建胜：《地铁为何与大树过不去（说道）》，《人民日报》2015 年 9 月 14 日，第 13 版。

③ 袁光锋：《"情"为何物？——反思公共领域研究的理性主义范式》，《国际新闻界》2016 年第 9 期，第 104～118 页。

上，在我们考量新媒介的日常化线索时，这种"文化记忆"面向有着非常重要的公共性意义。按照 J. 奥斯曼（J. Assmann）与 J. 恰普利卡（J. Czaplicka）的观点，文化记忆总是经由集体性、社会性的行动被不断重构，通常存在两种模式：一是"档案模式"，在这种模式下，文本、图像以及一系列管理规则积累而成总体的历史印象；二是"现实模式"，在这种模式下，在当前语境中的对象不断依据其视角加入客观元素，重新赋予与其自身相关的意义。① 对于个体来说，参与集体性文化的创作过程，就是调动自我的生活体验确认社会认同的过程。在新媒介环境下，这种集体记忆（collective memory）常常被作为一种框架用以理解线上社区的内容生产。有研究强调，人们在社交网络通过视觉、影像、空间呈现的参与式创作，表现出不断变化中的社会集体性记忆。线上互动式的记忆建构，也带来了"元历史"（meta – history）的持续转型。② 如 J. 范迪克（J. van Dijck）在对照片分享网站 Flickr 的个案分析中所发现，通过交换过去的照片，网站本身成为一种文化联结途径。线上用户创造出分享观点与经历的共同空间，照片成为一种视觉档案，带来了阐释过去经验的集体性记忆与"文化典藏"（cultural heritage）。社交媒体亦通过此种文化场域，逐渐进入我们日常生活与社会实践的核心。③

本书观察案例同样表现出类似的社区特征。尽管自媒体尤其是微信公众号是具有浓厚的个人意志色彩的内容平台，但通过广泛接受他人投稿，围绕 ELB 这一地理符号进行主题整合，案例自媒体的确提供了一种集体性生产的记忆空间。譬如，公众号接受的一篇题为《麓山路：四十年前，有时候它就在山里穿行》报道如此描写："最早的记忆碎片，是从河东坐轮船过湘江到水陆洲（现橘子洲洲尾），横穿水陆洲，过小桥（这座小桥直到 2007 年才完全拆桥），上岸就是老溁湾镇的大街（现在的溁湾路），当

---

① Assmann, J., & Czaplicka, J. (1995). Collective memory and cultural identity. *New German Critique*, 65, 125 – 133.

② Silberman, N., & Purser, M. (2012). Collective memory as affirmation: People – centered cultural heritage in a digital age. In E. Giaccardi (Ed.), *Heritage and Social Media: Understanding heritage in a participatory culture*. New York, NY: Routledge.

③ van Dijck, J. (2011). Flickr and the culture of connectivity: Sharing views, experiences, memories. *Memory Studies*, 4 (4), 401 – 415.

时的汽车西站正对着小桥的桥西头，人来车往是临河小镇最热闹的地方，现在这里已是高楼林立，而汽车西站也早在上个世纪九十年代初就搬到了望城坡。"作者在文本中重现记忆中的麓山路，以个体表达参与在地文化保留。显然，类似的历史性回溯对于单个自媒体运营者而言难以长期实践，但社交网络的公共联结赋予了自媒体更强的内容支撑。网友 Eden（伊登）曾任华娱卫视制作部导演，在关注 ELB 公众号后，亦向其投稿，为人们呈现 2008 年大学城传统商业街的"最后影像"，呈现图片化的"消亡的历史"，反映了线上用户在创作时的"档案留存"意识。另一位用户"睡魔"的投稿《岳麓山细塘坡国民革命军第十军长沙会战阵亡将士公墓及其石刻考》则带有更强的文物考究意味，显示了围绕自媒体形成的用户参与已达到一定的内容专业度。

总体来看，案例自媒体的线上社群与岳麓山大学城这一物理社区紧密相连。参与者虽身处不同的跨地域情境，却通过共同分享记忆情感，在数字网络得以重新凝聚。2016 年 3 月 26 日，案例自媒体的总用户数突破 5000 人，多数推送文章的平均阅读量则维持在 1000 左右。尽管在护树事件之后，自媒体失去了团结舆论诉求的情感动因，平台内容亦几乎不再涉及时政资讯，但其走入集体记忆创作的日常化过程，增强了社区用户的黏性。对于整体公共领域而言，一方面，此类社群结构由于限制在小范围内的共同体文化之中，自身互动较为封闭；另一方面，用户内容生产也的确为人们关于现实社会的理解提供了多重表达机会。如果我们基于个案延伸，或许可以回答与之类似的自媒体平台与用户社群如何映射出立场各异的公共参与结构，从而赋予其在特定社会事件中的公共行动潜力。

第三节 自媒体的专业主义实践与可持续性风险

关于自媒体的探讨在当前已经形成了多种观点。微信公众号平台的口号是——"再小的个体，也有自己的品牌"，强调任何个人均可通过自主创造与其他用户进行互动，形塑个性化的意义符号。但自媒体的现实内容格局却充满争议。本书一位受访新闻记者甚至言辞激烈地说："99% 的自媒体生产都不值一提。"这当然过于夸张，不过在一定程度上体现了外界对自媒体水平参差生态的观感。从总体经验材料来看，自媒体作为一种生产要素已进入新闻产制。譬如在 ELB 公众号参与的护树运动中，便出现大量传统媒体参考自媒体内容的案例。C. 沃德尔（C. Wardle）与 A. 威廉斯（A. Williams）采访英国广播公司（BBC）115 名新闻记者后指出，专业媒体从业者实际对受众材料（audience material）的态度是混合化的，他们的态度取决于他们是否认为普通受众有能力提升记者队伍的新闻产出。在一个较大规模的组织当中，如此的观点分歧是自然而然的事情。然而值得注意的是，新闻组织的高层管理者均开始非常积极地看待用户原创内容的作用。[1] 这意味着自媒体依然被认为能为传统媒介组织的经营管理模式提供颇具价值的借鉴。

除了与传统新闻组织具有合作关系，国内自媒体也在当下运作环境中实践着自身的"专业化"。魏武挥认为："单个自媒体其实是很难持续的。第一个问题就是，个体的内容产出要做到持续且为部分受众认可，很难。内容生产的前提是大量的信息输入，比如通过阅读或者和有关人士聊天沟通，这些工作都耗时，渐渐地至少在时间和精力配比上，就会从'业余化'变成'专业化'：专业做自媒体。"[2] 专业化意味着自媒体从日常生活中抽离出来，以相对规范化的程序来约束自身的生产机制。龚彦方通过对某自媒体的田野调查也发现"虚拟编辑室"的存在。该编辑室由核心编辑人员与 2 ~ 3 名实习生组成，日常工作包括进行新闻策划，采访分工，编辑、整合、发布报道内容以及培育、维系社群俱乐部成员等[3]，其中已经包含明显的专业主义思维。

对于本书的经验材料，由于案例自媒体并未进入市场化运营，因此没有呈现上述的组织化状态。不过，即使个人化、业余化的用户，当他们倾注心力投入自媒体平台时，也能形成一套自身的社会化标准。这种生产者

① Wardle, C. , & Williams, A. （2010）. Beyond user – generated content: A production study examining the ways in which UGC is used at the BBC. *Media*, *Culture & Society*, 32 （5）, 781 – 799.

② 魏武挥：《自媒体：对媒介生态的冲击》，《新闻记者》2013 年第 8 期，第 17 ~ 21 页。

③ 龚彦方：《基于"内生比较优势"的专业化重构：当代新闻生产机制研究——来自某自媒体"虚拟编辑部"的田野调查》，《现代传播》2016 年第 12 期，第 62 ~ 66 页。

维持内容社群的运作标准，既表现出某种共同体化的道德准则，又包含了相应的技术性实践方式。

首先是内容生产的公共性意识。自媒体固然是数字媒介的个人化平台，然而研究者同时也观察到，除了运营者的个人意志与创造性之外，自媒体的内容传播机制总是牵涉社群成员的利益表达与情感诉求。譬如案例自媒体在一段时间内所持续关注的"理化楼拆迁"事件。理化楼原本为岳麓山大学城某高校的历史建筑，在一部分校友发现其拆旧建新消息并投书公众号后，ELB 运营者对这一主题进行了持续关注。这一系列的内容生产表达与其说是对拆迁建筑的抗议行为，倒不如说是一种集体怀旧情绪：一方面，自媒体运营者收集史料，整理发布关于理化楼的历史描述文章；另一方面，自媒体广泛选择并采用其他用户的留言、来稿，借由这些回忆性文字，创造出公共性的文化生产空间。马伟杰等人通过实证调查曾表明，利他主义的内在动机在社交网络的知识分享中表现出显著的调节效果。[1]在一种记忆情感纽带的共同体文化下，无论是自媒体运营者还是关注用户，在内容贡献方面的确表现出非常强烈的志愿性。当某商家在改造大学城旧楼后邀请社群分享相关"时光故事"时，案例自媒体亦以非营利性姿态对活动表示了推送支持。这种未成文的社群协助"默契"，实际意味着该自媒体已经告别以个人意志为主导的运作模式，使内容生产进入公共参与的创作平台。

其次是准专业化的内容作业流程。新媒介不仅实现了表达权力的资源近用，而且以技术带来的便利性赋予了个体内容生产技能提升的机会。M. 阿尔珀（M. Alper）即提到专业主义新闻面临的技术"焦虑"，认为以 Instagram 为代表社交应用不仅能够让照片"看起来更好"，并且能够"让任何人的照片看起来更好"。这使社交媒体中的"业余选手"潜在地冲击着新闻摄影记者的专业性。[2]各类社交媒体便捷的技术操作与系统设定，为

① Ma, W. W. K., & Chan, A. (2014). Knowledge sharing and social media: Altruism, perceived online attachment motivation, and perceived online relationship commitment. *Computers in Human Behavior*, 39, 51–58.

② Alper, M. (2014). War on Instagram: Framing conflict photojournalism with mobile photography apps. *New Media & Society*, 16 (8), 1233–1248.

自媒体安排内容生产提供了相当灵活的余地。从案例自媒体的日常发布来看，其已形成一系列规范，包括对来稿的删改、配图，稿件背景介绍，以及文字编辑等。在这种规范的约束下，自媒体呈现准专业化媒介的色彩。

不过，从本研究经验资料来看，个人自媒体的运作动机仍表现得较为单纯。借用人际、组织传播中颇为流行的"印象管理"概念，我们会发现，对本案例的此类非营销性自媒体而言，运营者对自身平台印象管理的想象起到了相当关键的作用。一部分关于社交媒体使用动机的研究也发现，印象管理中的自我效能（self-efficacy）与虚拟朋友数量、"个人画像"细致程度以及个人照片风格有着显著相关。① 无论是对于公共内容需求的把握，还是运营者的内容作业规范，均成为平台本身的"名片"，影响着他人对平台内容产出和运作方式的理解与看法。一般认为，社会角色通过符号互动进行策略性的自我呈现与印象管理，可以使其避免责难、获取信用、保持自尊以及扩大权力与社会影响，这本质上可以理解为实现"认同"的过程。② 尤其伴随用户关注度的提高，社群认同规模的扩大使自媒体被进一步纳入社会评价体系的暗示，这成为自媒体内容本身由私人领域向公共领域转化的动力机制之一。

个人内在动机固然奠定了自媒体的运营热情，但随着自媒体日趋规模化，个人用户难以应对随之而来的风险。自媒体行业在经历一个快速的增长周期之后，市场筛选和淘汰机制令其发展速度变缓。随着社会大众对自媒体内容质量要求的提高，能够长期坚持内容更新与运营推广的自媒体人比重并不高。③ 一方面是成本投入的回报"困境"。在移动互联网人口红利逝去的时代，自媒体的维系已经面临相当的挑战，这既要求运营者"勤奋、持续、有原创能力"，同时要求其必须保持文章推送的频率与文章的

① Krämer, N. C., & Winter, S. (2008). Impression Management 2.0: The relationship of self-esteem, extraversion, self-efficacy, and self-presentation within social networking sites. *Journal of Media Psychology*, 20 (3), 106-116.

② Tedeschi, J. T., & Riess, M. (1981). Identities, the phenomenal self, and laboratory research. In J. T. Tedeschi (Ed.), *Impression Management Theory and Social Psychological Research*. New York, NY: Academic Press, pp. 3-22.

③ 艾媒咨询：《2017年中国新媒体行业全景报告》，2017年3月29日，检索于：http://www.iimedia.cn/50347.html，2018-6-13。

思想内容。① 而对于本书案例中的这种非商业性的自媒体而言，单靠个人热情难以支持长期的内容生产。另一方面是原创内容依然稀缺。研究者梳理了案例自媒体自建立以来至 2017 年 2 月的内容发布趋势（见图 5 - 2），曲线显示文章数量的周期变化。从中可以看到，在最初阶段，自媒体月均内容推送大部分维持在 10 篇以上，尔后逐渐减少，最后保持平稳状态，月均内容推送基本维持在 5 篇以下，由此大致可以判断自媒体内容产出的弱化趋势。从内容来源来看，自媒体以转载他人在其他线上空间的来稿为主，运营者原创内容并不多。

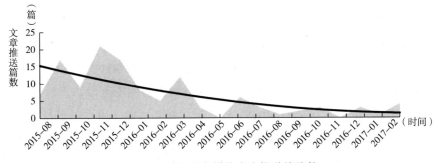

图 5 - 2　案例自媒体内容推送的趋势

这种自媒体的内容转载情况不全然是个例。与一部分知识共享性互动社区不同，当前自媒体依然维持"生产者发布——关注者阅读"的单向模式，全部内容几乎取决于运营者个人，因而，这种靠个体精力投入的自媒体常常在实际操作中"独木难支"。根据 2016 年初公布的《中国微信 500 强月度报告》，"前 500 强公众号的发布内容中近三成来自抄袭。阅读数最高的 1 万篇文章中，标题和内容重复次数超过两次的文章达 2756 篇，绝大多数为反复利用的无版权内容"②。可见，自媒体的内容来源成为相当严峻的问题。叶铁桥因而认为，在资本市场的推动下，内容的价值在近年来得到爆发性增长，自 2016 年之后，"就像曾经的'民工荒'一样，'内容人荒'也出现了。内容创业团队普遍反映'找不到人'，这里的'人'当然

① 魏武挥：《当我们谈论自媒体时，我们在谈论什么？》，《中国广告》2016 年第 9 期，第 26 页。
② 吴晋娜：《新媒体一日·1 月 20 日》，《光明日报》2016 年 1 月 21 日，第 9 版。

是指成熟的内容生产者"①。尽管本书案例自媒体仍显示出较高程度的"自我规范",譬如进行严格的质量审核、尊重署名权、注明初始来源、阐述作品背景,等等,显出强烈的所有权意识。但这也进一步限制了他者资源的使用率,使平台内容产出持续缓滞。

对于线上用户内容生产而言,自媒体是一种重要的实践方式。当然,如今研究者话语中描述的自媒体事实上包含着复杂形态:从广义上,任何社交媒体个人账号均可成为人们发声的"自媒体",另外还有更具市场化、组织化、专业化的自媒体运作平台,通常由职业内容人员打理。关于上述两者,本书在前述章节和下面的章节有所涉及,而本章更为关注的是个体用户在日常社交账号之外建立的额外内容平台:一方面,此类平台显然不如市场化自媒体的专业性;另一方面,其也区别于普通社交账号表现的生活性与随意性,已经具有一系列为"受众"而生产的规范性。

如 M. 加拉格尔(M. Gallagher)认为,通常来说,媒介组织及其相关职业几乎是所有大众传播研究的核心议题,因为它们能够呈现媒介产品的生产过程。这一观照面的立场在于,媒介信息建构着一种在公共辩论与大众传播领域强有力的社会文化力量。无论是针对可测量的效果,还是针对媒介议程设置或"真实定义"(reality-defining)功能,均考察的是媒介产品与社会意识之间的关系,在此之中,媒介所有权问题也就相当突出。②在此意义上,自媒体无疑是新媒介的赋权标志之一,这种赋权构成了线上公共领域非常重要的前提。虽然不是所有人皆有需求使用自媒体去接触公众,但在必要的时候,社交媒体的确能够为个体声音表达提供有利的机会。尤其当自媒体平台被进一步社群化时,用户之间的联结性生产会呈现异常强大的共同体维系功能。前人研究也强调,传统网站的信息发布虽然也相当广泛,但社交媒体能够更好地实现公众对话与社区建构。③从本书

① 叶铁桥:《内容人才的价码正在暴涨》,《青年记者》2016年第12期(下),第120页。
② Gallagher, M. (1982). Negotiation of control in media organizations and occupations. In M. Gurevitch, T. Bennett, J. Curran & J. Woollacott (Eds.), *Culture, Society and the Media*. London, UK: Methuen & Co. Ltd., pp. 148-171.
③ Lovejoy, K., & Saxton, G. D. (2012). Information, community, and action: How nonprofit organizations use social media. *Journal of Computer-Mediated Communication*, 17, 337-353.

个案经验来看，如微信等社交媒体建构的自媒体平台，使个体能够有效地团结一批核心相关者，这些相关者在特定舆论事件中得以动员集体性的舆论诉求，而在日常性社群交往中，则分享着类似情感的共同体记忆。

因此，当大量讨论集中于高热度的意见领袖型自媒体时，将视线转向中小规模的自媒体账号，去观察线上用户特定的心理认同、事件卷入及其社群形成过程，可能是一个很好的研究路径。在此之中，我们亦可检视不同案例自媒体运作呈现的某些良好共性，以及它们如何在一定意义上反映线上个体形成的用户式专业主义。另外，如本章指出的，内容生产来源、成本投入等方面的难题，以及用户结构的松散性，使自媒体运营面临种种困境。这意味着线上公众可能从狭小的社群文化抽离出来，进入其他可供选择的生产空间。显然，无论单个自媒体的稳定性如何，这种带有内群体意识的用户生产补充了主流媒介权威产制在日常生活领域的空缺。对于研究者而言，重点恐怕并不是此种单一自媒体个案的持续性，而是用户内容生产在建立、运作、缓滞乃至衰退的阶段，乃是如何加速线上公共领域的流动性的。这种以自媒体为中心运行的小世界网络的动态变化过程，成为新媒介空间整体参与结构不确定的活跃因素，为我们判别宏观领域的公众联结行动提供了新的视角。

第六章 ▶▶

另类的娱乐生产形态:
线上群体交往的文化公共性考察

当进入当下新媒介形塑的舆论场域时，我们会发现有太多复杂的文化生产脉络。在线上传播活动与社会话语的不断互构背景下，海量用户内容涌入其中，冲击着传统媒介产制的权威地位，形成公共领域丰富的图景。在过去关于线上参与文化的探讨中，人们倾向于回应政治型公共领域占据的显著位置，探讨公共意见与集体性行动如何对当代中国社会制度与公共决策施加影响，其本质上多少仍沿袭了市民社会与国家机器之间的关系思路。而现实情形在于，线上参与是一种全面性范畴，用户内容生产行为拥有相当广泛的内在生态，并常常与大众文化气候、娱乐消费文化相勾连。娱乐性由此转换成公共性的一种另类表征。从历史线索来看，以通俗文学为代表的文化商品化趋势即动摇着传统知识分子集团"作为文化教育者与趣味仲裁者的权威地位"。这种大众文化浪潮自 18 世纪开始兴盛之时就被认为打破了由资产阶级营造的神话，使得普通公众得以挑战传统精英营造的壁垒森严的等级社会①。按照林语堂的考察，在此种资本主义内容市场化发展之前，古代中国就已经显现大众文化创作之萌芽：譬如《诗经》或《左传》"舆人诵"中书写的歌谣，在体现民间喜闻乐见的传唱艺术的同时，也传递着相关政治讽刺与制度控诉。②

随着消费社会在近现代以来的扩张，大众文化生产（抑或娱乐生产）吸收了更多不同内容进入公共生活。一方面，大众文化虽常被视为通俗、随波逐流因而毫无养分，这种价值偏见却极易忽视公众如何以其能动性的意义创造渗透到对社会问题的严肃思考。P. 达尔格伦以电视媒介为案例的研究便认为，娱乐流行文化参与往往反映出人们实现"市民理想"的过程，从而创造出大众文化公共领域的民主意涵。③ 另一方面，大众文化一词本身又逐渐开始囊括不同面向的社会群体。一些研究者也以文学领域

---

① 陆扬、王毅：《文化研究导论》（修订版），复旦大学出版社，2015，第 334 页。

② 林语堂：《中国新闻舆论史》，刘晓磊译，上海人民出版社，2008，第 21～30 页。

③ Dahlgren, P. (2009). *Media and Political Engagement: Citizens, communication, and democracy*. New York, NY: Cambridge University press, pp. 126 – 141.

为例谈道："如果我们承认哈贝马斯关于'文化批判的公众以阅读为基础'的论断是正确的，那么，中产阶级的读者尽管已经在向'文化消费的公众'转型，但因为他们必须'阅读'，他们可能在一定程度上还保留着'文化批判公众'的特征。而中产阶级的这种特性又在某种程度上抵消或制约了通俗文学的媚俗倾向，从而使早期的大众文化不至于那么肆无忌惮。"① 随着新的传播技术不断提供愈来愈多的资源近用空间，线上环境的参与主体演变为更具混杂性的身份来源。公众不再止步于阅览、接收信息，而不自觉地融入生产—消费的一体化机制。因此，我们必须讨论作为一种市民社会成因的大众文化如何施加影响于新媒介语境，从而使线上公共领域呈现另类面貌。本章我们尝试分析用户内容生产、娱乐文化以及群体交往之间的关系线索，以期进一步补充线上公共性文化的内在面貌。

第一节　为何是娱乐维度：一项政治传播的观察指标

围绕线上政治研究，传播学领域向来关注新媒介如何振兴社会抗争形式，生产相关政治"异见"，移植数字化的公共空间形态。② 尤其对于中国情境，尽管存在备受争论的技术控制与审查制度等因素，但互联网仍被认为凭借其惊人的开放性，创造了进行批判性协商的新型公共领域。③ 譬如，不少关于微博的热络探讨便关注到意见领袖兴起、传统媒体的密切参与以及国家面对社交媒体越来越消极的角色功能等特质，从而提出新媒介建立的"反霸权"立场正为传统政治秩序带来危机。④ 诸多研究者也开始将目

---

① 赵勇：《整合与颠覆：大众文化的辩证法：法兰克福学派的大众文化理论》，北京大学出版社，2005，第247页。

② Gerbaudo, P. (2012). *Tweets and the Streets: Social media and contemporary activism*. London, UK: Pluto Press.

③ Reese, S. D., & Dai, J. (2009). Citizen journalism in the global news arena: China's new media critics. In S. Allan & E. Thorsen (Eds.), *Citizen journalism: Global perspectives* (pp. 221-231). New York: Peter Lang.

④ Tong, Y., & Lei, S. (2013). War of Position and Microblogging in China, *Journal of Contemporary China*, 22 (80), 292-311.

光转向线上公共话语与社会运动之间的关系，分析新媒介效应能否最终驱动现实政治层面的改革。[1]

不过，互联网的公共性显然不限于针对反抗性行动的群体动员功能。A. 布鲁尔（A. Breuer）与 J. 格罗舍克（J. Groshek）便提醒，有必要立足建构一种有效的政治秩序，进而超越大众抗争型运动，重新思考新媒介究竟在何种层面增益民主政治。[2] 国内检讨群体性事件的热络声音，也将政府与民众的遭遇浓缩在"特定的场景"[3]，多少使互联网公共实践的复杂处境局限在国家与市民社会的二元场域之中。人们需要注意到，线上参与向来充满异质性，即使是互联网内部，亦是各自平行场域相互独立地发挥自身功能。换而言之，线上政治文化的关键问题并非在于谁在参与，而是在于人们怎样通过不同路径进行参与以及随之而来发生何种机制变化。[4]

在本章，我们将大众娱乐文化作为另类参与力量，尝试在传统政治传播的衡量指标之外，去理解线上环境形塑的各类公共实践可能性。新媒介与日常生活的深度勾连，已经改变了政治参与以及公民身份的评价标准。尤其对于年轻社群，移动社交媒体正成为维系社群团结、组织群体事件的重要工具，政治讨论由此进入日常化场域。[5] 新媒介将个人信息、新闻和观点即时转换成为文化产品，在此过程中，人们同时生产并消费着所有内容[6]，这使互联网参与文化的具体实践方式有了相当大的弹性，乃至于在欧美主流话语的政治公共领域架构之外，延展出具有大众文化色彩的公共

[1] Tong, Y., & Lei, S. (2010). *Creating Public Opinion Pressure in China: Large - scale Internet protest (Background Brief No. 534)*. National University of Singapore, East Asian Institute.

[2] Breuer, A., & Groshek, J. (2014). Online media and offline empowerment in post - rebellion Tunisia: An analysis of Internet use during democratic transition. *Journal of Information Technology & Politics*, 11 (1), 25 - 44.

[3] 于建嵘：《抗争性政治：中国政治社会学基本问题》，人民出版社，2010，第 4～6 页。

[4] Anduiza, E., Jensen, M. J., & Jorba, L. (Eds.). (2012). *Digital Media and Political Engagement Worldwide: A comparative study*. New York, NY: Cambridge University Press.

[5] Vromen, A., Xenos, M. A., & Loader, B. (2015). Young people, social media and connective action: from organisational maintenance to everyday political talk. *Journal of Youth Studies*, 18 (1), 80 - 100.

[6] Howard, P. N., & Parks, M. R. (2012). Social media and political change: Capacity, constraint, and consequence. *Journal of Communication*, 62, 359 - 362.

性面向。事实上，一部分针对中国语境的讨论也注意到娱乐与公共领域之间的密切关系。① 娱乐消费在过去常被认为是导致人们对政治生活失去兴趣的重要因素，如今则被视作在相当程度上提供了线上公共行为的激励动因。J. 莱博尔德（J. Leibold）在观察中国博客空间时也指出，过往研究忽视了众声喧嚣的互联网内部，真正的严肃性政治内容只是很小一部分。人们有必要反思一贯的"控制—抵抗"范式，注意中国互联网充斥大量娱乐资讯的表象背后，所隐含的改变社会政治的潜力。②

　　娱乐内容纷繁庞杂，娱乐受众亦千姿百态。在具体论述中，研究选择作为线上娱乐文化主流的视频服务作为案例对象，聚焦影像消费中出现的"礼物"这一核心符号，从而回答以下问题：线上用户如何将自身的私人消费演变为集体行动？他们的公共交往纽带如何形成？文化次级群体建构的共同体社区呈现何种权力生产与秩序体验？无论是娱乐消费文化，或是线上公共交往，其本身往往相当抽象，而以群体互动中的"礼物"交换为线索，为研究者观察提供了一个可行的路径。如本书强调，风险指在迈向现代性的过程中既有社会传统受到的某种威胁性。在后文论述中，我们将考量礼物传统性的本土化意涵，以及其如何被新时期互联网文化工业与大众参与重新诠释，这种礼物交换的线上蜕变如何映射出线上社群的象征性互动方式。总体来看，网络视频社区呈现的礼物文化虽带有浓厚的商业意识形态，但它亦提供了创新性的公共实践，映射出流行文化的生命力，这一研究为探讨新媒介语境中的公共领域转型提供了新的视角。

第二节　娱乐政治与大众文化公共领域的形成

一　娱乐：另类的政治传播视角

既有的媒介政治研究虽将选举、议会、政治家或环境医疗等传统性议

---

① Wu, Jingsi（2011）. Enlightenment or entertainment：The nurturance of an aesthetic public sphere through a popular talent show in China. *The Communication Review*, 14（1）, 46 – 47.

② Leibold, J.（2011）. Blogging alone：China, the Internet, and the democratic illusion. *The Journal of Asian Studies*, 70（4）, 1023 – 1041.

题视为公共参与的主要指标①，但由于大众文化与市民社会之间的深度勾连，愈来愈多的声音已开始关注"娱乐"为理解错综复杂的政治话语提供的别样思路。按照 J. 斯托里（J. Storey）的观点，大众文化研究总是受到一种霸权思想的暗示，大众文化理论于是成为"关于人们的构成"的理论，牵涉到日常生活乃是如何被社会政治意志所持续建构的过程。② 这种沿袭了葛兰西（Gramsci）以来的霸权理论考量侧重于国家意识形态在大众文化形成中扮演的力量。不过，对于当代传播研究来说，同样颇具意义之处在于发现娱乐消费社会中的人们运用各类媒介资源影响公共生活的方式。D. M. X. 卡普尼（D. M. X. Carpini）与 B. A. 威廉斯（B. A. Williams）也谈道，人们过去总是通过娱乐与非娱乐两种分类来划分传播的文化政治，而实际上，政治深刻地镶嵌于那些看起来非政治化的公共与私人生活文化之中：娱乐媒介也能提供时事消息、引发社会舆论与政治审议，相反，那些看起来关乎严肃性公共议题的新闻反倒有时是转移注意力、与政治毫无关系的。③ 即，公众的媒介实践虽不一定基于纯粹的政治动机，却往往产生丰富的公共文化效应。

总体上，这种政治传播观念的变化实际交织着两条并行不悖的线索。其一是对受众研究的反思。大众文化研究已广泛承认所谓受众"抵抗的力量"，认为生产者创造出特定意识形态意义的同时，文本消费者积极通过自我诠释框架进行意义再构。其中影响最为深远的莫过于 S. 霍尔（Stuart Hall）提出的解码—编码理论，该理论认为人们虽大体上按照社会上占统治地位的意识形态来解释社会文化现象，却能通过自身立场进行"协商符码"的修正，甚至形塑与之全然抵触的"符码对抗"。他同时提倡研究者正视"那些构成大多数'普通人'日常生活的休闲娱乐活动"，破除时代的"大众文化"或"通俗文化"与所谓"高雅文化"之间的对立性，转

① Livingstone, S., & Markham, T.（2008）. The contribution of media consumption to civic participation. *The British Journal of Sociology*, 59（2）, 351–370.
② Storey, J.（2015）. *Cultural Theory and Popular Culture：An introduction*（7th Ed.）. New York, NY：Routledge, p. 11.
③ Carpini, D. M. X., & Williams, B. A.（2001）. Let us infotain you：Politics in the new media age. In W. L. Bennett & R. M. Entman（Eds.）. *Mediated Politics：Communication in the future of democracy*. Cambridge, UK；New York：Cambridge University Press, pp. 160–181.

向文化所涉及的"一个社会或集团的成员间的意义生产和交换，即'意义的给予和获得'"，"在某种程度上，我们通过使用事物，或把它们整合到我们的日常实践中的方法给事物以意义"，从而关注到意义是如何通过种种媒介交流手段，持续不断地在人们"所参与的每一次个人与社会的相互作用中生产出来，并得以交流"。① 以此来看，受众总是能塑造出新的"宣传"（propaganda）工具为自己所用。娱乐文化在推动参与式文化的过程中，常常也能延展出包括政治、种族、宗教、环境、贸易在内的种种值得关注的社会议题。② 尤其粉丝文化（fan culture）的繁盛更促成各层次的参与行为，进一步挑战了过去以信息接受为核心的线性逻辑，令大量研究者转向讨论人们如何建构另类文本、实现社会认同，娱乐故而成为具有丰富内涵的多维度现象。③

　　其二是关于媒介使用的认知改变。公共性往往由人们消费的媒介合集所维系，而随着媒介产品与传播平台的多样化，公共联系方式在新媒介时代正变得尤为复杂，乃至对于何为"政治"的传统解释也不断受到质疑。④ 新媒介与人们的生活世界深刻互嵌，其带来的重要影响之一在于，线上来源开始被许多用户视为能够提供相当于甚至超越传统主流媒体的可靠、深度的信息。⑤ 在线上空间与私人兴趣的紧密互动中，公共性不一定缘起于强烈的政治热情，而与大众文化自我建构的参与性场域息息相关，是人们不经意地曝光在群体性交往网络中的结果。J. 斯托里（J. Storey）甚至直接将数字用户的日常媒介实践视为大众文化生产的一部分，

---

① 〔英〕霍尔编《表征：文化表象与意指实践》，徐亮、陆兴华译，商务印书馆，2003，第2～3页。

② Edelstein, A. S. (2009). *Total Propaganda: From mass culture to popular culture*. New York, NY: Routledge, p. 8.

③ Jenkins, H. (1992). *Textual Poachers: Television fans and participatory culture*. New York, NY: Routledge.

④ Couldry, N., Livingstone, S., & Markham, T. (2007). *Media Consumption and Public Engagement: Beyond the presumption of attention*. New York, NY: Palgrave Macmillan, pp. 3–11.

⑤ Johnson, T. J., & Kaye, B. K. (2004). Wag the blog: How reliance on traditional media and the Internet influence credibility perceptions of weblogs among blog users. *Journalism & Mass Communication Quarterly*, 81 (3), 622–642.

在此之中，事实性内容、意见与对话往往不能被清晰地区分开来。① 吴静思也认为，日常数字消费帮助中国市民社会超越了哈贝马斯的理想型公共领域，实现了从流行文化到社会公共议题的过渡。② 大众文化与社交媒体融合逐渐成为人们习以为常的体验秩序，不少研究由此主张，为理解现代社会的公共性难题，必须回到日常媒介生活，检视它们如何与社会生活中的其他实践相互适应。这种私人领域与公共领域之间的模糊化，也推进线上政治研究逐渐开始反思传统公共领域架构，考量以公众为中心的网络社会，考量私人领域的自主政治认同乃是如何与群体化政治空间相互联结的。③

二　娱乐经济与中国线上政治

娱乐作为一种理解中国政治、社会、经济领域权力关系的非精英文化渠道，涵盖了过去 40 年来社会经济进步所带来的消费文化与公共生活之间的复杂纠葛。K. 格特（K. Gerth）即认为，日益成长的商品消费不仅促进了"现代中国"概念的创造，同时也成为中国人将自身作为现代国家公民的一员进行概念化的主要手段。④ 有研究针对改革开放 25 年以来《人民日报》广告变迁的研究也发现，市场主并非总是寻求与国家的合作，或者顺从官方建立起来的主导价值，中国媒介宣告的大众消费取向，代表了一系列政治象征资源和宣传策略的重新配置。⑤ 而全球品牌产品的同化作用开始施加于国内媒介图景，更推动着中国社会接纳一种全球化的消费者意识。品牌意识和逐渐增长的可支配收入为消费革命提供了基础，使人们逐

① Manovich, L. (2009). The practice of everyday (media) life: From mass consumption to mass cultural production? *Critical Inquiry*, 35 (2), 319–331.

② Wu, J. C. (2014). Expanding civic engagement in China: Super Girl and entertainment-based online community. *Information, Communication & Society*, 17 (1), 105–120.

③ Loader, B. D., & Mercea, D. (2011). Networking democracy? Social media innovations in participatory politics. *Information, Communication and Society*, 14 (6), 757–769.

④ Gerth, K. (2003). *China Made: Consumer culture and the creation of the nation*. Cambridge, MA: The Harvard University Asia Center.

⑤ Zhao, X., & Belk, R. W. (2008). Politicizing consumer culture: Advertising's appropriation of political ideology in China's social transition. *Journal of Consumer Research*, 35 (2), 231–244.

渐追求更大范围的自由化体验。① 由此，在媒介商业化浪潮的驱动下，"个人的情感和个人的体验，这些以前被主流权力话语不屑一顾的东西，正成为大众文化的重要内容"②。

转向互联网环境，娱乐创意产业与数字媒体之间的融合进一步带动了中国线上社区的活跃。外界虽长期对中国互联网内部的政治管理体制存在争议，但按照 S. M. 鲍尔（S. M. Powers）与 M. 雅布隆斯基（M. Jablonski）的观点，全球盛行的"自由联结运动"（the freedom‑to‑connect movement）实则建立于带有西方法律、政治与社会观念色彩的普世化意识形态之上，总是包含一种促使全球社会结构化的企图。因而，各国表达的互联网竞争修辞，不过是以国家为中心，基于地缘政治目的的信息资源控制之战。③ 从此意义上来看，中国互联网娱乐产业的确可视为中国发展自身网络事业的一种驱动力量。2009 年，国务院常务会议通过《文化产业振兴规划》，倡导"发展新兴文化业态。采用数字、网络等高新技术，大力推动文化产业升级。支持发展移动多媒体广播电视、网络广播影视、数字多媒体广播、手机广播电视，开发移动文化信息服务、数字娱乐产品等增值业务"④，尔后，2010 年中国互联网大会提出"网络文化已经成为中国特色社会主义文化中最具活力的重要组成部分"⑤。2015 年《国务院关于积极推进"互联网 +"行动的指导意见》的发布标志着互联网经济业态从消费领域进一步向生产领域整合。种种背景之下，线上娱乐工业在近年来得到持续发展。截至 2019 年 6 月，中国互联网的各类娱乐应用均达到可观规模，其中网络游戏用户 4.94 亿、网络文学用户 4.55 亿、网络音乐用户 6.08 亿、网络视频用户 7.59 亿；即使是网络视频领域新近兴起的直播服

---

① Donald, S. H., & Keane, M.（2002）. Media in China：New convergences, new approaches. In S. H. Donald, M. Keane & Y. Hong（Eds.）. *Media in China：Consumption, content and crisis*. New York, NY：Routledge.

② 贾明：《大众文化：传媒时代的公共领域》，《上海师范大学学报》（哲学社会科学版）2006 年第 1 期。

③ Powers, S. M., & Jablonski, M.（2015）. *The Real Cyber War：The political economy of internet freedom*. Champaign, IL：University of Illinois Press.

④ 新华社：《文化产业振兴规划》，《人民日报》2009 年 9 月 27 日，第 3 版。

⑤ 赵亚辉：《我国网络文化"最具活力"：三成普及率四亿网民数》，《人民日报》2010 年 8 月 18 日，第 12 版。

务，也在资本力量推动下迅速达到 4.33 亿用户的规模，占网民总比重的 50.7%。主流网站与各类娱乐行业之间的结合趋势，同时还反映于硬件技术领域，表现在智能手机、电视屏甚至 VR 设备等终端的多样化。① 可以说，在线上文化生产繁盛的发展下，大量网民的社会互动正围绕流行娱乐文化而呈现。

娱乐化为线上空间增添了狂欢与无序的色彩，乃至于中国互联网常常被认为难以实现理性平等协商，而且由于其充满冲突、不切题的意见情感而更接近一种"光怪陆离"的面貌。② 不过，许多关于国内线上社区的探讨，也不断提醒人们线上消费与公共参与之间存在的相互转换关系。张玮玉和毛成婷发现，用户通过自身技能、代理人意识和协作型机制，能够将娱乐内容转化为具有市民教育意味的信息。尽管人们贡献内容的动机可能是私人的，但当迷群社区在线上成形之后，则将赋予用户归属感，促使他们自身贡献持续化，这就产生了公共性意涵。③ 杨国斌也提及，失去娱乐文化内容，中国互联网将成为"不毛之地"。人们应当摒弃娱乐偏见，重新重视公共生活中的情感，借此探讨中国互联网的传播表达为何有时会变得异常强烈，何种议题会比其他议题引起更大反响，以及何种情绪更有可能与何种议题联结起来。④ 娱乐即是大众消费的内在动机，在某种情形下也成为一种政治参与的技术手段。孟冰纯便谈道，恶搞文化的活跃成为中国互联网文化发展的另类政治话语。她以恶搞视频《一个馒头引发的血案》以及诸如"草泥马"等网民词语为例，认为这种通俗的线上玩笑虽然既不代表线上用户试图获得共识的理性辩论，也没有导致任何可视化的政策后果，但依然是非常重要的市民文化元素，为线上公共领域的所有参与

---

① 中国互联网络信息中心：《第 44 次中国互联网络发展状况统计报告》，http://www.cnnic.net.cn/hlwfzyj/hlwxzbg/，2019 - 10 - 4。

② Herold, D. K., & Marolt, P. (Eds.). (2011). *Online Society in China: Creating, celebrating, and instrumentalising the online carnival*. New York, NY: Routledge.

③ Zhang, Weiyu, & Mao, Chengting (2013). Fan activism sustained and challenged: participatory culture in Chinese online translation communities, *Chinese Journal of Communication*, 6 (1), 45 - 61.

④ Yang, Guobin. (2011). Technology and its contents: Issues in the study of the Chinese Internet. *The Journal of Asian Studies*, 70 (4), 1043 - 1050.

者提供了政治批判与情感黏合的途径。① 就此意义而言，娱乐常与社会舆论的波动互嵌，研究者需要从互联网庞杂的大众文化现象之中，梳理出更适用的观察路径，进而理解线上互动带来的社会现实效应。

三 "礼物"的意涵及其线上实践

本章使用"礼物"这一符号更为具象地聚焦人们的线上娱乐实践。礼物是关系传播中一个非常特殊的术语。尽管礼物交换存在于所有社会，从既往讨论来看，它却被视为"在中国文化中显得尤为重要"。② 礼物观念可以追溯至中国古典哲学的渊源③，如今被广泛应用于现代消费市场与组织管理关系的讨论。礼物文化既在管理学意义上被认为建构了一种关于"自己人"理念的合作关系④，礼物本身又成为一种经济结构，一种"非竞争性的经济"："'礼物之赠予'的工作所带来的改变绝非仅仅是观念上的，更是社会经济结构中经济关系的实质性改变，是由一种疏离的关系，转变为一种团结、合作、互助的关系，也即是一种以爱和他人的需要为出发点的赠予关系……在礼物经济中，由于经济活动不再为稀缺的形而上学所主宰，因此形式理性地追求利润最大化也就不再是生产活动的目标。这就意味着韦伯所发现的对人的客体化机制在这一经济模式中已经不复存在；不仅如此，指向他人之需要的礼物赠予才是礼物经济的核心目标。"⑤

如前所述，在文化研究中，礼物形成了非常广泛的讨论面向。依照 J. F. 谢里（J. F. Sherry）的解释，礼物是"对伙伴关系的邀请"，其可以是任何资源，无论物品、服务或是体验，均能被赋予礼物的意义。⑥ 因此，礼物不一定指代某种实体对象。事实上，"礼物"之"礼"原本即牵涉一

---

① Meng, Bingchun (2011). From Steamed Bun to Grass Mud Horse: E Gao as alternative political discourse on the Chinese Internet. *Global Media and Communication*, 7 (1), 33-51.

② 阎云翔：《礼物的流动：一个中国村庄中的互惠原则与社会网络》，李放春、刘瑜译，上海人民出版社，2000，第14页。

③ 孙邦金、陈安金：《论儒家的礼物观》，《哲学研究》2013年第10期，第34~41页。

④ Chan, A. K. K., Denton, L., & Tsang, A. S. L. (2003). The art of gift giving in China. *Business Horizons*, 46 (4), 47-52.

⑤ 高喆：《辛劳与礼物：工作神学批判研究》，人民出版社，2015，第245~246页。

⑥ Sherry, J. F. (1983). Gift giving in anthropological perspective. *The Journal of Consumer Research*, 10 (2), 157-168.

系列社会规范隐喻，所谓"导之以德，齐之以礼"（《论语·为政》），"何谓礼？纪纲是也"（《资治通鉴·周纪·周纪一》）。"礼"由是成为一种不靠外在权力推行的既有"秩序"，代表着"社会公认合适的行为规范"。[①] 作为特殊的社会仪式，礼物交换存在道德、政治、经济、美学等多重分析面向，其通过创造"义务约束"具化了一种社会层级，以此建构、维持以及表现一定的交往关系。[②] 值得注意的是，礼物文化背后更存在耐人寻味的政治意涵：人们依据礼物附带的伦理标准，总是假设他们的地方关系处于合理的永恒之中，恩情会在很大程度上得到回报。在杨美惠看来，这暗示着强烈的市民社会意义：礼物背后体现的关系艺术将"所有个人目的都具有讽刺意味地通过一系列强化义务、感恩、人与人之间的忠诚离散的伦理以打碎个人的统一构造的方式来实现"，帮助人们通过一种日常生活的努力抵抗了国家垄断的公共范畴，"并使其回归到社会的领域"。[③]

礼物映射出独特的社会关系结构，而礼物形态以及礼物交换行为本身也都在新的传播语境下发生着相应的转变。礼物从传统、封闭的人际渠道，经由数字消费的再诠释，进入线上交往体系。从早期即时通信工具上的聊天礼物、SNS 网站的装饰礼物，到后来的支付宝"红包"以及微信"打赏"功能，乃至线上用户之间的知识共享行为等，皆可视为线上礼物的构成形式。关于线上游戏的早期研究便将玩家之间的"攻略分享"视作一种礼物文化，礼物互惠观念可以用来解释人们如何交换线上支持，而获取相关社会声誉则往往成为更为强烈的动机因素。[④] 除此之外，伴随网络视频发展衍生的礼物现象也逐渐得到研究者关注。K. 海勒克森（K. Hellekson）在对 YouTube 与 Imeem 社交视频网站进行观察后认为，线上礼物需要放到粉丝文化语境来予以考量。粉丝社群的礼物交换包含着三个元素：给予、接受与回报。粉丝在建构社会关系中表现的创造性乃是立足利益共享的基本自愿原则，是这三个元素之间的张力与协商过程导致的结果。与

① 费孝通：《乡土中国》，生活·读书·新知三联书店，1985，第50页。
② Mullis, E. C. (2008). Toward a Confucian ethic of the gift. *Dao*, 7, 175–194.
③ 杨美惠：《礼物、关系学与国家：中国人际关系与主体性建构》，赵旭东、孙珉合译，张跃宏译校，江苏人民出版社，2009，第279页。
④ Sun, Chuen-Tsai, Lin, Holin, & Ho, Chheng Hong (2006). Sharing tips with strangers: Exploiting gift culture in computer gaming. *Cyber Psychology & Behavior*, 9 (5), 560–570.

粉丝社群中形成的俚语以及不成文规则等一样,礼物彰显了一种共同体文化,只有那些属于该群体的人才能对这一领域进行协商。① 显然,这种基于共同体认同的思路,使我们能够更为灵活地串联起礼物、用户参与以及娱乐消费之间的有机关系。不过,前人对视频文化的观察在当下已经发生了一些变化。从新近发展来看,网络视频直播业务创造的礼物经济无疑成为相当引人瞩目的现象。2015 年,中国在线直播平台数量接近 200 家,网络直播市场规模约 90 亿元人民币,大型直播平台每日高峰时段同时在线人数接近 400 万,同时进行直播的房间数量则超过 3000 个。② 直播为个体提供了新的可能性,"由'我们观看这个时代'变成了'我们参与这个时代'"③,用户原创内容(UGC)的爆炸性增长吸引大规模互联网使用者加入内容互动,"礼物和弹幕齐飞"构成了线上视频文化的基本生态。

由此观之,包含直播服务在内的网络视频文化或可成为解释新时期线上参与实践的一个重要窗口。与电视文化一样,人们在线观看视频虽也包含了获取信息、进行娱乐、与他人社交互动等多重维度,但网络视频同时更呈现显著的社会关系网络(social networking)特征。④ 既有观察者亦开始通过人类学途径进入直播空间,了解用户如何从视频内容以及参与者分享的经验之中汲取认同,形构正式的共同体机制。⑤ 鉴于线上参与涉及用户相当多元的公共化、日常化行为,本研究引入"礼物"这一符号为线索,梳理传统人情社会的交往方式乃是如何伴随新技术推动的线上娱乐文化嵌入更为广泛的公共生活领域。在此基础之上,研究者期望检视线上环境出现的另类公共交往内容,进一步扩展线上空间的公共政治探讨。

---

① Hellekson, K. (2009). A fannish field of value: Online fan gift culture. *Cinema Journal*, 48 (4), 113 – 118.

② 肖帝雷:《网络直播的"冰与火"》,《中国文化报》2016 年 7 月 9 日,第 2 版。

③ 郭人旗:《站在岔路口,网络直播何去何从?》,《中国文化报》2016 年 9 月 6 日,第 2 版。

④ Haridakis, P., & Hanson, G. (2009). Social interaction and co – viewing with YouTube: Blending mass communication reception and social connection. *Journal of Broadcasting & Electronic Media*, 53 (2), 317 – 335.

⑤ Hamilton, W. A., Garretson, O., & Kerne, A. (2014, April). Streaming on Twitch: Fostering participatory communities of play within live mixed media. In *Proceedings of the 32nd Annual ACM Conference on Human Factors in Computing Systems*. Toronto, CAN, pp. 1315 – 1324.

第三节　从私人社交到公共网络：以礼物
交换为例的共同体逻辑

一　实际案例分析

网络视频服务大致可分为两种类型：一是由个人、组织或互联网运营商上传的在线视频内容；二是近年来逐渐兴起的基于实时通信技术的直播平台。包括网剧、网络电影以及各类新闻影视资源在线版本的产品虽可称为网络视频，且常常孕育出特定的线上文化迷群，但由于其生产者并未过多参与日常互动，因而本书暂不将其纳入案例考量。

基于对当前线上礼物文化活跃空间的前期资料搜集，本研究主要选择三个代表性案例展开分析。案例一是由湖南卫视旗下视频平台芒果 TV 打造的直播真人秀《完美假期》。作为 2015 年引入 24 小时直播模式的网络综艺，该节目一度达到逾百万在线流量，拥有相当规模的在线用户群，呈现了明星、粉丝以及媒体生产机制，应当可视为国内传统专业媒体进行线上娱乐工业运作的典型个案。

案例二是战旗直播平台的"水木火树"直播间。游戏向来是在线视频服务的重要构成部分，国内外直播平台发展已较为成熟。该直播间拥有日均 1 万~2 万人的稳定用户，主播"火树"是桌游领域较有名气的玩家。初始阶段主要分享个人游戏经验，自 2015 年亦涉及赛事组织等公共活动。

案例三为某播客 S 的优酷视频频道。该频道建立于 2011 年初，截至 2017 年 2 月 18 日粉丝订阅人数接近 13 万。与前两者不同的是，案例三由播客自主选择时间进行内容制作、上传，用户之间的互动主要通过评论区、微博、QQ 群等其他外在途径实现。换而言之，它并非即时直播，用户之间的互动存在显著的"时间差"，代表着网络直播兴盛前，在线原创视频文化的主流模式。

三个研究案例的经验资料主要源于四个方面：其一是研究者在线上参与式观察中，从视频弹幕、网页评论以及用户即时聊天中撷取的信息；其二是通过追寻线上用户的跨平台线索，从贴吧、论坛、微博、微信公众号等社区获得的相关文本；其三是来自在线聊天室、QQ 群等访谈渠道的调查材料；其四是相关新闻报道内容。

二 礼物作为线上迷群的参与动力

线上虚拟礼物带有浓厚的商业意味，通常分为两种类型：一种由用户直接通过数字付费获得，再转赠他人；另一种由用户付出一定的在线时间完成系统规定的任务，从而领取"财富"用以兑换礼物。以《完美假期》第一季为例，受众需要不断通过观看视频，点击屏幕前不定时发放的"金币"来累积财富。在此意义上，礼物需要以时间成本支取，追求礼物的动机使用户保持线上出席，成为资本规训受众的手段。

虽然这种分配原则深受互联网市场逻辑的宰制，从各种经验资料来看，网络视频空间中的礼物却衍生出更为重要的社会意涵。一方面，礼物作为社会资本，具化了某种社区关系形态；另一方面，礼物成为多种权力互动的中介物，反映着线上迷群行动的一系列内在逻辑。首先，赠礼者的确获得了相应的线上权利作为回报，礼物在某些时候甚至等同于一种投票表达。按照《完美假期》设置的人气淘汰制，人气与礼物数量成正比。用户唯有不断通过"刷礼物"使自己支持的嘉宾维持高人气，才能保障其视频出镜率。由此，用户成为意见投票者，直播人员的去留不是由嘉宾或者制作方决定，而在相当程度上受到线上意见气候的主导。同时，各类视频网站均设置礼物榜单，这些被普通粉丝戏称为"壕"的用户往往因为较大的贡献率而享有更高的曝光度与更大的话语权，这就强化了社群内部的差序格局。与之形成对比的是，相当一部分用免费积分换取礼物的用户不得不长期卷入到视频互动中来，这种客观上内容阅历的增加，有时亦能赋予他们一定的意见领袖地位。案例一的数名受访用户即表示，尽管他们极少使用付费方式赠送直播礼物，但这并不影响他们通过弹幕、贴吧等渠道评论嘉宾表现和节目好坏。

其次，用户不仅通过自己贡献礼物来培植偶像，也利用其他参与者形成进一步的关系网络。换而言之，礼物不仅仅面向视频作者或出演者。在火树直播间，用户可通过"烟花"礼物向所有在线用户随机赠送"金币"，协助吸引社区人气。M. 古斯旺（M. Guschwan）在探讨粉丝与品牌关系时指出，成功的品牌策略固然能够激励粉丝，但更为重要之处在于，粉丝本身便是一种资产，其为品牌体验增加了必要元素，吸引更多追随者加入其中。[①] 对于线上娱乐文化，这一观点显然也颇为适用。除了以视频作者为中心的多对一赠礼，在线视频社区内部常常出现积分互赠、内容分享、技术交流等广泛的互动行为，这种群体用户之间形成的礼物交换关系，表达了人们自发拓展社区范畴的意愿。

最后，随着用户围绕娱乐符号形成特定亚文化社区，礼物文化逐渐由私人互动演变为一种集体行为。一方面，礼物是在线视频服务的重要赢利渠道，用户不得不通过礼物来维系自身所支持的内容。礼物因而构成社区团结的纽带，塑造了一种实现共同体目标的动力。另一方面，此种娱乐消费的集体主义并不像预想的那样狂热，而是呈现十分理性的一面。譬如，《完美假期》每周通过人气比拼来决定直播成员人选，由此带来的社区常态在于，为了各自支持的嘉宾，不同粉丝开始创建其他形式的线上群组，甚至设立专门管理人员、策划人员动员礼物集资活动。社区意见领袖需要对所有成员负责，协商如何既能保证所支持的嘉宾在人气中占优，又能实现最低花费。在此种集体意识规划之下，何时赠礼，赠送何种礼物，赠送到何种程度，均充满组织化行动意味。由此，礼物文化所推动的线上参与过程，最终衍生一系列的共同体决策机制。

二 流动的身份：融媒环境下的公共交往

围绕网络视频文化形成的"赠礼者"并非仅有单一身份，研究者应当更为关注的是，如何通过观察更大范围内的社交网络来理解礼物行为背后的线上认同文化。H. 詹金斯（H. Jenkins）在关于媒介融合的论述中强调，公众在跨媒体平台生产的内容，往往是基于他们去寻求娱乐体验的"迁徙行为"。[②] 毋庸置疑，新技术建立的融媒环境推动了一种高度自主化的参与机制，基于此，人们能够利用线上平台的各自特质来实现整体性贡献。本

[①] Guschwan, M. (2012). Fandom, brandom and the limits of participatory culture. *Journal of Consumer Culture*, 12 (2), 19–40.

[②] Jenkins, H. (2006). *Convergence Culture: Where old and new media collide*. New York, NY: New York University Press, p. 2.

研究案例也显示，受众总是在视频网站之外发展出其他联结方式，这种跨平台的公共交往进一步建立、稳定与丰富了成员之间的关系结构。播客 S 的主要活动平台为国内最大的视频网站优酷，不过，其在百度贴吧亦拥有逾 1600 个关注者，这种传统线上论坛依然是社区成员重要的活动场所。在案例二中，主播火树则通过微信公众号建立了更具即时性的信息渠道。此外，相关用户组成的"水友群"① 也发展出多个 QQ 群组，以其中的"7 群"为例，截至 2016 年 12 月 26 日，成员已达到 1168 人，规模可观。

用户在不同线上平台的身份流动表现出更强的行为黏度，亦塑造了更密集的公共联系，使社群互动打破原有视频网站的设定，开始拥有较大灵活性。N. 库尔德利（N. Couldry）与 T. 马卡姆（T. Markham）谈到，通过聚焦名人文化、电视真人秀、音乐和时尚，政治传播研究逐渐以一种更为开放的眼光来看待娱乐文化与公共联系之间的关系。② 娱乐消费所增进的大众文化内容已经成为日常生活公共性的一部分，往往与市民社会的相关议题互嵌。从本书研究资料来看，因特定视频内容聚集的用户，经由在各类线上空间的辗转互动，被卷入一种整体性的线上公共领域，这的确为他们讨论原定内容之外的其他引申议题提供了更多余地。在《完美假期》的 24 小时直播互动中，观众便时常通过弹幕发布从微博、论坛等处获取的时事消息，形成节目议题之外的讨论。案例三的播客 S，其视频以解说经典电子游戏为主，但其中一些主题依然能激起不同层次的社会性争议。譬如，在一次发布关于恐怖游戏《卢卡斯》的解说之后，一部分观看者即围绕这部游戏在国内被禁止原因，针对互联网信息管理规定以及社会主流价值观展开了辩论。

换而言之，娱乐媒介与严肃性的公共议题之间本身就存在微妙关系。对于进入到线上空间的受众而言，视频内容作为一项议题本身就是"公共的"，而在接受社群相应的交往规则过程中，无论是粉丝赠礼行为表达的竞争法则或者文化品位，还是礼物背后体现的社会关系，人们通过参与意

---

① 水友作为网络玩笑用语，在游戏世界原指不可靠的队友玩家，现在可以理解为一起发表个人意见的朋友。

② Couldry, N., & Markham, T.（2007）. Celebrity culture and public connection: Bridge or chasm? *International Journal of Cultural Studies*, 10（4）, 403–421.

义创造，不同程度地接受共同体文化的洗礼。吴畅畅认为，"这份'代入感'反过来帮助网民在站边列队的投票/讨论/选择过程中，完成了凭靠私人积累、自我持存的欲望与社会竞争而维系着的'企业式公民'的自我启蒙和自我建设"。[①] 观看视频并不全然是一种单一行径，用户在各类线上平台对相应文化内容的跟随、建构与创造，使其本身兼具受众、内容贡献者和意见发表者等多重意涵，也令亚文化群体建立起更多公共化的通道。与此同时，用户在确认不同线上活动场域时，甚至形成特定偏向性。《完美假期》在直播过程中便催生了"弹幕党"与"贴吧党"，乃至贴吧流行的声音常常评论："弹幕是小学生的天下，没必要去和他们挤"[②]，这说明，用户之间的公共交往有时亦会依据平台特质出现内群体的区隔情形。

三 礼物的交换：精神酬劳还是现实回报？

在线上参与过程中，礼物是一种无声的表达。这种交换行为背后隐含的双向关系，传递着微妙的社交需求。在 K. J. 阿罗（K. J. Arrow）看来，礼物文化透露的现实社会意义在于，一个人可能因为对日后某种需求具有期望而产生馈赠行为。这种社会契约精神实际深嵌于民主决策思想之中，比如，人们往往愿意为未来一代放弃眼前利益。[③] 回到网络视频的参与传播模式来看，无论是播客还是受众，均通过不同程度的贡献分享维系着一种基本的共同体体系。

其一，视频制作者的初衷固然复杂，但其内容贡献客观上带有一定的利他性色彩。案例三的播客 S 在自己制作的视频中强调，其目的主要是"让大家开心"。知名 UP 主"敖厂长"也在原创视频中直言不讳地向受众说："很多朋友说许多人做视频很赚钱，我不知道他们是怎么做到的，反正我是没有"。因此，相较于《完美假期》这类由专业媒体运作的直播节目，草根播客的创作动机表现得更为单纯。他们的内容生产往往带有无偿

---

① 吴畅畅：《浅议当前普通群众参与的（电视）真人秀节目的生存现状与发展趋势》，《新闻大学》2016 年第 4 期，第 51~59 页。

② 检索于《完美假期》百度贴吧：http://tieba.baidu.com/p/4102794773? pid=77869281413&cid=0#77869281413，检索时间：2016 年 7 月 10 日。

③ Arrow, K. J. (1972). Gifts and exchanges. *Philosophy & Public Affairs*, 1 (4), 343－362.

性质，并不依赖观众支付的礼物来获取利益。对于这群平民主播来说，粉丝选择观看本身即是一种认可回报，是另一层意义的精神性礼物。而对于一部分粉丝，通过个人财富赠送的礼物则成为一种附带性的认同行为，成为交换播客劳动的礼节。譬如，一位名为"笨熊"的用户最初因打算学习视频经验而进入播客 S 的优酷频道，后来便成为其忠实粉丝，亦是位列"送礼榜"第一的常客。

其二，虽然播客或出演嘉宾占据着在线视频的核心位置，不过，社区文化形成的关系契约实际也使他们的行动受到一系列共同体规范的约束。依据沟口雄三对中国"公私"概念的梳理，中国观念中的"公"包含了政治、社会与道德层面的多种意涵，"公"不仅需要制度上的合理分配、法律的健全，还有赖于在道德上建立一种平等机制，即作为道德主体，个体的内心和动机也须合乎自然之"公"。由是，"公"才成为一种共同体性格。① 本书前面提到，一旦礼物交换产生，无论其是实质意义上的财富抑或某种精神需求的满足，便形成了某种维系既有社群稳定的默契。举例而言，播客虽对视频内容享有较大的自主性，但为回应用户期望，他们仍必须制订严格的计划。播客 S 即曾向观众承诺，于每天早晚上下班闲余时间发布录制视频。对于少数"违约"情况，他通常需要公开道歉，并做出相关说明。《完美假期》节目中，许多粉丝收到嘉宾赠送的高价礼物之后，对他们所谓"偶像"的表述也是："请不要辜负所有粉丝对你的期望"，这种表达无疑将原本私人的礼物赠送行为植入更大的共同体范畴，对受礼者施加了更强的群体压力。

其三，社区成员之间相互的知识供给形成了另一种意义的礼物交换机制。通常认为，培植线上社区的最大挑战乃是回应如何增益用户与他人分享知识的意愿。② 观看网络视频的卷入过程将人们推入特定亚文化集合，参与内容讨论、创造的共同体文化也进一步提高了个体将私人资源公共化

① 〔日〕沟口雄三：《中国的公与私·公私》，郑静译，孙歌校，生活·读书·新知三联书店，2011，第50~56页。
② Yao, C. Y., Tsai, C. C., & Fang, Y. C. (2015). Understanding social capital, team learning, members' e-loyalty and knowledge sharing in virtual communities. *Total Quality Management & Business Excellence*, 26 (5-6), 619-631.

的主动性。用户不仅因视频制作者付出劳动而赠礼，也往往向社群其他成员贡献相关的公共知识，这使得线上参与并不局限于视频生产者个人主导的主题，而是延展了整体社群互动的边界。在某些情形下，用户进行知识产出，也增加了"局外人"为追寻特定内容而发现、接触内群体的机会。在研究者观察的过程中，播客 S 长期向视频观众提供 20 世纪 90 年代到 21 世纪初的经典电子游戏解说，但部分游戏资源存在较大的获取难度。因此，不少用户不断从各类专业游戏论坛中寻找技术攻略以提供支持，一些人甚至通过破解、翻译或修改外文版本软件，向社区成员提供资源分享。成员之间活跃的协助机制也支撑了线上社区向更大公共平台发展的可能性。案例二的火树直播间原本以交流个人游戏经验为主，后来由于众多用户自主参与，该直播间甚至通过众筹形式组织了竞技比赛，乃至于形成了游戏公司组织的赛事之外的公共赛事文化。

第四节　娱乐生产中的公共领域秩序

礼物交换引出的一项关键问题是：触发赠礼行为的一系列环境条件是如何达成的？① 如前述，传统人情社会的礼物观念经由线上语境重新诠释之后，转而成为新媒介公共交往体系的一部分。在某种程度上，礼物交换是线上社区参与的缩影，在此之中，其与诸多线上行动过程一样，难以跳脱种种制度面向的影响。将礼物交换置于赠礼者与受礼者双方的互动场域，我们能够描绘出此种关系传播形成的亚文化社区特征。其中，用户公共性在内容生产、传播与分享层面表现的协商细节，通常由内群体自身所协定。但是，如果我们从这种视角抽离出来，将视频网站与礼物交换植入更为宏观的社会文化语境，则可能发掘娱乐生产在种种外在力量规范下面临的张力与矛盾。通过观照这种大众文化公共领域在一系列权力结构下的社会化过程，我们能够挖掘用户参与和政治经济文化之间的关联性。

---

① Sherry, J. F. (1983). Gift giving in anthropological perspective. *The Journal of Consumer Research*, 10 (2), 157 –168.

首先是主流政治话语的规训。网络视频作为互联网产业最为活跃的文化形态之一，长期以来呈现乱象与生机并存的面貌。尤其是近年来直播服务发展，不乏直播平台为吸引人气而制造各种负面内容，导致大量社会声音批判娱乐消费带来的畸形现象。早在 2011 年文化部便发布了《互联网文化管理暂行规定》，但原有管理办法无法满足视频工业高速发展的现实需要。2014 年，国家新闻出版广电总局发出《关于进一步完善网络剧、微电影等网络视听节目管理的补充通知》，要求互联网视听节目服务单位对上传视频的个人网民核验身份。自 2016 年，政府开始针对在线直播加大监管力度，强化经营主体管理、事中事后监管、信用惩戒制度等。① 2016 年9 月，新闻出版广电总局下发《关于加强网络视听节目直播服务管理有关问题的通知》，规定直播平台必须持有《信息网络传播视听节目许可证》，直播活动开始前需向省级以上广电部门备案。随后，12 月出台的《互联网直播服务管理规定》推出"实名制"与"黑名单"双保险以规范直播人员行为，并要求加强对评论、弹幕等互动环节的实时管理。如果说这些政策尚多聚焦于对用户自主视频生产的管理，2015～2016 年国家先后下发的《关于加强真人秀节目管理的通知》《关于进一步加强电视上星综合频道节目管理的通知》则牵涉《完美假期》之类由专业电视媒体制作的网络节目。② 上述政府主导的市场治理措施，显然提升了视频网站的制度自律度，既导致以直播为代表的视频行业"洗牌效应将主要围绕视听许可证和优质内容展开"，"网络视频直播平台期望的'全民皆可直播、人人可成网红'目标，似乎正在渐行渐远"，③ 也客观上向互联网娱乐工业提出了矫正的要求。

其次是资本控制及其策略性驯化。自进入社交媒体时代以来，文化工业在内容生产方面具备了更多社会性特征。由于用户社会行为被资本化，因此与其说用户的付费愿望受到内容消费情况的影响，倒不如说其更多与

---

① 韩业庭、郭超：《文化部整治违规网络直播平台》，《光明日报》2016 年 4 月 15 日，第4 版。

② 李金哲：《广电总局：严控"星二代"真人秀》，《青年报》2016 年 4 月 18 日，第 A11 版。

③ 张均斌、王林：《遭遇"最严监管令"网络直播何去何从》，《中国青年报》2016 年 9 月20 日，第 09 版。

社区互动情况相关联。① 因此，市场因素迫使资本不得不通过提高平台参与度来牵引消费者需求。《完美假期》设置的包括弹幕、评论、投票、实时互动等环节，即是被外界津津乐道为新媒介转型风口付费模式的创新。② 从某种程度上看，以礼物交换为代表的线上交往模式，从来都是互联网商业意识形态的产物。社交网站为所有用户筛选符合自身喜好的内容提供了极为便捷的方式：面对规模庞大的用户原创内容，人们可以方便地点击称赞按钮，或是发送虚拟礼物来表达偏好。由于娱乐消费大众总是喜欢与自己文化口味相一致的意见，于是互联网企业提供了一系列算法，用以预测、推送以及引导符合大众需求的内容。这在相当程度上诱导了线上社群内部的同质性。传统法兰克福学派曾严厉批判，这种文化工业在"宏观和微观之间所形成的这种非常显著的一致性，恰恰反映了人们所具有的文化模式：在这里，普遍性和特殊性已经假惺惺地统一起来了。在垄断下，所有大众文化都是一致的，它通过人为的方式生产出来的框架结构，也开始明显地表现出来。"③ 在许多直播服务中，由于礼物常常与财富相等同，礼物不再是一种人情道德纽带，而成为互联网视频企业榨取用户劳动的手段之一。这种资本市场气息使用户原创内容被极大地商品化，并以礼物交换的形式扩大了少数用户与普通用户之间的权力落差。

不过，尽管在强大的互联网商业系统形塑的娱乐经济面前，个体拥有相当有限的抵抗空间。但在线上文化的具体实践过程中，用户内容生产与资本之间的确形成了相当特殊的互动关系。一方面，资本逻辑在定义一种达尔文主义式的成功学的同时，亦提供了公共性可能的延展空间。按照礼物经济的投票设定，财富贡献愈多者总是具有更大的节目影响力。在案例一中，一部分"壕粉"凭借个人财富影响节目走向的行为一度引起相当大的争议。其余粉丝则以集体化行动，通过多开账号、长期在线获取免费金币的方式进行对抗。一位支持嘉宾翁炜炜的福州用户甚至一人拥有逾400

① Oestreicher‐Singer, G., & Zalmanson, L. (2013). Content or community? A digital business strategy for content providers in the social age. *MIS Quarterly*, 37 (2), 591–616.
② 吴姗、张意轩：《网络视频走出免费时代》，《人民日报》2015年11月12日，第14版。
③ 〔德〕马克斯·霍克海默、〔德〕西奥多·阿道尔诺：《启蒙辩证法——哲学断片》，渠敬东、曹卫东译，上海人民出版社，2006，第108页。

个账号，该用户在直播中说："每天中午下班，照顾完这个（孩子），他去上学了，我就开始刷票，刷到上班。"另一方面，从政治经济学角度观之，这种狂热的用户自发行为，无疑或多或少卷入深刻的资本殖民场域，呈现浓郁的"数字劳工"色彩。① 值得注意的是，正是线上资本推行的用户至上主义，又反过来为人们提供了相应的反制能力。《完美假期》第二季中，观众便批评游戏规则不公，不断通过弹幕、网页评论、贴吧、微博等途径展开线上抗争，最终使节目组重新拟定流程，甚至返还部分礼物金币。另外，尽管一些直播间会因追求利益而上传负面内容，但许多播客也会因口碑考量而对直播环境进行约束。在一次直播中，火树看到一位嘉宾吸烟，便勒令："请不要在我的直播间抽烟好吧，看视频的观众什么年龄层的都有！"可见，视频网站为维系社区体验，潜在地推动了一种自主把关的内容生产秩序的建立。

种种经验材料显示，线上亚文化社区存在自我内部治理机制。在充满碎片与流动性意见的社交网络，公共群体如何得以持续维系，这本身即是一个难题。播客与用户之间基于内容创造、公共讨论及礼物交换而形成的社交关系，固然构成了网络视频社区基本的文化维持力，但除此之外，线上群体内部亦拥有一种相对正式、由大多成员所认同的管理手段。在案例一，研究者即发现，多个粉丝群均设有公告声明，包含成员不得抹黑其他嘉宾、发表不当言论等规范。这种共识化的"限制"，旨在防止因成员言行而"招黑"，是内群体对外沟通中重要的印象管理手段。在火树直播间，则一直设有3~4名管理者对聊天栏的广告、语言等进行实时审核。这些管理人员通常由自愿投入更多时间成本进行社区维护的人轮值组成，作为回报，其他成员亦会默认在日常互动中赋予他们更高的社会位置。

值得注意的是，娱乐生产中的群体秩序并非仅仅是一种自我定义的产物。更为重要之处在于，这种线上社区的运作模式还包含着行动者对国家话语的接受及其为我所用的过程。如 C. 舍基（C. Shirky）所言，中国的互联网已从20世纪90年代中期纯粹使用相对简单的审查系统，演变为更

---

① Scholz, T. （Ed.）. （2012）. *Digital Labor: The Internet as playground and factory.* Routledge, NY: New York.

为深刻的操作：其不再仅仅强调过滤外部信息，还使用民族主义与公共道德来约束网络运营者审核用户，甚至推动用户"监督"自己。[①] 主流意识形态话语向公共领域的内嵌实际也加剧了政治文化与市民社会的呼应。从网络视频文化的社区参与我们的确可以看到，大众文化有时会将政治话语工具性地运用于特定实践。一个代表性现象是，一种"主旋律"价值观常常被作为公共内容讨论的标准活跃于线上群体的意见表达。案例一当中，当一部分用户感受到节目程序或价值输出与自身的看法相悖时，即会频频发起讨论，认为"人性、社会问题全部浓缩在这场真人秀中，不可小视"[②]。即使原本拥有不同支持倾向的群体也会团结起来，甚至通过向管理部门报告以表达抗议诉求。原创内容自然是视频服务用以增加人气流量的核心竞争力，但面对情境复杂的线上空间，人们也总是以某种合乎公共意见的道德尺度来对内容生产进行评价。在播客 S 的视频留言中，便不乏声音谈到，自己被吸引不仅因为视频作品本身，更因为主播的"坚持""人品"等方面。这使线上交往进一步被确立于现实社会的道德秩序内涵之中。

本章通过观察网络视频社区的礼物文化，强调了娱乐生产及其衍生的参与模式在新媒介环境下的公共性意义。视频服务是互联网娱乐工业的重要构成，其催生的播客文化亦是线上用户生产的重要形式之一。不过，在传播形式上，网络视频观看并非具有很强的直观互动性。如今，包括礼物、弹幕等在内的可视化手段将此种互动从幕后拉到台前。礼物自然是娱乐消费的一种形式，同时，礼物传播是个体自我表达的一部分。通过将自身的喜好传递给视频制作者以及成千上万的在线观众，用户向外界呈现了特定的关系倾向性。礼物所暗示的用户行为线索，不仅有利于我们观照流行文化光谱与受众文化口味，也可从中梳理出线上生产、亚文化社群与公共参与之间的关联性。

---

① Shirky, C. (2011). The political power of social media: Technology, the public sphere, and political change. *Foreign Affairs*, 90 (1), 28-41.

② 检索于《完美假期》百度贴吧：http://tieba.baidu.com/p/4147110645? pid = 78700051549&cid =0#78700051549，检索时间：2016 年 11 月 2 日。

赠礼者在既有的线上规范体系之下被赋予了相应的权利。在卷入资本消费主义和社交网络的过程中，礼物交换既包含了线上交往的人情契约，亦在特定情形下形成了群体投票式的意见表达。即，礼物背后是被商品化、由资本所统合的内容生产，礼物交换背后的内群体关系也就成为大众消费狂欢的一部分；当用户原创内容被放在公开平台由用户评鉴，礼物系统的存在又意味着一种大众的权力，人们通过礼物来传递他们对于不同线上生产者劳动成果的观点。在此过程中，礼物不仅是私人用以表达对播客或者视频出演者"偶像崇拜"的媒介，也常常成为人们借以扩展整体性关系网络的方式。随着亚文化社区逐渐成形，礼物文化甚至逐渐超越私人范畴，上升到组织化的集体行动层次。在此过程中，礼物背后的关系网络总是发展出跨平台的互动方式。这种融媒环境下的身份流动使用户不再限于视频观看场景，而曝光在相对多元的信息网络之中，延宕出更多内容讨论的可能，进一步稳定、丰富了社群之间的公共交往结构。

当然，礼物只是新媒介交往中的一个断面。对于本书而言，关键乃是通过礼物去发掘娱乐生产背后呈现的社会关系以及公共领域形态在新技术语境中的变体。伴随大众文化公共领域的强势生长，中国的互联网政治的发展也出现了不确定性，这需要我们深入不同关系情境检视人们如何基于线上环境来支配自身行动。在此过程中，线上群体互动卷入政治、经济、文化的复杂制度结构。这种公共领域秩序至少意味着两个重要问题：社群如何与外部权力互动？同时社群如何建构自身的内部治理逻辑？在私人诉求、群体规范以及资本、国家规制等因素的相互作用中，线上亚文化社区的娱乐参与过程不断参照主流现实话语，由此生产出一套合乎公共道德观念的论述，以赢取最大的社会认同。

线上文化的娱乐消费、社区行动及知识贡献体系相当复杂。本章建立的案例观察视角虽提供了一定的经验观照，但无法对线上参与的全景生态予以回应。在肯定用户的参与素养与社区行动力的同时，我们必须留意大众文化所带有的双面性。礼物背后形成的交换关系是否会孕育其他消极效应？在消费文化极盛的线上场域，掌握"投票权"的特定群体是否会导致内容创造的偏向性？如何看待由此衍生的线上"公平"问题？进一步而言，社群的公共交往行为在多大程度上可能向线下行动发展？娱乐生产寻求跨疆界流动的过程，如何与全球文化生产相联系？是否会带来更大范畴的公共性网络？为国家互联网治理带来何种启示？这些新媒介交往过程中呈现的风险性问题还需要研究者围绕礼物、人情、关系、公私等具有在地化意味的概念，继续观察互联网公共政治的多元化实践方式及其相关效应。

第七章 ▶▶

新媒介的"可计算"迷思：
计算导向的新闻生产

新媒介变革为当代新闻业的转型描绘了诸多前景，其中既包含大数据、机器学习、自然语言处理、分布式计算等一系列被纳入新闻生产系统的技术手段，又包括层出不穷的以数据新闻、可视化新闻、自动化新闻、算法新闻等为代表的新概念。R. 菲德勒曾言："今天，几乎所有的现存媒介企业的领导者都已经接受了这样一个事实，他们的行业正面临着新兴的数字技术和转型的文化期望带来的深刻变革。在这个交叉路口，有多种可能的道路可供选择。"① 新媒介似乎颠覆了关于传统新闻的想象，同时，也埋下了新闻业涅槃的火种。在种种激动人心的术语当中，以大数据分析为驱动的"计算"范式成为颇受瞩目的对象。在国内，搜狐、腾讯、网易等网站先后开办数据新闻专栏，今日头条推出的数据算法和微博的个性化推荐，这些均对我们理解新闻生产内容产生了重大影响。可以说，人类生活迎来的"计算的转向"，已成为解决如今数字技术浪潮所带来问题的必要条件。② 在新闻生产领域，"计算新闻"新近也被视为一个颇具统摄性意味的阐释体系，用以描绘大数据日渐勃兴背景下诞生的一系列多元化、相近性概念。③

本书前述几章以不同类型的线上主体为对象，描述了其各自内容生产活动的特质。在新媒介全面融入社会文化生活的背景之下，数据并非如人们过去所理解的那样简单，其不再以单纯的内容形态出现，而转变为一种主导性的生产方式。因此，相较于技术本身，研究者更为在意的恐怕是此种深深植入新闻产制的计算观念对社会公共生活产生的进一步影响。C. W. 安德森（C. W. Anderson）无不忧虑地指出，尽管结合了算法、社会科学与数字模型的计算新闻被许多人兜售为"新闻的未来"，却鲜有人从

① 〔美〕罗杰·菲德勒：《媒介形态变化：认识新媒介》，明安香译，华夏出版社，2000，第218页。

② Berry, D. M. (2011). The computational turn: Thinking about the digital humanities. *Culture Machine*, 12, 1–22.

③ 白红义：《大数据时代的新闻学：计算新闻的概念、内涵、意义和实践》，《南京社会科学》2017年第6期，第108~117页。

内在的新闻专业性来看待这一问题：他们更关心的是技术如何"辅助新闻业"（assisting journalism）而非"理解新闻业"（understanding journalism）①。我们必须意识到，无论是将新媒介挑战视为某种商业难题还是技术进步，都忽视了新闻业的公共服务使命：一种实现有效社会治理的基本前提。② 因而，本章试图讨论的是，当"可计算"的新闻学成为当代新闻传播实践的主流思路，由此带来的媒介生态如何作用于人们日常的公共生活文化？换而言之，计算导向的新闻生产究竟如何改写新闻实践，它创造了何种传播公共性图景，又可能存在何种现实风险？

第一节 "可计算"的崛起：重思新闻业实践

"计算"（computation）一词的流行，无疑与当下新闻实践充斥的各类技术隐喻相互联结，它们一起诠释着大众媒介在新媒介时代普遍面临的危机感。如 N. L. 拉塔尔（N. L. Latar）指出，我们正在经历一个前所未有的复杂社会，面对源源不断从移动设备中产生的微观社会行为，基于大数据与人工智能的"计算"方法成为理解人类各项活动不可或缺的手段。③ 媒介组织在关于"可计算"的探索中，逐渐采纳用数据和算法说话、结合社会科学来"讲故事"的方式，令新闻生产得以超越地理、学科与语言的界限。从某种程度上讲，计算社会科学的引入不仅意味着新闻业在技术运用层面的创新，也意味着新闻从业者思维与行为的颠覆。④

根据 F. 特纳（F. Turner）与 J. T. 汉密尔顿（J. T. Hamilton）的观点，计算新闻即是"结合社会科学当中的算法、数据与知识，用以完善新

---

① Anderson, C. W. (2013). Towards a sociology of computational and algorithmic journalism. *New Media & Society*, 15 (7), 1005 – 1021.

② Pickard, V. (2011). Can government support the press? Historicizing and internationalizing a policy approach to the journalism crisis. *The Communication Review*, 14 (2), 73 – 95.

③ Latar, N. L. (2014). The Robot Journalist in the Age of Social Physics: The End of Human Journalism? In Einav, G. (Ed.). *The New World of Transitioned Media*. Berlin, GER: Springer, pp. 65 – 80.

④ Gynnild, A. (2014). Journalism innovation leads to innovation journalism: The impact of computational exploration on changing mindsets. *Journalism*, 15 (6), 713 – 730.

闻解释功能的手段"。本质上，计算新闻是由新闻从业者、软件开发者、
计算机科学家以及其他相关学科学者共同回答的问题领域。① 不过，"计
算"在新闻实践中的应用并不是个崭新现象。约翰·V. 帕夫利克（John
V. Pavlik）就曾介绍早期的"哥伦比亚数字新闻系统"，讨论智能代理技
术如何被用于研制一系列内容标准、特征以及建立多维模型，从而评估新
闻的准确性、时效性、全面性、来源多样性和出处。② M. L. 扬（M.
L. Young）与 A. 赫米达（A. Hermida）也谈到，计算新闻就是通过算法、
社会科学以及数学运算处理系统进行新闻生产的形式。他们以 21 世纪初
《洛杉矶时报》的犯罪新闻报道为案例，指出计算新闻在当时便已初见端
倪，只不过在数字化浪潮中，计算新闻不断从早期形态演进，转向更为广
泛的组织、技术以及社会语境。③ 数据计算在媒介产制中的价值因而也被
不断挖掘，从早期"基于公共利益的精确新闻"，逐渐被赋予"新兴的商
业价值"。④

从当前计算新闻的运作面貌来看，其对于新闻生产的现实影响似乎并
不明朗。媒介机构关于计算导向的呼吁固然要求新闻编辑室提高程序设
计、数据分析以及开发交互式工具的能力。不过，在不同新闻组织文化的
场域，计算新闻浪潮带来的结果存在相当大的差异。譬如，L. 汉纳福德
（L. Hannaford）提及，在美国，媒介组织对计算新闻的投入推动着新闻记
者和程序员的角色走向融合。而其针对英国 BBC 和《金融时报》的探索
研究则发现，记者和程序员仍被视为两类泾渭分明的职业，专业新闻生产
者拒绝将两者等同而论。研究者于是倡导一种折中化的方式：通过开展以
数据为导向的互动性项目将新闻从业者、程序开发者和设计者召集起来，

---

① Hamilton, J. T., & Turner, F. (July 2009). *Accountability Through Algorithm: Developing the field of computational journalism*. The Center for Advanced Study in the Behavioral Sciences, Stanford, CA: Stanford University.

② 〔美〕约翰·V. 帕夫利克：《新闻业与新媒介》，张军芳译，新华出版社，2005，第 203 页。

③ Young, M. L., & Hermida, A. (2015). From Mr. and Mrs. Outlier To Central Tendencies: Computational journalism and crime reporting at the Los Angeles Times. *Digital Journalism*, 3 (3), 381 – 397.

④ 苏宏元、陈娟：《从计算到数据新闻：计算机辅助报道的起源、发展、现状》，《新闻与传播研究》2014 年第 10 期，第 78 ~ 92 页。

以便达成更为紧密的团队合作。① J. 卡尔森（J. Karlsen）与 E. 史达芬（E. Stavelin）在关于挪威若干大型编辑室专业人员的访谈研究中也发现，"计算新闻"被视为传统调查新闻的延伸，尽管计算新闻要求的一系列技能与工具并未被纳入典型的新闻业规范，但其中包含的价值与目的依然与传统新闻保持一致。他们同时也提醒，目前并无证据表明计算新闻提高了新闻业效率，并且，其也未能有效帮助记者摆脱低技术性工作。② 换而言之，计算新闻当前在现实效力上或许未能如人们想象的那样实现新闻业的变革。A. 赫米达与 M. L. 扬甚至批评，面对数据新闻与计算新闻施加的种种压力，新闻业的态度并没有我们想象的那么坚决。事实上，专业主义的"标签"、组织资源、经济保护策略以及劳工政策等因素，都不同程度地限制着媒介开展动员，进行试验性探索，从而扩大生产力的空间。③

　　值得指出的是，作为新媒介技术的产物，计算新闻在现实应用层面存在的落差，并不妨碍其背后裹挟的关于重新理解新闻产制的诉求。当走向计算新闻成为新闻组织面对新媒介转型的共识，研究者关注的焦点无疑是其带来的专业主义影响，而非技术方法。新闻不仅由被生产出来的媒介报道所呈现，它本身即是一种话语。追寻新技术时代新闻形态的种种变革，一个重要的问题即在于这种话语乃是如何得以出现并建构出合法化的观念。④ 如 M. 卡尔森（M. Carlson）所言，"新闻"的定义本就由形形色色的"边界"（boundaries）决定，这些边界之间存在着一种符号抗竞：不同社会行动者置身其中，一方面对"新闻的标签"施加控制，另一方面又重新移除着这些标签赋予的内容。⑤ 就此意义来说，新闻本身从来不曾具备

① Hannaford, L. (2015). Computational journalism in the UK newsroom. *Journalism Education*, 4 (1), 7 – 21.

② Karlsen, J., & Stavelin, E. (2014). Computational Journalism in Norwegian Newsrooms. *Journalism Practice*, 8 (1), 34 – 48.

③ Hermida, A., & Young, M. L. (2017). Finding the Data Unicorn: A hierarchy of hybridity in data and computational journalism. *Digital Journalism*, 5 (2), 159 – 176.

④ De Maeyer, J., et al. (2015). Waiting for data journalism: a qualitativeassessment of the anecdotal take – up of data journalism in French – speaking Belgium. *Digital Journalism*, 3 (3), 432 – 466.

⑤ Carlson, M. (2015). Introduction: The many boundaries of journalism. In M. Carlson & S. C. Lewis (Eds.). *Boundaries of Journalism: Professionalism, practices and participation*. New York, NY: Routledge, pp. 1 – 18.

一种定型化的意涵。相反，它总是通过在社会观念中的映射来呈现不断演化的面貌。

我们试图讨论的计算导向的新闻生产，即是更多指涉一种价值意义层面的新闻实践。"计算"的本质不在于某种方法辅助手段，而在于改变新闻生产的观念话语。依据当前国内情形，虽然不乏媒介机构陆续开辟数据新闻业务，其计算方法应用却仍被认为与国际"存在较大差距"。① 这种差距，在业界看来不在于"几乎可以忽略"的技术资源，而是在于对数据新闻的"理解"以及新闻生产背后的调查精神。② 一方面，计算范式作为主流话语被建构与扩散的过程，持续推动着量化取径在社会文化创造当中的影响力；另一方面，如何弥合传统新闻专业实践与新时期计算思维之间的落差，调整两者相互接纳的适用性，则始终成为核心议题。S. C. 刘易斯（S. C. Lewis）于是主张，有必要从多种面向去探寻新闻业在大数据时代的基本轮廓，其中既需要研究者基于大量经验案例去描绘与解释计算方法在媒介机构当中的发展面貌，并将这些发展予以概念化、理论化，同时也需针对一些看起来"理所当然"的标准与假设展开批判性探讨。③

同样，要考察计算范式如何成为新闻实践的一环，我们必须看到技术采纳过程中呈现的未来延展性。例如以自然语言生成（natural language generation）为代表的算法功能，在当前新闻市场仅应用于小部分内容提供者和新闻产品，但这种从结构数据当中自动生产文本的方式，仍被科学研究者坚信将在可预见的未来逐步实现专业化的新闻生产。④ 伴随持续高涨的技术期望渗透到社会主流话语，计算社会科学不断影响着既有媒介文化生态。C. W. 安德森（C. W. Anderson）强调，新闻业的历史发展本身就衍生出不同的类型学探讨，比如，"公共新闻"运动强调"对话"（conversational）与"审议"（deliberative）；"独立新闻"则侧重"对抗性"（ago-

---

① 陈力丹：《解析中国新闻传播学》，人民日报出版社，2015，第 206 页。

② 高扬：《数据新闻提供商 EG365：国内外对数据新闻的理解至少有 3 年差距》，《时代周报》2016 年 4 月 26 日，检索于时代在线：http://www.time - weekly.com/html/20160426/33224_1.html，2017 - 12 - 7。

③ Lewis, S. C. (2015). Journalism in an era of big data. *Digital Journalism*, 3 (3), 321 - 330.

④ Dörr, K. N. (2016). Mapping the field of algorithmic journalism. *Digital Journalism*, 4 (6), 700 - 722.

nistic)。如今，"按需媒体"（Demand Media）的出现预示着"算法"带来的公共图景。不过，研究者提醒，算法将人类判断与非人类判断混杂在一起，尽管算法以个人消费选择为基本标准，它却缺乏筛选信息的能力，不一定能够用来提升人们的知识层次。① 显然，不同类型的新闻观念总是存在自身的倾向性。在"可计算"趋势的当下，如何审慎看待其衍生的更大范围的社会影响？回答这一问题我们还需要基于新闻实践变化下的传播公共性图景，进一步梳理新媒介可能存在的风险效应。

第二节　以计算为导向的传播公共性图景

大数据与计算社会科学方法已被广泛应用，并对媒介组织产生深远影响。算法既被新闻编辑室作为描绘社会环境的观察手段运用，也持续发展出新的公共政治意涵。随着计算成为重要的技术资源，计算导向的新闻生产已经超越传统组织边界，推动政治传播研究者重新考量不同层次的公共性研究视野。

一　新闻生产的混杂性协作网络

技术是决定媒介生产方式的重要力量。当我们审视技术影响下的新闻实践时，常常包含了非常广泛的内容——记者的工作方式、新闻内容、新闻组织结构，以及新闻组织、记者与公众之间关系的变化等② 。过往关于新媒介的讨论中出现了不同的观点，一部分实证研究强调，新技术形塑的新闻生产存在相当矛盾的一面：一方面，新闻媒体具有社交媒体化的趋势，新闻制作过程卷入新闻编辑室、地方报道社区与自发性参与者的共同实践，同时，"用户评论"与"编辑材料"之间的界线也被淡化；另一方

---

① Anderson, C. W. (2011). Deliberative, agonistic, and algorithmic audiences: Journalism's vision of its public in an age of audience Transparency. *International Journal of Communication*, 5, 529 – 547.

② Pavlik, J. (2010). The impact of technology on journalism, *Journalism Studies*, 1 (2), 229 – 237.

面，一系列新闻业准则随之改变，传统生产者的专业技能仍受到高度评价，被用作评估某些内容之所以成为"好新闻"的理想标准。①

一个既有共识在于，作为新媒介生态的重要一环，计算新闻生产不再由原本的专业化生产者自身所决定。计算范式成为新闻业自身阶段性发展的产物。D. 斯蒂克尼（D. Stickney）认为，结合文本、图像、视频、计算及交互应用程序，新闻报道有助于人们更好地理解政府与其他组织生产出来的大量数据，从而发挥在公共领域扮演的核心角色。② 需要指出的是，计算新闻实现的多元化不局限于内容形式层面，而且包含了媒介组织边界与业务范围的拓展，其中最为关键的是向多元化生产者的过渡。即，计算新闻呼唤更多的"外围者"参与新闻生产，而在数据收集、分析、生产方面占据优势的个体或社群，将拥有使用媒介资源的较强能力与较多渠道。研究者于是强调，在形式上，大数据与计算社会科学带来了新闻业的量化转向，但在本质上，其创造的是网络化的合作式内容生产。新技术既有可能使原创调查新闻重新焕发生机，提高新闻业维系传统理念的能力，同时也能鼓励新闻记者与 ICT 技术专家之间的互动，在此之中，新闻生产被要求投入更多的计算能力、更为开放的政府数据库、更加复杂化与普遍化的应用软件以及面向数字经济的更大决心。③ M. 科丁顿（M. Coddington）也谈到，新闻生产领域从计算机辅助新闻、数据新闻到计算新闻的演化过程，主要交织着在专业取向、开放性、认识论以及公众观念四个方面的争议；不得不承认，计算新闻在实践层面的确更少地拘泥于专业新闻准则，而更具有分散性与网络性。④ 与之形成对照的是，一些调查发现，基于数据设计处理的媒介产品并非完全拒斥传统新闻调查的认识论，只是为实现

---

① Hujanen, J. (2016). Participation and the blurring values of journalism. *Journalism Studies*, 17 (7), 871–880.

② Stickney, D. (2008). Charticle fever. *American Journalism Review*, 30 (5), 36–39.

③ Flew, T. Spurgeon, C., Daniel, A., & Swift, A. (2012). The promise of computational journalism. *Journalism Practice*, 6 (2), 157–171.

④ Coddington, M. (2015). Clarifying journalism's quantitative turn: A typology for evaluating data journalism, computational journalism, and computer–assisted reporting. *Digital Journalism*, 3 (3), 331–348.

两者的契合，新闻组织需要付出巨大的资源与努力。[1] 当计算方法推动新闻生产延展更多的参与结构时，这种混杂性协作网络与传统中心式的专业主义生产网络之间存在的一致性问题，显然成为当前媒介组织亟待调和的重点。

二 意见气候的可视化舆情挖掘

"尽管舆情调查的渊源由来已久，但面对日益变迁的科技环境，传统舆情研究已不能面对复杂的线上空间。"[2] 而依托大数据、分布式计算、自动化信息处理等手段，计算社会科学迅速在舆情监测领域占据一席之地。尤其移动智能设备的发展使公众从消极的信息获取者转变为不断传递信息的"人体传感器"，这也使计算科学研究者可以通过更为丰富的方式去收集微观行为数据，用以判断社会意见气候与公共行动的形成过程。L. 杰佩克（L. Japec）等人于是强调，计算方法允许我们以前所未有的姿态去接近公众意见，这并不全然因为其所能解决的数据体量问题，还在于我们能够动用更多方式去详致讨论舆论的丰富性、演变速度以及它们被创造出来的机制。[3]

作为引导舆情的核心纽带，人们也呼吁在新闻生产中加强与公共管理部门、科学研究者之间的合作，提升关于意见气候报道的有效性，以期推进公众参与，创造通畅的社会决策机制。[4] 新闻业引入的算法机制，在协助新闻从业者更好地判别舆情走向的同时，也为新闻机构在舆情治理中开辟更好的路径提供了思路。从国内舆情市场的既有格局来看，主流媒介组织、舆情监测企业与政府部门之间已经形成紧密的合作关系。当前计算新闻应用于舆情分析领域，多使用社会化网络分析、情感分析、语义分析、

---

[1] Parasie, S. (2014). Data-driven revelation? epistemological tensions in investigative journalism in the age of "big data". *Digital Journalism*, 3 (3), 364-380.

[2] 邵培仁、王昀:《触碰隐匿之声: 舆情认知、大数据治理及经验反思》,《编辑之友》2016年第12期，第5~10页。

[3] Japec, L., et. al. (2015). Big data in survey research: AAPOR task force report. *Public Opinion Quarterly*, 79 (4), 839-880.

[4] Boykoff, M. T. (2011). *Who Speaks for the Climate? Making sense of media reporting on climate change.* Cambridge, UK: CambridgeUniversity Press.

量化内容分析等手段，意在追踪线上公共意见的建构过程，将舆情以网络关系的结构化面貌予以呈现。① 这种可视化的方法不仅能够勾勒捉摸不定的线上公共意见形态，还能够建立公众舆论与抗争政治、集体行为、公共决策等层面的联系。抑或说，计算新闻呈现的意见气候并非只是聚焦于公众本身，而是探讨市民社会与公共权力部门的互动生态，从而有助于我们重新理解、反思舆情系统的运作，进一步厘清当代公共领域当中的政治认同关系。

三 社群流动与制度行为之间的关系逻辑

公共领域从来不是一种单一的整体性架构，媒介生产者在追寻目标受众时，其所形塑的公众关系总是进入不同层次的文化次级群体。尽管"计算社会科学中的'涌现'往往表现为一种群体智慧，它是通过海量的异质性个体之间的互动而在群体层面出现的结果"②，这种群体内部实际亦存在多种差异性。与此种群体差异相辅相成的同样是公共议题的分散面貌。D.梅尔（D. Maier）等人便提醒，线上讨论总是存在于相互交叠的各类数据网站"集合"当中。他们以食品安全议题范畴下的"食品控制"与"转基因食品"两类子议题为例，通过社会化网络与主题建模分析，强调了线上公共领域乃是在不同相关性公共意见汇流之下形成的联结网络。③ 显然，通过追踪媒介消费行为与个性化推荐内容，各类受众行为都将变得具有可计算性，新闻生产于是能够以此为契机发掘更多亚文化社群的认同建构过程。有研究便基于 Twitter 社交媒体的矩量资料分析，对繁体中文与简体中文社区传播模式的动态变化进行比较，揭示媒介使用者如何深受在地差异的影响。④ 针对此种亚文化社群的流动脉络展开数据分析，观察者便于梳

① Urban, J., & Bulkow, K. (2013). Tracing public opinion online – An example of use for social network analysis in communication research. *Procedia – Social and Behavioral Sciences*, 100 (7), 108 – 126.
② 王成军：《计算社会科学视野下的新闻学研究：挑战与机遇》，《新闻大学》2017 年第 4 期，第 26 ~ 32 页。
③ Maier, D., et. al. (2018). Exploring issues in a networked public sphere：Combining hyperlink network analysisand topic modeling. *Social Science Computer Review*, 36 (1), 3 – 20.
④ 郑宇君、陈百龄：《探索 2012 年台湾"总统"大选之社交媒体浮现社群：矩量资料分析取径》，《新闻学研究》2014 年第 120 期，第 121 ~ 165 页。

理群体互动产生的层层叠加的社交网络关系，从而探讨公共性文化的多元复杂面貌。

在此之中，令研究者更为感兴趣的问题是，如何基于人们的线上行动痕迹进一步挖掘社群在既定社会秩序之下产生的相应制度行为。一般认为，网络与想法流是计算社会科学最为核心的内容之一，围绕调查数据进行智能化测量与比较，计算方法能够发现用户惊人的行为模式："从接触来估计人们之间社会影响的强度并计算想法流，进而准确预测团队的决策质量、生产率和创意产出。"① 而探索公众对于某些制度框架的行为模型回应，有助于重新推进我们对某些制度层面的反思。G. 金（G. King）、J. 潘（J. Pan）与 M. E. 罗伯茨（M. E. Roberts）基于中国社交媒体内容的大范围计算分析发现，外界虽对中国互联网审查制度抱有不同程度的质疑，但实际上，这一审查制度比人们想象的宽松。比如，发表关于领导人及其政策的消极言论或批判并不太可能遭受审查，相反，审查制度往往定位在一些正在发生或者可能发生的集体行动。② 由此，针对用户数据的试验性探索，或许能够帮助我们更好地探讨关于制度与行为之间互动性，从而重新理解社会系统的内在机制，开启公共政治新的研究视野。

四　社会治理的问题阐释与决策评估

伴随大数据与算法科学逐步整合进入当代社会治理体系，以计算为导向的媒介产制实际也与社会管理系统紧密关联。研究者广泛承认，在移动传播、公共展演平台与 ICT 技术发展背景之下，无所不在的计算技术正逐渐被应用于城市社区规划当中。③ 从社交网络、新闻门户、移动数字平台、户外电子媒介当中源源不断生产的日常数据流，为公共资源有效分配提供了决策依据。诸如 EveryBlock、ChicagoCrime 等代表性新闻网站，即通过数据采集与匹配，提供在地化信息服务，建立地方社区之间的共同体联系。

① 〔美〕阿莱克斯·彭特兰：《智慧社会：大数据与社会物理学》，汪小帆、汪容译，浙江人民出版社，2015，第 78 页。

② King, G., Pan, J., & Roberts, M. E. (2014). Reverse‐engineering censorship in China: Randomized experimentationand participant observation. *Science*, 345 (6199), 1–10.

③ Hosio, S., et al. (2015). Crowdsourcing public opinion using urban pervasive technologies: Lessons from real‐life experiments in Oulu. *Policy & Internet*, 7 (2), 203–222.

类似的数据计算方法业已应用于各个领域。M. L. 威廉斯（M. L. Williams）与 P. 伯纳普（P. Burnap）即以 2013 年伍尔维奇伦敦恐怖袭击案件为案例，将前期发生的恐怖事件与后续社交媒体的公众反应相联系，追踪网络仇恨在社交媒体的上升、持续、扩散、降低的过程以及传统媒体在线上环境扮演的角色，并探讨了开展"计算犯罪学"（computational criminology）的可能性。①

诚然，计算方法在公共生活当中的应用还体现于更为宏观的社会治理层面。R. 基钦（R. Kitchin）认为，建立在针对城市生活数据实时分析基础之上的社会运作模式，提供了展望新的"智能城市"的想象空间。② 随着各类传感测量元件充满人们的生活环境，城市的"数字皮肤"（digital skin）正在形成。换而言之，人们的公共空间正在成为一个生产各种社会数据的平台，反映着社会经济、政治与文化等多方面的动态。由此，公众如何通过自动学习的算法去获取信息？这一趋势将如何影响呈现在公共领域的内容生态？又将如何影响现实生活中的城市服务与基础设施管理？针对这些问题的回应将引发相关公共政策或社会管理实践的变化。③ 媒介组织如何重新建立新的问题意识，关注媒介与人类生活的共同进化，将城市传播与社区传播衍生的种种新近需求归纳到自身任务当中，这无疑成为计算科学与传统内容产制融合过程中的重大挑战。

第三节　是耶，非耶？计算导向的公共性研究反思

由于科学技术总是具有抽象性，一些概念隐喻的使用在科技领域就特

① Williams, M. L., & Burnap, P. (2016). Cyberhate on social media in the aftermath of Woolwich: A case study in computational criminology and big data. *The British Journal of Criminology*, 56 (2), 211–238.

② Kitchin, R. (2014). The real – time city? Big data and smart urbanism. *Geojournal*, 79 (1), 1–14.

③ Rabari, C., & Storper, M. (2015). The digital skin of cities: urban theory and research in the age of the sensored and metered city, ubiquitous computing and big data. *Cambridge Journal of Regions, Economy and Society*, 8 (1), 27–42.

别重要。① 这些隐喻象征着特别的认知标签，提供了人们理解技术的方式。作为数字时代的特殊隐喻，"计算"既意味着方法层面的创新突破，也为媒介生产常规带来了一系列尚难预测的影响。与之相随、广受推崇的大数据方案，不仅被视为一种科学路径、一种商业资源，更是一种新传播语境下的"神话"。② 人们需要提问的是，媒介领域广泛兴起的计算导向，乃是何以成为社会主流接受的隐喻，又将施加何种公共性效应。在此之中，研究者有待结合更为宽广的文化、经济与政治视角审视计算科学衍生的种种迷思，针对如下问题做进一步的反思。

首先，"计算"何以更有效地促进公共参与？计算社会科学具有较高的专业门槛，并非普通公众可以轻易近用。我们不得不承认，日常化自动算法催生的决策机制，在相当程度上放大了商业与政治的力量，社会因而有必要针对算法透明问题深入展开有关政策适用性的讨论。③ 人们若无法充分理解并信任数据表达的意义，很难说他们能够有效地运用这些知识来指导公共参与。事实上，机器人学习、预测性分析与数学模型对于任何个体来说都显得过于复杂。大型企业组织掌握着技术优势，它们关于利润提升的考量可能会凌驾于对公共话语的关切。F. 帕斯奎尔（F. Pasquale）甚至声明，"一种自动化公共领域正在影响所有的社会生产结构"，人们不再需要自己做决定，取而代之的是用以评估利润最大化的算法。④ 然而，计算方法是否有助于提升集体性利益，或者实现个体赋权，一直是个悬而未决的问题。基于海量数据的分析往往强调普遍性，因此，算法本身被认为会抽离个体差异，进而导致多数人的"独裁"。通常来说，公共领域总是具有内在的碎片化结构，其意义在于鼓励了那些未被"赋权者"的参与。如同 T. 哈珀（T. Harper）批判，大数据应用于媒介生产当中所引起的问

---

① Puschmann, C., & Burgess, J. (2014). Metaphors of big data. *International Journal of Communication*, 8, 1690–1709.

② Crawford, K., Miltner, K., & Gray, M. L. (2014). Critiquing big data: Politics, ethics, epistemology. *International Journal of Communication*, 8, 1663–1672.

③ Diakopoulos, N. (2015). Algorithmic accountability: Journalistic investigation of computational power structures, *Digital Journalism*, 3 (3), 398–415.

④ Sætnan, A. R., Schneider, I., & Green, N. (Eds.). (2018). *The Politics of Big Data: Big data, big brother?* New York, NY: Routledge, pp. 110–128.

题不在于它使得公共讨论碎片化，而在于它重新将公共参与集中于所谓的多数利益层面，进而推动了媒介经验当中的"流行主义"（populist）：基于受众数据的算法更倾向于对人们的生活进行相关性总结，强调一种基于平均基准的预测。① 诚然，算法提升了媒介组织制作私人化、定制化内容的能力，但在 T. 布赫（T. Bucher）看来，这恰恰是误区所在："保证公众'知情权'的最佳方式是去展示一个宽广的世界观，并将这些事件的重要性按照人类社会的需求依次排序"，计算范式却挑战了新闻业过去的种种基本原则。② 传统公共领域注重的独立理性精神被淹没在算法推送当中，个性推荐可能意味着偏见与同质化。在某种意义上，基于用户喜好而建立的私人化算法，反倒会令人们丧失接触多元性内容、主动找寻信息的机会。

　　其次，"计算"究竟能否解决新闻生产面临的种种危机？在新媒介环境挑战之下，"危机"固然成为媒介组织的一种普遍话语制式，不过，当我们急于通过技术援助来挽救现有的新闻业危机时，这种"权衡"可能显得过于简单化。③ 伴随新闻生产加入愈来愈多的算法手段，研究者也开始注意其中隐含的缺陷。依据路透社调查，虽有 40% 受访者认可新闻媒体仍能促进人们区分谎言与事实，但用户普遍感到，一系列有效规则的缺失以及病毒式传播算法的存在，正推动低质量、虚假性的新闻快速传播。④ B. 哈利南（B. Hallinan）与 T. 斯拉伯斯（T. Striphas）认为，新闻事实分析中运用的算法总是依循过往的"一致协定"，而非积极抱有动态、演进的文化观念。⑤ 这意味着，算法并不能实现灵活的自我修正，计算方法本身亦拥有相应的意识形态，是某种制度性协商的产物。

---

① Harper, T. (2017). The big data public and its problems: Big data and the structural transformation of the public sphere. *New Media & Society*, 19 (9), 1424 – 1439.

② Bucher, T. (2017). "Machines don't have instincts": Articulating the computational in journalism. *New Media & Society*, 19 (6), 918 – 933.

③ Anderson, C. W. (2013). Towards a sociology of computational and algorithmic journalism. *New Media & Society*, 15 (7), 1005 – 1021.

④ Newman, N., et al. (June 2017). Reuters institute digital news report 2017. Retrieved from SSRN website: https://ssrn.com/abstract = 3026082.

⑤ Hallinan, B., & Striphas, T. (2016). Recommended for you: the Netflix Prize and the production of algorithmic culture. *New Media & Society*, 18 (1), 117 – 137.

可以说，算法带来的种种问题不止反映于新闻产品制作，还进一步影响着现有新闻领域的结构。一部分声音不断强调，计算范式正通过影响新闻业周边生态一步步侵蚀其公共性。N. 库尔德利与 J. 塔洛指出，持续进入个人化营销与内容生产的大数据威胁着公共空间的形成，广告业主对目标受众的需求以及新型数据采集工业支撑了大数据和媒介的关系，这同时带来了广告主补贴媒介内容生产的新方式。① 当以计算为导向的实践推动着媒介产品的竞争场域，面对一些数字化平台，媒介组织普遍感受到一种"不对称"的风险。R. K. 尼尔森（R. K. Nielsen）与 S. A. 甘特（S. A. Ganter）也谈到，新闻媒体从原本独立的机构，将变得越来越依赖于某些新兴的数字中介，不仅个体公民，即使是大型、资源丰富的权力组织也不得不适应这些数字中介建构的新的媒介平台。② 尽管许多传统新闻机构较早地开展了数字化新闻生产，从业者依然颇为悲观地发现，数字收入无法弥补日益走低的发行收入，真正占领数字广告收入高地的是诸如 Facebook、谷歌等在内的互联网企业③，"社交媒体巨头走在了影响公众新闻消费的前沿。他们能够基于自身大量的基础数据去创建数学公式用以预测用户的阅读喜好"。④ 这使得传统新闻业与新兴媒介之间呈现持续扩大的鸿沟。值得指出的是，在不同社会结构当中，新闻组织承受的冲击亦不尽然相同。S. 扬（S. Young）就曾以澳大利亚为个案，说明相对小众的人口规模、集中化的媒介所有权以及传媒集团在线上空间的"垄断"仍使澳大利亚新闻业较少受到"负面性"国际趋势的影响。⑤ 类似地，讨论计算方法如何缓解

① Couldry, N., & Turow, J. (2014). Advertising, big data, and the clearance of the public realm: Marketers' new approaches to the content subsidy. *International Journal of Communication*, 8, 1710-1726.

② Nielsen, R. K., & Ganter, S. A. (2017). Dealing with digital intermediaries: A case study of the relations between publishers and platforms. *New Media & Society*. Retrieved fromhttps://doi.org/10.1177/1461444817701318.

③ Viner, K. (2017). A mission for journalism in a time of crisis. *The Guardian*. Retrieved from https://www.theguardian.com/news/2017/nov/16/a-mission-for-journalism-in-a-time-of-crisis? CMP=Share_iOSApp_Other.

④ Somaiya, R. (2014). How facebook is changing the way its users consume journalism. *The New York Times*. Retrieved from http://nyti.ms/1yDILEP.

⑤ Young, S. (2010). The journalism "crisis": Is Australia immune or just ahead of its time? *Journalism Studies*, 11 (4), 610-624.

新闻业当前的风险，恐怕还需要针对在地情境与媒介制度的特殊性做进一步的厘清与反思。

最后，鉴于计算科学已成为一种理所应当的政治分析工具，我们需要提出一个看似老生常谈的问题：公共性真的能够被计算吗？历来研究者讨论传播公共性，不乏两种主流途径：一种基于传播领域熟悉的媒介理论与实务，观察其附带的相应的社会政治影响；另一种则通过宏观政治经济架构去重新检视媒介生态的既有问题。无论何者，如 J. 科纳（J. Corner）与 D. 佩尔斯（D. Pels）提到，政治传播者总是习惯于以“赋能”（enabling）角度看待媒介与政治之间的关系。在此假设下，媒介成为现代政治运作不可或缺的“代理人”，出版自由、知识流通、多元意见以及针对权力的批判性监督则被认为是健全政治环境的保障。然而，如上述两位研究者所提出的，反倒是政治领域易被媒介的逻辑与规则影响，使其失去自身的特殊性和完整性。[1] 尤其在新技术高歌猛进的发展浪潮下，人们更有必要跳出传统的观念，警惕地看待媒介以何种方式以及在何种程度上消极作用于政治文化。M. 赫斯特于是莫不尖锐地指出，主流新闻生产面对的真正难题并非互联网竞争中的赢利问题，而是如何重拾公众对新闻业的信心。人们现在面对的处境可视作一种权力之争，卷入其中的是媒介资本和媒介劳动构筑的新闻行业，也包括与之相对的、由数字传播科技及其文化表现所驱动的社会力量。[2] 当代新媒介政治衍生的种种现象，并非计算社会科学可以单独予以回应。诸多牵涉政治传播的深刻命题，至今难以通过量化手段确认。关于中国本土政治文化的探讨也认为：“对于当下中国社会的政治伦理之实质，我们所以有深度言说和探究的欲望，来自历史和现实中已有、既有和将有的各类难题、诸多困惑，来自对现代政治哲学所秉承的‘文化公共性’叙事模式的自觉，对优良制度理性所做的伦理精神观照和

① Corner, J. , & Pels, D. （2003）. Introduction：The re‑styling of politics. In J. Corner & D. Pels（Eds.）. *Media and the Restyling of Politics：Consumerism, celebrity and cynicism*. London, UK：Sage, pp. 1 – 18.

② Hirst, M. （2011）. *News 2. 0：Can Journalism survive the Internet*? Crows Nest, NSW：Allen & Unwin.

良知守望。"① 一系列有关公共伦理与社会道义的问题，还需要人们辅以多种方式，通过更为详细的行动研究与话语研究去观察这些政治文化经由具体社会实践映射出来的面貌。

总体而言，计算方法正以可预期的速度推动新闻生产景观的巨变。面对算法在生产效率、报道准确性、数据分析、劳动力成本以及受众互动等各个层面具有的优势，新闻业不得不调整相关生产与运营模式，重新思考自身在线上内容平台的定位。新闻业迈向计算导向，可以解决转型时期的行业内部风险，但也涉及如何回应更大范围的社会规范与公共价值问题。数据挖掘与数据分析在推动公共领域被"知情"的过程中，促进了公众的反思性与主动性，抑或说，"数据不止于被用来理解公众自身，还要去协助公众更好地认知他们自己"。② 毋庸置疑，计算方法的兴起同时伴随着关于其运作缺陷的诸多批判。不过，算法不是某类技术成就，而是由人类制度选择的结果。③ 如同 D. 拉泽（D. Lazer）强调，人类生活在一个被"编码"定义的时代并不是个新近现象：所有的规则系统和过滤机制都有其潜在的约束意涵，任何组织自身的标准化运作流程，均可视为他们自己的"算法"。在前社交媒体时代，人们无法取得像今天这般体量的数据，在此意义上，社交媒体为公共政治研究带来了福祉，它使我们至少有可能从规模层面来研究社会系统。④ 在新闻业数字化发展中，计算方法的确成为重要的驱动力量。与此同时，在确定何种因素在新闻业转型当中起到更为关键的作用的同时，人们也必须确认关于新闻生产危机叙事得以建构的内在机理："我们如何讨论新闻业，以及我们如何理解其中的利弊得失，将指引我们去选择最终的结论。"⑤ 因此，讨论计算新闻施加的公共政治影响，

① 袁祖社：《现代共享性政治伦理范型：经验、知识及其信念——"文化公共性"的实践叙事与价值逻辑》，《政治学研究》2016 年第 6 期，第 71~80 页。

② Kennedy, H., & Moss, G. (2015). Known or knowing publics? Social media data mining and the question of public agency. *Big Data & Society*, 2 (2), 1–11.

③ Crawford, K. (2016). Can an algorithm be agonistic? Ten scenes from life in calculated publics. *Science, Technology & Human Values*, 41 (1), 77–92.

④ Lazer, D. (2015). The rise of the social algorithm. *Science*, 348, 1090–1091.

⑤ Pickard, V. (2011). Can government support the press? Historicizing and internationalizing a policy approach to the journalism crisis. *The Communication Review*, 14 (2), 73–95.

研究者仍需要以新闻业自身的价值观念作为检验基础。复杂的数据算法看起来成为当代社会的"黑盒子"，作为新媒介生态的一环，计算方法影响之下的受众关系、跨学科内容生产、舆情分析、社会管理决策等议题都亟待研究者做进一步深入探索。我们不能孤立地看待计算方法带来的影响，而应当将其植入更宽广的政治、经济与文化语境，去考虑计算导向的新闻业取径之所以形成的竞合与协商空间。

第八章 ▶▶

智能浪潮的隐忧：
人工智能时代的传播内容产制反思

　　人类社会的媒介内容生态从来与一系列技术实践息息相关。变革中的媒介科技不仅改变着职业化新闻生产队伍和文化工业，也进一步为人们整体的传播沟通和生活方式带来全面而深刻的影响。诚然，新技术带来的乐观前景是显而易见的。《经济学人》杂志 2017 年曾发表《人力云》（*The Human Cumulus*）一文，指出尽管社会历史会周期性地出现人们对科技进步将导致大规模失业的恐慌，但结果往往并非如此。文章以 15 世纪 70 年代德国奥格斯堡出现的书籍插图技术为例，当时，德国的木雕艺人害怕自己的技艺在插图技术问世后不再为人所需要，普遍发出抗议声音。但后来由于图书数量大幅度增长，他们的技艺市场需求更大。由此来看，新技术似乎并不是一个值得担忧的问题。当代许多数字信息服务和技术岗位正因为人工智能技术应运而生，算法和机器人也推动了信息流动的规模化和移动内容平台的产生，极大丰富了现今的媒体内容市场。

　　如本书所强调的，一系列备受倡导的媒介技术实践，都涉及一种关于"新"的意识形态。需要特别指出的是，我们所看待的新媒介风险并非纯然是经济性的，而是媒介文化的变迁使社会的整体传播结构处于一种不确定性之中。通过以风险为视角，我们正是试图描述在此种过渡的中间状态之中，进入媒介内容生态的生产者和其他参与者所展现的行动面貌。

　　对于传播学科而言，新媒介意味着一种独特的焦虑。伴随当前传播科技日新月异，研究者在回应新的媒介现象的过程中产生了诸多经验落差。M. 希施霍恩（M. Hirschorn）谈道："当我们回顾过去这 15 年的变化，会发现这 15 年是数字媒体历史上最纷乱繁杂的一章。"[1] 历来有关新媒介的修辞，不断吸收互联网、社交媒体、自媒体、媒介融合、移动传播等概念，使新媒介研究成为一个相当庞杂的领域。而近年来，在人工智能（artificial intelligence）蓬勃发展浪潮之下，我们所认知的媒介图景似乎又已然

---

[1]　〔美〕迈克尔·希施霍恩：《走向封闭的数字前沿》，施倩译，转引自《国外社会信息化研究文摘》，上海社会科学院出版社，2016，第 714 页。

大不相同。智能时代的来临，使人们不得不考量既有经验在内容、方法、技术与受众等方面的适用性，关于新媒介文化的种种探讨，俨然进入新的十字路口。

本章将讨论投射于智能化媒介为传播内容产制带来的现貌与反思。面对人工智能及其带来的媒介变革，研究者如何检视自身，给予相应的理论回应？围绕新媒介研究呈现的这一发展面向，本章意在讨论人工智能之于当前媒介版图的现实意义，梳理传播学内部相关实践面貌，进而思考传播研究如何通过融入智能时代，围绕智能化趋势带来的种种不确定性，重新打开新媒介研究的理论视野。

第一节　迈向人工智能：检视新媒介实践

自 1956 年在达特茅斯学会被提出，"人工智能"概念便逐渐映入各类媒介科技实践视线。由于在早期，人工智能的目标在于"鉴定与解决可处理的信息加工难题"①，传播学领域的相关应用，无疑也就带有浓厚的传统信息论或控制论色彩。至如今，日益兴盛的社交网络、大数据、云计算、物联网等趋势，均成为支撑人工智能发展的代名词。人工智能领域往往与其他新兴媒介技术相互糅杂，成为互联网治理、国家战略的重要面向。2015 年 7 月，《国务院关于积极推进"互联网＋"行动的指导意见》要求"大力发展智能制造"，推动社会产业智能化转型，人工智能由是进入中国国家决策议程。2016 年，美国发布《准备迎接人工智能未来》报告，宣布建立一系列工作坊以及跨部门合作团队来应对人工智能创造的收益与风险，强调人工智能技术在世界与日俱增的影响力。② 2018 年，美国国防部推出"人工智能探索"计划，并于同年宣布投入 20 亿美元用以支持人工

---

① Marr, D. (1977). Artificial intelligence – A personal view. *Artificial Intelligence*, 9 (1), 37 – 48.

② Felten, E. (2016). Preparing for the future of artificial intelligence. The White House Blog, 2016 – 5 – 3, retrieved from https：//obamawhitehouse. archives. gov/blog/2016/05/03/preparing – future – artificial – intelligence.

智能领域的发展。仅 2015 年，全球人工智能市场规模便达到 74.5 亿美元，中国约为 12 亿元人民币，而 2020 年，全球人工智能市场规模预计将达到 183 亿美元，中国则约为 91 亿元人民币。[①] 高速增长的经济贡献，将进一步强化人工智能领域在未来全球战略中的瞩目地位。

时下传播学虽不乏对人工智能的关注，但对相关理论脉络却缺乏翔实的讨论。诚然，从既有文献成果来看，人工智能研究在相当程度上偏向于实证或者自然科学方法，多数牵涉自然语言处理、数据库智能检索、专家咨询系统、定理验证、机器人学、自动程序、组合调度以及计算机认知等领域。[②] 人工智能因而常常被局限于计算机科学及其附属的操作系统、程序语言、数据处理、工具模型等方面。不过，从广泛共识来看，人工智能研究的一项重要动机仍在于了解人类本身。S. J. 拉塞尔（S. J. Russell）与 P. 诺维格（P. Norvig）归纳，现代人工智能的研究取向总体可以划分为两种维度：一种强调思维及其推理过程，另一种强调行为。与此同时，人工智能一方面既试图最大限度地展现"人性化"的一面，另一方面又以追求"理性"（rationality）为目标。[③] 此种多维度取向意味着各类学科能够以颇具弹性的途径与智能化科技相结合。

面对人工智能实践，传播学研究也渐渐出现不同方向的探讨案例。譬如，健康传播领域常常关注既有的电子化系统不能充分推动受众参与，从而为传达信息、指导健康决策等带来消极后果。研究者因而思考开发良好的健康传播数字程序以提升面向受众的即时性与互动性。G. L. 克雷普斯（G. L. Kreps）与 L. 纽豪斯（L. Neuhauser）即以 ChronologyMD 程序设计为代表，尝试引入人性化的语言与非语言提示、自然语言翻译、虚拟练习等人工智能方式，以提升健康传播效力。[④] 另一个重点是新闻业渐趋成熟

① 贾丽：《更多扶持政策有望加速出台人工智能发展 2017 年有望得到突破》，《证券日报》2017 年 3 月 7 日，第 C3 版。

② Nilsson, N. J. (1980). *Principles of Artificial Intelligence*. Palo Alto, CA：Morgan Kaufmann, pp. 1 - 8.

③ Russell, S. J., & Norvig, P. (1995). *Artificial Intelligence：A modern approach*. Englewood Cliffs, NJ：Prentice Hall, p. 4.

④ Kreps, G. L., & Neuhauser, L. (2013). Artificial intelligence and immediacy：Designing health communication to personally engage consumers and providers. *Patient Education and Counseling*, 92 (2), 205 - 210.

的计算机生成内容（CGC）。尤其在体育赛事与财经类新闻报道当中，机器人写作效果显著。数据显示，智能机器人的效率甚至可以达到资深记者的 10 倍。美联社使用的 Wordsmith 每个季度要完成 3000 多篇公司财报，日均 20 多篇。① 因此，计算机生成内容被认为将与"专业新闻记者生成内容"（PGC）、"用户原创内容"（UGC）一并构成数字化新闻信息的三大主体。② 另外，人工智能显然不仅在写作效率层面影响新闻业，而且还能够通过临场性使用扩展新闻生产者运用媒介资源的能力。A. 吉尼尔（A. Gynnild）认为，由于传统新闻采写总是可能面临战争、环境灾难以及其他重大冲突事件的潜在威胁，人工智能可以减少新闻记者报道危险性事件或者人物面临的风险；甚至能够以其颠覆式的技术创新，打破人们对于传统视觉新闻的认知。与此同时，记者实践还持续推动无人机应用的公共化和跨学科化，创造了各种分享和集体性试验。例如，由新闻记者、专业媒介机构以及新闻专业师生创建的 www.dronejournalism.org 网站，便致力于向外界提供关于无人机的最新议题。无人机记者专业协会（The Professional Society of Drone Journalists）亦尝试建立与无人机新闻相关的道德、教育与技术框架，为同行提供多种协作支持。③

诸多主流论述均认为，在人工智能驱动之下，媒介将会变得更"聪明"。④ 当前业已相当成熟的智能语音识别、自然语言检索以及大数据行为分析等媒介应用，都使数字媒介能够更轻松地与人类"打交道"。这同时意味着，过去探讨内容生产或者受众关系的常规观念将发生较大动摇。如彭兰强调，智媒化的到来意味着"万物皆媒、人机共生"，在此过程中，社会传播生态已悄然改变：传统用户正逐渐完成移动端迁移，而新闻传播

① 余晓洁、华晔迪、赵晓辉：《未来已来，中国人没有缺席》，《新华每日电讯》2015 年 11 月 23 日，第 6 版。
② 邓建国：《机器人新闻：原理、风险与影响》，《新闻记者》2016 年第 9 期，第 10 ～ 17 页。
③ Gynnild, A. (2014). The robot eye witness: Extending visual journalism through drone surveillance. *Digital Journalism*, 2 (3), 334–343.
④ 王汉华、刘兴亮、张小平：《智能爆炸：开启智人新时代》，机械工业出版社，2015，第 33 页。

的社交化则成为主流现象。① 传播研究者不仅需要审视此种用户媒介使用习惯的演进线索，更有必要观察其随之带来的传播政治经济文化效应。借由探讨人工智能与传播学科之间的关联，我们可进一步探索当前新媒介研究所能够拓展的空间维度。

第二节　人工智能时代传播学研究的四种代表性取向

各类智能硬件设备的普及正推动媒介生态新一轮的转型。人工智能影响到社会交往现实的方方面面，传播学研究者如何厘清新媒介发展脉络，实践自身的理论创新，成为具有时代意义的重大命题。梳理当前传播学观照人工智能领域的经验材料，我们主要可以讨论如下代表性论述。

一　基于机器自动化的媒介生产取向

得益于自动化数据收集、整理、分析技术，媒介组织已经在诸多层次实现了智能化内容生产。早在 21 世纪初期，研究者便开始探索基于不同桌面系统以及便携设备的超媒介技术来向差异化群体推介特定信息，并通过对这些群体成员需求的了解来重新诠释这些信息。② 而在大数据时代，从无限数据流当中提炼的知识进一步为智能算法培育了深厚的基础。当前，数字媒介不仅能够完成精准的内容推送，并且能够实现各类统计数据与语言词组的匹配，最终将其打造为具有需求性的消费内容。N. L. 拉塔尔（N. L. Latar）认为，活跃在人类生活领域的大量移动设备、海量的微观社会活动汇聚起来，创造了可以被称为"社会物理学"（social physics）的研究领域。从海量数据中生成新知识的计算机软件，以及自动将这些知识转化为具有可读性的故事的算法助推着这一趋势。他还指出，尽管深度报道

① 彭兰：《智媒化：未来媒体浪潮——新媒体发展趋势报告（2016）》，《国际新闻界》2016年第 11 期，第 6~24 页。

② Ardissono, L., et al. (2003). Intrigue: Personalized recommendation of tourist attractions for desktop and hand held devices. *Applied Artificial Intelligence: An international journal*, 17（8-9），687-714.

记者声称他们具有很强的叙事天赋、价值判断与创新思维能力，以及丰富的专业经验，但由于机器人在新闻生产的时间、强度、经济性等方面均存在相当优势，并且计算机程序能够在内容传播中将自身从人类的"偏见"中解放出来，作为劳动力或者其他成本形式的人类记者，依然面临着被淘汰的风险。[①]

的确，智能机器人介入媒介生产体系近来引起了专业新闻组织的关注。国内以新华社为代表的主流媒体即已经组织研发团队，运作以数据采集、数据加工、自动写稿、编辑签发为一体的机器人写稿流程，取得了《一种取向短新闻的机器写稿方法与装置》《基于模板自动生成新闻的系统和方法》等专利。[②] C. 克莱沃尔（C. Clerwall）依据整体文本质量、可信度以及客观性等指标，运用实验法对机器人新闻与普通记者所撰写的新闻进行比较后发现，尽管由软件生产的内容多限于描述性文字，在读者看来常常是枯燥的，但人们同时认可机器人新闻具备的客观性，并且许多读者并不能完全将机器人写作与记者写作的内容区分开来。[③] 这意味着，机器人新闻在某种意义上已具有相当强的竞争力。在机器人内容生产的冲击之下，媒介生产者不得不深入反思传统内容产制的转型余地。一部分研究者于是提醒，人工智能的引入正推动新闻业进入崭新阶段。机器人写作迫使新闻记者重新检视他们自身的专业技能，在此基础之上，智能程序与人类记者或可形成分工的新闻生产格局：前者长于事件报道的客观性、简约性与及时性，后者在社会分析、创意以及复杂语义句式写作等方面具有更强的能力。因此，与其说机器人挤占了传统媒介从业者的生存空间，倒不如说其创造了让媒介生产变得"更为人性化"的机遇。[④]

---

① Latar, N. L. (2014). The robot journalist in the age of social physics: The end of human journalism? In G. Einav (Ed.). *The New World of Transitioned Media*. Berlin, GER: Springer, pp. 65 – 80.

② 余晓洁、吴丹妮：《"快笔小新"上岗，新华社启用"机器人记者"》，《新华每日电讯》2015 年 11 月 7 日，第 3 版。

③ Clerwall, C. (2014). Enter the robot journalist: Users' perceptions of automated content. *Journalism Practice*, 8 (5), 519 – 531.

④ Van Dalen, A. (2012). The algorithms behind the headlines: How machine – written news redefines the core skills of human journalists. *Journalism Practice*, 6 (5 – 6), 648 – 658.

二　基于算法模型的计算科学取向

依照 D. 拉泽（D. Lazer）等人的观点，新的传播科技提供了对人们言说内容的理解，以及他们如何相互联结的各种方式，并带来"计算社会学"（computational social science）的兴盛：研究者通过智能可穿戴设备收集个人行为及其互动数据，能够详细观察面对面的日常人际交往与群体互动，与此同时，运用电子商务网站、社交媒体、智能移动手机等平台提供的跨年度历时性数据以及全球媒介信息，人们也更有能力去尝试描绘宏观社会层面的传播景观。[①] 尽管就现有方法系统以及基础设施建设而言，上述计算社会科学的开展仍存在一定障碍，但人工智能领域的进步，的确为研究者提供了良好的数据收集载体以及门类强大的数据挖掘与数据分析工具。

在信息爆炸的时代，计算科学的一项重要任务即是辅助人们过滤这些流动的数据，赋予其意义，使之结构化，并描述这些数据意义的相关之处。[②] 新闻传播学领域也逐渐采用不同数据分析软件，借助信息图表以直观、可计算的方式来诠释复杂的人类行为与社会现象。近些年热议的"算法新闻""数据新闻"等，即与此种计算科学颇有渊源。"计算新闻学"（computational journalism）也由此出现于人们的视野。在人工智能影响的计算新闻学路径下，人们聚焦机器的计算处理能力，开发自动化进程将信息排序、分类、提取与分析，并生产出特定算法模型，从而将计算机思维应用于新闻业的信息搜索、意义建构与内容表达实践。在 M. 科丁顿看来，这种发端于 20 世纪中期的计算思维在研究领域的普及，将进一步带来新闻传播学的量化转向。[③] 随着数字媒介信息流的增长，研究者将更多借助人工智能作为工具，去解决越来越庞大、复杂的数据分析需求。

① Lazer, D., et al., (2009). Life in the network: The coming age of computational social science. *Science*, 323 (5915), 721 – 723.

② Gray, J., Bounegru, L., & Chambers, L. (2012). *The Data Journalism Handbook*: *How journalists can use data to improve the news*. Sebastopol, CA: O'Reilly Media, pp. 3 – 6.

③ Coddington, M. (2015). Clarifying Journalism's Quantitative Turn. *Digital Journalism*, 3 (3), 331 – 348.

三 基于信息处理的认知传播取向

脱胎于计算机科学与神经科学发展渐趋成熟的社会背景下，旨在探索人类大脑"黑箱"问题的认知科学几乎一开始就与人工智能有着密切的勾连。标准认知科学向来即"强调人的心智之于身体如同程序之于计算机"①。尽管这一观点后来遭到很多批判，认知科学研究者也日益正视到人类认知与人工智能认知之间的差异性，但用流行的信息处理（information process）路径来发展人类思维的计算模式，依然在认知科学内部占据相当重要的地位。

如 J. 豪格兰（J. Haugeland）所言，思考是一种精神话语，思考又由符号运算组成。人们总是需要适当地组织语言对先前感知进行回应，这意味着针对特定情境"说出一些合理的东西"，而此种合理性则取决于一系列推理准则，也就是说，人们依据头脑中的符号系统进行一系列思维运作。② 在本质上机器无法完美地运用符号系统，因而并不能实现真正意义上的"思考"。认知科学历来致力于模拟人类的信息处理方式，从而推动人工智能通过自身"学习"不断接近此目标。按照既有研究归纳，实现机器人自我学习的路径主要基于三个原则：一是以任务系统为导向，通过业已确定的一系列任务来提升机器性能；二是通过探索人类的学习过程来提升"认知模拟"；三是对潜在的可能性学习方法与算法进行理论探索。在此过程中，智能机器能够通过持续习得新知识，发展具有实践指导意义的认知技能，组织更为普遍、有效的表达方式，同时协助研究者在不断的观察与实验中发现新事物，提出新理论。③ 模拟人类认知能力显然是人工智能研究当中一项充满长期挑战而又具有吸引力的目标，而在现阶段，相关方法路径实际已经相对成熟。尤其自香农－韦弗传播模式提出以来，人类

① 邵培仁、王昀：《认知传播学的研究路径与发展策略》，《编辑之友》2016 年第 9 期，第 14～19 页。
② Haugeland, J. (1989). *Artificial Intelligence: The very idea*. Cambridge, MA: MIT Press, p. 36.
③ Carbonell, J. G., Michalski, R. S., & Mitchell, T. M. (1983). An overview of machine learning. In R. S. Michalski, J. G. Carbonell & T. M. Mitchell (Eds.). *Machine Learning: An artificial intelligence approach*. Berlin, GER: Springer－Verlag, pp. 3－24.

信息被视为可量化的数据。在信息处理心理学的框架之下，计算机不仅仅是将字节转化为一系列数字的硬件设备，同时也兼具操作各类符号的能力。P. R. 科恩（P. R. Cohen）与 E. A. 费根鲍姆（E. A. Feigenbaum）认为，这种信息处理范式的核心在于提高人类与人工智能进行比较的精度，从根本上有助于我们更好地去理解人类认知。尤其是对照人类与机器在解决问题时存在的差异，有利于发展出更为成熟的认知传播理论。① 对于国内的传播学研究，与认知科学的结合可谓一个新趋势。人工智能的引入，无疑为研究者基于媒介研究思路丰富认知传播的理论与方法提供了非常大的空间。

四　基于用户中心的人机交互取向

自进入互联网时代以来，社会传播交往逐渐适应数字虚拟世界场景，即一种"由计算机系统生产的互动性的模拟体验"②。从广义上看，我们所探讨的大部分当代数字媒介文化，皆与人工智能联系在一起，传播学在以往着重探讨人际传播与大众传播的基础之上，开始愈来愈多地涉及人机交互相关内容。后者在过去的研究尤其是经典的用户体验与媒介使用问题的研究当中其实并不鲜见，在游戏领域，许多研究者便关注到玩家与数以千计的人工智能角色所进行的互动。人工智能技术的发展推动着在线游戏复杂性、互动性、多元性与现实性的提升，甚至游戏本身也日益被整合进教育以及专业训练领域，从而打破了现实学习环境与线上虚拟学习环境之间的界线。另外，在诸如虚拟现实技术（virtual reality）等热点议题背后，人们也多围绕人机交互取向来讨论未来新媒介的演进。一如 R. 艾利特（R. Aylett）与 S. 卢沙特（S. Louchart）指出，确切地说，我们应当将 VR 技术视作依附于剧场、文学或者影视的另类叙事媒介。事实上，VR 由于自身的性质与特点，尤其基于其故事叙述以及智能角色需要，它总是对人工

---

① Cohen, P. R., & Feigenbaum, E. A. (1982). *The Handbook of Artificial Intelligence* (Vol. Ⅲ). Stanford, CA: Heuristech Press, pp. 3 - 5.

② Ryan, M. (2015). *Narrative as Virtual Reality* 2: *Revisiting Immersion and Interactivity in Literature and Electronic Media*. Baltimore, MD: Johns Hopkins University Press, p. 2.

智能领域有着特别的观照。①

　　在某种意义上，关于人机交互的探讨可以尝试采用文化研究的思路，可以思考在人们使用智能设备进行彼此交往，甚至在他们与智能机器人进行对话的过程中，产生了何种新的传播意涵与社会文化效应？毋庸置疑，人机互动的核心仍在于以用户为中心的人性化模拟体验，在此过程中，一部分实证研究一直提醒着人工智能技术尚存在固有缺陷。譬如，J. 希尔（J. Hill）等人在比较人们的线上即时通信会话以及他们与聊天机器的对话内容之后发现，相较于与人类沟通，人们与机器人的对话缺乏语言丰富性，并且，人们会倾向于使用严格的语法规则，更易出现不敬言辞。整体上，人类的语言技能能够很轻松地适应于人机交流领域。②虽然高速发展的智能语言识别与大数据技术正推动机器人交流智能化程度的提升，但抛却技术层面的纠葛，挖掘用户认知和使用智能媒介对自我产生的影响，探索人类传播在人机交互语境下呈现的不同的社会文化特质，可能方是传播研究者更值得关心的议题。W. S. 班布里奇（W. S. Bainbridge）等人于是建议，研究者应当尝试采用正式的实验、访谈、人类学观察等各种手段去进行检视：其一，观察人们如何将自身身份或角色在虚拟情境下概念化；其二，聚焦于人们在社会互动中的相互认知过程；其三，人们如何针对既有的简单 AI 进行传播反馈；其四，探索设计更为复杂的、人性化的 AI 机器人，观察它们如何与人类互动，进而针对特定人群调试模型，再反过来重新理解人们的社会认知过程如何形塑他们的自身行为。③

---

① Aylett, R., & Louchart, S.（2003）. Towards a narrative theory of virtual reality. *Virtual Reality*, 7（1）, 2-9.

② Hill, J., Ford, W. R., & Farreras, I. G.（2015）. Real Conversations with artificial intelligence: A comparison between human-human online conversations and human-chatbot conversations. *Computers in Human Behavior*, 49, 245-250.

③ Bainbridge, W. S., et al.,（2007）. The scientific research potential of virtual worlds. *Science*, 317（5837）, 472-476.

第三节　人工智能与新媒介内容产制之反思

关于人工智能的兴起，传播学领域虽有热络关注，却大多引用其他学科成果旁涉其意，从媒介文化角度详细描绘人工智能使用的经验成果则相对较少。从当前研究者的整体思路来看，人们至少在两个方向上联结人工智能与传播学理论的相互优势：一是将人工智能作为工具支撑，以技术层面的协作来提升新闻以及其他媒介产品的生产效率，抑或以此应用于解释性、探索性的数据计算分析；二是直接视"人工智能"为一种全新交流模式，以至于有研究者将其称为"传播的进化"①，在借用计算机科学、社会学、心理学、哲学等多种学科资源的同时，强调人工智能缔造的新型交往形态，探讨其为人类传播生态带来的各类影响。

值得注意的是，多学科思路的转换、融合固然能够带来一些重要启发，不过，转向人工智能的社会实践意涵，不同理论背景向来有着不同的理解。在借镜他者的基础之上，传播研究重新发展出一套自身学理性想象来丰富关于人工智能的认知，或许更为重要。面对人工智能影响下的新媒介文化，传播学能够补足、再构哪些理论？能够据此创造何种新的研究取径？基于人工智能与线上内容生产的互动分析框架，本章认为，研究者至少有必要基于以下方面做进一步反思。

首先是多元化内容生产格局的再审视。在人工智能推动的自动化生产趋势下，基本的内容书写能力对于机器人而言已并非难事，这意味着未来大众媒介的常规信息生产会在相当程度上被代替。那么，如何看待由此引申而来的媒介组织的专业主义问题？P.哈蒙德（P. Hammond）提供了一个非常中肯的视角。他宣称，当前日益提升的"数据化"（datafication）浪潮并非是带来媒介专业性变化的源头。人们不应当以早期那种"计算机辅助"（computer - assister）的传统来看待新技术影响的新闻业，而应当去了解如何更好地通过数据来实现新闻的科学性与民主性。事实上，以大数据

---

① 牟怡：《传播的进化：人工智能将如何重塑人类的交流》，清华大学出版社，2017。

为代表的传播科技与先前人们的既有期待是一致的，它乃被一种更为广泛的当代后人文主义（post – humanist）政治语境所形塑。① 媒介从业者需要正视人工智能在媒介生产方面的种种挑战，激发自身的创造性，重构新时期的内容生产格局。新时期的内容生产格局由以下转向所塑造：由大众化的信息生产转向专业性、分众化的信息生产；由即时消息生产转向创意化的数字新闻生产；由传统以文本为主导的内容生产转向以影像为主的视觉内容生产。除此之外，则是以人物、历史为主的深度报道内容得以强化，发挥专业人员分析能力的数据新闻成为趋势。因而，人、机器、环境与内容消费之间的交错关系，也促进媒介生产者不断提升应对外界需求的能力。我们必须摆脱新旧对立的媒介史观，重新思考人工智能如何助益于日益多元化的内容生产格局，实现更具人文价值与公共利益的新媒介文化。

其次是探讨如何提升人工智能数据分析的精确性及其对于情景的反应能力。人工智能虽提供了美好的媒介生活愿景，其自身实践却向来被认为存在不少困境。R. K. 巴特纳加（R. K. Bhatnagar）与 L. N. 卡纳尔（L. N. Kanal）曾谈到，尽管人工智能研究者尝试在计算机系统当中模拟人类解决问题、进行决策的能力，其却面临着"近似推理"（approximate reasoning）的重大挑战。特定情景中的决策制定与推理过程往往仅基于局部性的、并非完全可靠的信息，并且来自多个信息源的信息常常相互冲突。这种对信息不确定性的处理通常包含了三个方面的难题：一是如何表达这种不确定性信息；二是如何将各种不确定的局部信息相互组合；三是如何使用这些信息实现有效推理。② 由此来看，人工智能领域同样存在传播学所谓"交流的无奈"的经典命题。从当前各类研究成果来看，人工智能技术尚带有显著的行为主义印记：计算机只是针对特定刺激给予相应反馈，智能设备固然能够依照数据、程序与算法进行建模或者分析，不过要实现真正意义的智慧型思维，却依然其路漫漫，以至于 M. 梅纳德（M. Men-

---

① Hammond, P. (2017). From Computer – assisted to data – driven: Journalism and big data. *Journalism*, 18 (4), 408 – 424.

② Bhatnagar, R. K., & Kanal, L. N. (1986). Handling uncertain information: A review of numeric and non – numeric methods. In L. N. Kanal & J. F. Lemmer (Eds.). *Uncertainty in Artificial Intelligence*. North – Holland, pp. 3 – 27.

ard）不无玩笑地说，人工智能"必然是'人工的'，但并没有那么'智能'"。① 人们唯有不断通过对行为与条件的设计与调适，最大限度地提高智能反馈的准确性。传播研究者因而需要发挥更多主动性，立足于更为科学的数据分析以及创造性想象力去实现智能化媒介与现实情景有效、持续的互动。

最后是相关的媒介素养与传播规范问题。在智能时代，人工智能负担更多媒介生产与内容推介工作。受众在接纳机器程序所主导的资讯机制的同时，亦不可忽视独立的媒介批判性思维的重要意义。J. A. 布朗（J. A. Brown）强调，媒介素养教育即牵涉批判性思维的认知过程，其中涵盖道德价值（moral values）、识别响应（discriminating responsiveness）、"反媒介化"的抵抗（antimedia resistance）和媒介消费者自身营造的变革（consumer revolution）等方面。② 尤其智能算法虽不断提升人们获取信息、过滤信息的速度，却常因过度迎合用户需求而导致内容偏见问题。一些研究者也认为，当前主流社交网络的信息算法存在透明性与责任归咎层面的种种缺陷③，这使我们不得不关注自动化内容生成对公共性文化造成影响。帮助受众提升运用智能媒介的相关媒介素养，使其对线上资讯持理性的批判态度，也成为传播研究者的一项重要任务。另外，既然人工智能创造出新的社会沟通形式，与之对应的大众传播的社会制度与管理议题，也亟待探讨。代表性案例如机器人新闻的版权争议。L. 威克（L. Week）提到，人工智能影响的新闻业导致一个颇具意味的版权话题：许多自动化新闻程序都需要通过某种电子表格式的设置来组织、整理数据集，从而将未加工的信息转化为系统化、有条理的新闻故事。而法律对于这种算法程序是否能够纳入版权保护体系，仍然存在相互冲突的观点。换而言之，由于计算机新闻被认为与传统媒体报道存在性质区隔，人工智能在大众媒介与版权

① Menard, M.（2012）. *Game Development with Unity*. Boston, MA: Cengage Learning, pp. 277.
② Brown, J. A.（1998）. Media literacy perspectives. *Journal of Communication*, 48（1），44 – 57.
③ Lokot, T., & Diakopoulos, N.（2016）. News bots: Automating news and information dissemination on Twitter. *Digital Journalism*, 4（6），682 – 699.

法领域尚未得到充分的论证。① 转向宏观社会语境，甚至有相当一部分声音主张采用更为严肃的态度去看待人工智能产生的种种潜在风险后果。人工智能虽然定义了机器自主思考行动、免于人类干涉的全自动化范式，但当这种自动化概念被不同程度地引入观念市场，人们必须考量是否应当设定责任条例，规范人工智能的工作行为。即，当我们的生活即将迎来一些高度复杂的智能设备的时候，研究者也需要谨慎讨论如何将一些原则性、法律性规范应用于人工智能的行动指导当中。②

　　人工智能技术在传播内容产制中发挥的效能是目前新媒介研究的活跃领域。目前，人工智能在语音识别、图像理解、文字处理、情景感知等方面的准确度已显著提高，极大地改变了人们的媒介使用体验与媒介互动方式。万物互联的智媒浪潮意味着行动者可以更高效地实践内容生产，也揭示着传统新闻业的商业模型正失去其效力，媒介组织必须积极投身智能化生产，完成时代转型。面对以低廉的成本生成的海量、多样化数字信息，专业内容生产者有必要重新调整既有定位，在采纳新技术路径的基础上，考量如何使自身所打造的内容文化有别于机器人算法，向公众提供具有竞争力的社会知识资源。毋庸置疑，更多的信息科学、计算机科学、认知科学研究者与数据思维范式将会被纳入媒介生产体制，导致专业主义生产的融合化与网络化。大型企业和国家权力在人工智能技术趋势之下，如何基于针对社会动态的算法预测推动组织机器的运转效率？如何通过针对数字网络的疏导、参与及控制机制强化其互联网治理效能？市民社会如何运用智能媒介强化建构社会议题、参与文化内容生产的能力，从而拓展其社会资源的动员边界？这些均为新媒介研究需要思考的问题。

　　总体而言，传播学领域向来不乏对"新"的关注。然而，面对人工智能影响下的媒介转型，人们不能浅尝辄止于描述智能时代的新图景、新现象。迅速调整现有方法与视野，发展出一套适用于关怀人工智能的学科思

---

① Week, L. (2014). Media law and copyright implications of automated journalism. *Journal of Intellectual Property and Entertainment law*, 4 (1), 67 – 93.

② Vladeck, D. C. (2014). Machines without principals: Liability rules and artificial intelligence. *Washington Law Review*, 89, 117 – 150.

路，显得尤为必要而紧迫。其中还涉及传播学与诸多交叉学科之间的对话关系，以及智能技术向外部环境延伸的各类问题。这些均呼唤研究者提高媒介研究的开放性，吸收、整合不同渠道的意见资源，批判性地看待智能媒介建构的文化价值意义，从而在此基础之上不断发掘传播学科能够得以回应的理论空间，找到新媒介技术与公共生活福祉之间的内在共鸣。

第九章

新媒介风险下的公共领域反思：
线上治理、现实困境
与研究方法

过去 20 余年以来，公共领域概念在被应用于中国问题的过程中一度得到相当热络的讨论。如范纯武所言，公共领域在国内的流行，一方面乃是将浸润于西方学术系统内的哈贝马斯思想，转化至考量其在中国史层面的有效解释力，另一方面则是随着改革开放后国内社会经济条件的变化，用其作为探讨政治体制转型的理论依据。[①] 尽管传统的哈贝马斯公共领域模型曾遭遇不同程度的批判反思[②]，但在国内政治传播的既有论述中，研究者实际多回避此类争议引发的纠葛，而力图发掘、诠释现当代社会现象存在的公共性价值。尤其伴随近年来新技术与社交媒体的发展，公共领域一词在学界的使用不但未冷却，反而有逐渐升温之势。大量研究通过引入各类线上行动与公共审议案例，关注中国社会内部分化的公共领域类型[③]，公共领域俨然成为中国互联网的主流分析架构之一。

然而，关于线上公共性问题，国际社会早已出现不同声音。一部分研究者基于跨国比较分析提出，相较于传统的线下方式，互联网并未创造更为良性的公共领域。[④] 即使对于新的社交媒体环境，在许多人看来，线上空间的民主化与赋权功能仍被技术乐观主义者夸大。依据 P. 洛西菲迪斯（P. Losifidis）的总结，当前线上公共文化面临的困扰至少包含如下方面：其一，互联网在倡导开放式参与的同时，亦导致众声喧嚣的意见冲突；其二，线上空间既存在包容性不够的问题，同时又受限于线上审查因素；其三，公共领域一方面演变为企业广告与公关活动的展演平台，另一方面总

---

① 范纯武：《两难之域：公共领域（public sphere）在中国近代史研究中的争议》，《史耘》2000 年第 6 期，第 171～190 页。

② Fraser, N. (1990). Rethinking the public sphere: A contribution to the critique of actually existing democracy. *Social Text*, 25/26, 56–80.

③ Rauchfleisch, A., & Schäfer, M. S. (2015). Multiple public spheres of Weibo: A typology of forms and potentials of online public spheres in China. *Information, Communication & Society*, 18 (2), 139–155.

④ Gerhards, J., & Schäfer, M. S. (2010). Is the internet a better public sphere? Comparing old and new media in the USA and Germany. *New Media & Society*, 12 (1), 143–160.

是充满党派偏见；其四，大范围内的沟通对话与批判性讨论往往在线上缺席。①

上述种种问题，均使我们不能忽略线上公共领域在发挥其潜能时所蕴含的结构风险。甚至回到中国语境，传统公共领域理论不但被认为并不适用于描述互联网情境，线上公共空间向政治范畴以外的持续扩张，更"显示出极为特殊的异化现象"。② 因此，立足于新媒介范畴，相关公共性议题已引起研究者的反思意识。公共领域固然为诠释线上参与式文化提供了颇为适用的理论依据，然而，大量涉及数字媒体、集体性行动与公共交往关系的研究，常常直接将公共领域直接移植到线上世界，侧重于此种数字实践向外延宕的政治经济影响，却并未深入比较那些赞成或质疑公共领域者的各自依据，从而判别数字市民文化在生成过程中随之而来的公共风险，描绘线上参与机制复杂变化的详致轮廓。

本书前述从"生产"角度检视了线上公共领域的各类参与活动。基于专业新闻生产与用户内容生产两种形态划分，研究者对新闻媒介、以公关为代表的内容提供者、个人自媒体运作以及娱乐生产进行了多案例观察，从而观照主流公共领域与亚文化社区的公共性特征。这种多主体、圈层叠合式的内容生产机制得益于线上空间不同政治经济背景的社会角色，或可启发我们重新检视当代治理理论，说明线上空间应当推动的多元治理体系如何成为公共领域规避风险网络、整合自身发展的重要一环。一种理性、平等、可沟通的完整市民社会在新媒介场域虽仍有待考量，但线上活跃的内容生产环境的确为人们塑造了一种可预期的公共性网络。这种公共性无论为传统政治秩序，或是现实社会交往观念，均带来较大不确定性。因而，相较于关注线上公共性如何作为外部效应施加于现实社会制度，本书更为侧重检视新媒介环境的公共领域乃是如何实现自我建构，以及这种内部建构可能产生的风险。在结合前述经验资料基础之上，本章首先梳理治理观念在线上公共领域分析中的应用，继而讨论当前线上治理如何引介可

① Losifidis, P. (2011). The public sphere, social networks and public service media. *Information, Communication & Society*, 14 (5), 619–637.

② 陆宇峰：《中国网络公共领域：功能、异化与规制》，《现代法学》2014 年第 36 卷第 4 期，第 25~34 页。

供考量的方法路径，突破当前的困境，从而丰富新媒介作为风险的理论研究思路。

第一节 一种治理观念的线上公共领域

现代社会治理体系向来与公共领域秩序相互联结。无论组织机构还是普通个体，若想维持在公共事务方面的良性互动，则必须拥有一种发端于国家公共领域的治理形式。① 参照哈贝马斯的论述，公共领域虽包含相当广泛的内容，但总体上仍指代由私人聚集而形成，介于国家与私人领域之间的中立地带，抑或说，是一种能够与公共权力机关直接相抗衡的"公众舆论领域"。② 此种理想型民主公共领域理念自 20 世纪八九十年代被广泛应用于中国研究便引起颇为激烈的辩论。一部分基于国内特殊语境的本土化反思，已在某种程度上修正原有的理论模型，提升了其适用性。其中具有较大影响的无疑是黄宗智（P. C. C. Huang）的"第三领域"（the third realm）说法，他提倡脱离西方经验的国家/社会二元对立构造，转向国家与社会均参与的第三空间观念。③ 何包钢（B. He）提出的"半市民社会"（semi‑civil society）也表达了类似观点。他倡导，中国研究者既不应当完全排斥西方市民社会概念，也不能毫无修正地使用它。事实上，当使用公共领域概念的时候，研究者必须深入了解到中国社会存在的部分市民自治以及这种自治与国家体制相互叠合的状态。④

国家与社会结构之间的杂糅使我们超越了传统公共领域的市民自治模型，为观察线上治理增添了更为复杂的视角。诚然，面对日常公共性文

---

① Castells, M. (2008). The new public sphere: Global civil society, communication networks, and global governance. *The Annals of the American Academy of Political and Social Science*, 616 (1), 78–93.

② 〔德〕哈贝马斯：《公共领域的结构转型》，曹卫东等译，学林出版社，1999，第 2 页。

③ Huang, P. C. C. (1993). Public sphere/ civil society in China? The third realm between state and society. *Modern China*, 19 (2), 216–240.

④ He, B. (1997). *The Democratic Implications of Civil Society in China*. New York, NY: Palgrave MacMillan, p. 8.

化，通常关注的重点在于公众如何作为行动主体实现公共空间自我治理的过程。大量研究也承认，消费社会崛起以来赋予个体介入社会议题的能动性，使他们能够养成一系列重要的学习机制，实现更具责任感的相关集体选择。① 与此同时，由于"在一个有效的公共领域里，任何时候的行为都是在既定的体制内进行"②，市民社会展现的公共治理效应，多少都会牵涉政府的社会政策与作为。尤其在世界范围内以国家为主导的互联网战略思维之下，线上公共领域实际已与官方主导的政治治理模式产生密不可分的联系。因此，关于新媒介文化的公共领域讨论，总是不限于以线上用户为中心的思路，而卷入到专业政治精英、新闻记者、意见专家与市民社会的协商网络之中，以期呈现数字社会既被国家政治所主导，又不断吸收外界参与的开放面貌。③

　　事实上，"治理"概念在当今之使用虽相当热络，但其本身存在一定的矛盾性。诸多声音认为，治理一词在线上语境包含着一系列合法性、组织性的管理协定，这意味着强化公共政策对线上用户具有规范与控制作用；在某种意义上，"互联网治理（internet governance）听起来就像一种'互联网政府'的状态"。④ 不过，对于主流共识而言，治理本身即是多元参与的共治体系，如联合国全球治理委员会便将其定义为："个体与机构、公共与私人管理社会共同事务方式的综合，其中涵盖着一种冲突以及多元利益可能产生的彼此适应、相互协作的持续化过程"。⑤ 这种去中心化的治理思维，既扩大了公共网络的选择范畴，无疑也使公共领域的所有参与者成为风险承担的共同主体。总体来看，当我们将这种多元中心的治理思维运用于互联网公共政治之际，其中往往包含了下述三个前提。

　　其一是线上公共领域本身与国家之间的勾连决定了一种交互作用的

① 〔法〕索菲·杜布松-奎利埃：《消费者在行动》，李洪峰、沈艳丽译，社会科学文献出版社，2015，第86~92页。
② 〔加〕泰勒：《现代社会想象》，林曼红译，译林出版社，2014，第84页。
③ Ausserhofer, J., & Maireder, A. (2013). National politics and Twitter: Structures and topics of a networked public sphere. *Information, Communication & Society*, 16 (3), 291–314.
④ Mueller, M. L. (2004). *Ruling the root: Internet governance and the taming of cyberspace*. Cambridge, MA: MIT Press, p. 7.
⑤ Commission on Global Governance (1995). *Our Global Neighbourhood*. Oxford, UK: Oxford University Press, p. 2.

"共治"状态。按照马树人（S. Y. Ma）的考察，1986 年以来中国所讨论的"市民社会"一词最初乃是受到"市民意识"（civic awareness）的启发，试图标识一种现代意义的市民身份。与此同时，市民社会又代表着与国家的有效联结，甚至是关于公民"素质礼仪"（civility）的表现。这意味着在借用此概念提倡个人权利与自由的时候，国家这一主体亦不可避免地存在。市民社会由此强调了维系与国家之间的和谐关系，而并非持有敌意地拒绝公共权力机关的介入。① 其二是新媒介推动出现的协作型网络加强了人们参与社会治理的自主性。诸多研究者通过国内具体案例分析已经承认，数字媒介中的行动者往往拥有丰富的社会、经济与文化背景，这种广泛的代理人机制映衬着新技术正重构社会信息分配、改变传统交往关系以及公共价值的结构方式，从而加速中国社会的转型进程。② 以百科、知乎、StackExchange 等知识型分享社区为代表，大量"平民专家"的涌现使线上用户参与可在特定议题上发挥重要的决策与规划的作用。其三是生活政治的嵌入。"在一定意义上，我们所理解的'生活政治'并不特别强调民众通过具体的政治行动参与到'政权政治'中去，其所指不在于民众通过什么样的途径实现政治参与，而指的是'日常生活'本身就具有'政治'的意味……在'生活政治'的视域下，'政治'主导了本来属于私人领域的日常生活，使得日常生活具有了公共性的政治意义，日常生活的各个方面因为负载了体现权力和秩序的价值观念而变得不再纯粹。"③ 随着数字社会推动的"沟通的自由"模糊了公共领域与私人领域之间的边界，尤其是社交媒体的普及使人们生活世界的碎片化时间也被数字化环境所吸收，公共政治参与被纳入广泛的日常媒介实践。这可以说确立了线上治理由国家政治议题与生活政治议题相互交错的复合模型。

因此，我们所说的治理观念主要指向一种多层次、多主体的合作网络。这与我们探讨已久的基于中国的公共领域修正模型实际是一脉相承

---

① Ma, Shu-Yun (1994). The Chinese discourse on civil society. *The China Quarterly*, 137, 180–193.

② Deng, Z., Lin, Y., Zhao, M. & Wang, S. (2015). Collaborative planning in the new media age: The Dafo Temple controversy, China. *Cities*, 45, 41–50.

③ 朱承：《论中国式"生活政治"》，《探索与争鸣》2014 年第 10 期，第 90~93 页。

的。多元主体的介入使基于公共领域衍生而出的资源配置与公共行动变得更为复杂：其既导致主体间责任界限的模糊，又促进了主体间权力的依赖性与紧密互动。① 与此同时，不同利益相关者的卷入过程，也不断促使线上治理在内容维度方面的扩展。国际社会强调的互联网治理体系亦从20世纪70年代至90年代以技术为中心的互联网基础设施与标准化范畴，逐渐演变为包含政治、法律、经济、文化等领域的整合生态。②

诚然，治理理论进入线上环境可以归因于一种相当宏观的全球性制度探索。如 J. 马赛厄森（J. Mathiason）谈及，在互联网成为国际工业变化与民主进程引领者的背景之下，互联网治理于是顺理成章地成为全球治理新的发展面向。③ 新媒介形塑的公共性意义，也常常被置于跨国信息网络与全球公民社会体系之下予以解析。与此形成对照的是，去疆界化的互联网固然易被定义为一种"全球现象"，线上治理的跨文化政治性问题依然有待于进一步重视。因而，不少研究者亦呼吁进入相对微观的国家视角层次，去探讨社会治理结构在新媒介环境衍生的动机、决策与行为④。

本章基于前面数章所论述的经验材料，试图总结在新媒介环境不断改变当代社会治理结构的原有面貌的情况下，治理观念的线上应用乃是如何与一系列公共性风险相互交织的。线上空间及其内部文化实践，不仅代表着推动个体行动、扩大交往权力以及汇集公共意见的中介机制，同时也是工业社会资本运转的产物⑤，是联结国家与社会的冲突场域。⑥ 在线上环境形塑的复杂多样的可能之中，"妥协可能是达成共识的一种方式，但更多

---

① 范柏乃、陈玉龙、赵晓华：《基层政府效能建设的理论、方法与路径：以楚门镇效能革命为例》，浙江大学出版社，2015，第36页。

② Gelbstein, E., & Kurbalija, J. (2005). *Internet Governance: Issues, Actors and Divides.* Msida, MLT: DiploFoundation, p. 14.

③ Mathiason, J. (2009). *Internet Governance: The New Frontier of Global Institutions.* London, UK: Routledge, pp. xiv – xv.

④ Wilson III, E. J. (2005). What is Internet governance and where does it come from? *Journal of Public Policy*, 25 (1), 29 – 50.

⑤ Mickey, T. J. (1998). Selling the Internet: A cultural studies approach to public relations. *Public Relations Review*, 24 (3), 335 – 349.

⑥ Rosen, S. (2010). Is the Internet a positive force in the development of civil society, a public sphere, and democratization in China. *International Journal of Communication*, 4, 509 – 516.

的是不可调和的分歧导致的‘交流的无奈’”。① 可以说，不同话语的意义再现、权力争夺与选择性协商过程，呈现各类参与主体围绕资源分配的正当化、合法化诉求在线上公共领域展开竞争。这些集体行动网络产生的种种潜在风险，均要求我们进一步梳理整体性公共领域中的各类主体作为，从而重新评估线上治理困境所力图实现的多维目标。

第二节　线上治理的现实困境：多重公共领域之考量

长期以来，关于互联网环境的讨论总是充满悖论：线上公共领域既被认为有助于各层次的公共讨论空间，又被形容为虽“看去生机蓬勃，实际上却处处设限”。② 可以说，数字媒介发展建构的诸多不确定性，构成了线上治理的难题。尤其伴随社交网络与移动传播的发展，公共领域转向由不同线上主体张力交织而生的破碎结构。对于研究者而言，至关重要的问题乃是基于一种“相对的公共领域”视角，去检视不同线上共同体如何实现他们关于公共利益的愿景。③ 在此之中，我们或可尝试从下述面向，进一步讨论特定公共领域形态存在的风险挑战。

一　政策型公共领域的认同危机

尽管过去关于数字全球化的论述普遍存在一种“国家退场”的声音，认为民族—国家角色在跨国技术网络中被逐渐边缘化。然而，在互联网治理架构之下，研究认为出现了完全相反的现象：国家力量的影响不但没有消减，反而在线上治理体系中不断扩张。④ 与此同时，从新近案例来看，

① 师曾志、胡泳：《新媒介赋权及意义互联网的兴起》，社会科学文献出版社，2014，第8页。
② 洪贞玲、刘昌德：《线上全球公共领域？网路的潜能、实践与限制》，《资讯社会研究》2004年第6期，第341~364页。
③ Shao, P., & Wang, Yun (2017). How does social media change Chinese political culture? The formation of fragmentized public sphere. *Telematics and Informatics*, 34（4），694 – 704.
④ Van Eeten, M. J. G., & Mueller, M. (2013). Where is the governance in Internet governance? *New Media & Society*, 15（5），720 – 736.

民族主义与国家主义在社交网络广泛崛起，不断出现市民社会与国家意志结合的现象。譬如，国内网络颇为流行的"小粉红"一词，用以形容带有强烈爱国心与体制捍卫热情的年轻族群。一些样本数据显示，这些"小粉红"群体的年龄构成主要分布于 18 ~ 24 岁，"在微博平台中，数量庞大的'小粉红'凝聚在一批共青团系统官方微博周围，在'帝吧出征'反'台独'、表情包大战、电影《没有别的爱》争议、南海仲裁案等涉及爱国表达的热点事件中，表现出 90 后强大的自我动员与组织能力"①。不过，这种国家主义认同在线上公共领域的强势生长并不全然意味着政治秩序的稳定性。相反，以"小粉红"为代表的群体有时甚至表现出线上行动的情绪化与冲动性。尤其对于特定政策议题，其背后象征着线上环境的复杂参与生态往往难以形成一种普遍化共识。

无论是从线下延伸至线上的抗争性运动，还是线上环境本身存在的技术、文化、法律、政治等诸多公共议题，基本上均牵涉公共政策为争取社会认同的运作过程。如 M. 卡斯特尔指出，认同文化的结果总是导致"公社"（communes）或者"社区"（communities）形式的产生，从而生产出一种"身份的抵抗"（identity for resistance）。认同有赖于"主体性"（subjects）的形成，这种主体性并非基于个体实现，而是由社会行动者以自身经验诠释的集体性意义。在他看来，在网络社会，政治认同出现的新意义在于，这种认同表达是通过公共抵抗（communal resistance）来实现的。分析这种公共抵抗的转型过程、条件与结果，能够让我们更为精确地去观察信息时代的社会变化理论。② 因而，浸淫于线上参与式文化之中的社会治理运作，确实又具有截然不同于以往的内涵。随着社交媒体成为舆论传播的中心场域，参与者在各种抵抗性意识形态之间，往往难以获得交往共识。公众意见在提升自身可视化过程中与既有政治话语产生的矛盾，亦导致社会面对公共政策审议的认同危机。尽管新技术同时为国家与市民社会

① 人民网舆情编辑室：《数读舆情："小粉红"群体是如何崛起的？》，2016 年 12 月 30 日，检索于人民网舆情频道：http：//yuqing. people. com. cn/n1/2016/1230/c405625 - 28990354. html，2017 - 3 - 1。

② Castells, M. (2010). *The Power of Identity* (2nd Ed.). Malden, MA: Blackwell, pp. 9 - 12.

之间的互动创造了新的形式，但此种协作型治理（collaborative governance）仍被认为由于缺乏机会结构（opportunity structures）而存在相当程度的限制①。诸多对国内线上公共领域问题的探讨倾向于回应国家如何从原有的抑制型宣传政策，转而采用更为主动积极的姿态。② 这些转型中的政治对话，其产生的前提在于新媒介环境导致公共交往的基础发生了转变。公众多元诉求之下产生的政策领域认同危机，也要求线上治理不断回应公共领域的权力落差，从而提升集体行动近用政治资源的能力，扩大平等性的协商通道。

二　传媒公共领域的专业主义衰退

依据哈贝马斯的观点，大众传媒支配了公共领域的市民社会基础。③ 在大多数公众意见表达中，传媒是最为重要的传声舞台。同时，传媒又是带有一整套信息生产、把关逻辑的政治行动者，其专业主义价值取向既建构了自身框架机制，又形塑了介于公共权力机关与自由意见市场之间的中介力量。然而，在现代社会复杂的新媒介治理环境之下，传统新闻专业主义产制已被认为受到不少冲击。尽管从本书观察结果来看，主流新闻组织仍然在社交网络的媒体间互动中占据着核心地位，但这种互动限于大众媒体机构本身的既有偏见。如果我们将视野投向整体网络结构，无论是传统的内容提供者还是个体化的生产机制，均在相当程度上解构着专业主义媒介生产的意涵。

其一，网络新闻工作者从根本上冲击了原本就争议不断的"记者"这一专业身份。④ 大量用户原创内容（UGC）使传统媒体的专业主义价值和新闻准则不断遭到解构，从业者与外行之间的界限日趋模糊，乃至于在拥

① Newman, J., Barnes, M., Sullivan, H., & Knops, A. (2004). Public participation and collaborative governance. *Journal of Social Policy*, 33 (2), 203 – 223.

② Steinhardt, H. C. (2015). From blind spot to media spotlight: Propaganda policy, media activism and the emergence of protest events in the Chinese public sphere. *Asian Studies Review*, 39 (1), 119 – 137.

③ 〔德〕哈贝马斯：《在事实与规范之间：关于法律和民主法治国的商谈理论》，童世骏译，生活·读书·新知三联书店，2003，第441页。

④ Singer, J. B. (2003). Who are these guys? The online challenge to the notion of journalistic professionalism. *Journalism*, 4 (2), 139 – 163.

抱社交媒体的过程中，新闻记者队伍形成明显的数字对立：一部分对线上渠道仍持以强烈的怀疑主义态度，另一部分则成为社交网络的积极参与分子。① 其二，传媒既有的专业主义实践本身便存在所谓惯常性理想（normative ideals）与实证经验（empirical approach）之间的差别，导致无法推动合乎期待的公共审议。D. 克兰施米特（D. Kleinschmit）依据其经验案例总结如下：居于政治系统边缘的行动者总是无法频繁出现于新闻报道；传媒业难以刻画一种主导性话语要素来促进更好的公共反思；并且，大众传媒关于风险或危机处境的论点也往往难以获取多数人的共鸣。② 其三，一部分依附于专业媒介机构的内容提供者进入社交网络，强化了线上生产对专业主义的影响。在公共关系领域，社交媒体与传统主流媒体构成了两种互补之物。组织通过社交媒体与外界受众沟通，亦作用于传统新闻报道内容。③ 而网络化行动的反公众（counterpublics），也将社交媒体作为话语工具，迫使主流媒体接受其叙事选择。④ 大众传媒专业主义影响的衰退使我们不得不重新反思线上公共意见的整合力量。即使将新媒介视为传媒公共领域新的发展阶段，随之而来的一系列新的制度建设与规范调整，也急需诸多批判性梳理，从而应对媒介专业主义实践在线上治理体系中可能产生的失能症结。

三 日常性公共领域的反政治文化

公共领域的前提是一群具有理性批判精神的社会公众。公众在自觉对话基础之上，"借助公共领域发表自己的见解，监督和批判公共权力在风险防范和应对上的公平与效率，参与风险决策的讨论，全社会在公共协商

① Hedman, U., & Djerf – Pierre, M.（2013）. The social journalist：Embracing the social media life or creating a new digital divide? *Digital Journalism*, 1（3），368 – 385.
② Kleinschmit, D.（2012）. Confronting the demands of a deliberative public sphere with media constraints. *Forest Policy and Economics*, 16，71 – 81.
③ Wright, D. K., & Hinson, M. D.（2008）. How blogs and social media are changing public relations and the way it is practiced. *Public Relations Journal*, 2（2），1 – 21.
④ Jackson, S. J., & Welles, B. F.（2015）. Hijacking #myNYPD：Social media dissent and networked counterpublics. *Journal of Communication*, 65（6），932 – 952.

的基础上达成风险防范和治理的共识"。① 然而，当我们运用公共领域这一术语来形容社会政治文化时，并非总是充满着乐观。Z. 帕帕查里西（Z. Papacharissi）便谈到，公共领域在许多研究中成为一种普遍的包装修辞，用来表达人们对传统政治参与形式的"怀旧之情"。那些观点将市民参与、公共话语和当下政治状况联系在一起，常常高估并浪漫化了以往的政治活动，而忽视了消极、愤世嫉俗以及松散的公共表达是所有时代都存在的现象。②

事实上，公众本身即是充满复杂意涵的概念。笼统而言，公众就是某种"社会的集合"（social totality），由普通人以国家、联邦、城市或其他共同体形式组成。它又是一种经验性产物，是在"陌生人"之中形成的关系。"公众"通过一套自身的话语自行设定了自己的边界与归属，以诸如领域、认同、信仰或其他的"成员测试方式"筛选出陌生人进入。③ E. F. 恩西德尔（E. F. Einsiedel）由是评价，公众包含了形形色色的关系，总是随着时空与议题的转换而变化，实则乃是被"想象的群体"，是在不断的实践中所形塑的观念建构结果。④ 可以说，公众固然构成了线上治理的重要主体，但从另一角度来看，片面注重公众的集体性作为可能存在风险。尤其伴随着大众传播环境的急剧改变，大众娱乐和广告相互结合，私企不断激发消费者意愿，甚至导致"公共权威也要为了宣传而竞争"⑤，这使人们有必要重新审视公众在既有公共空间的权力沟通余地。

在社交网络推动的参与式文化中，线上治理面临着一种从人们日常媒介近用延伸出来的反政治文化。显然，这种反政治性亦是人们政治性的意识与行动。如 P. 洛芙迪（P. Loveday）所认为的，政治思想事实上总是通

① 张燕：《风险社会与网络传播：技术利益伦理》，社会科学文献出版社，2014，第 157～158 页。
② Papacharissi, Z. (2010). *A Private Sphere*：*Democracy in A Digital Age*. Cambridge, UK：Polity Press, pp. 12–13.
③ Warner, M. (2002). Publics and counterpublics. *Public Culture*, 14 (1), 49–90.
④ Einsiedel, E. F. (2008). Public participation and dialogue. In M. Bucchi & B. Trench (Eds.). *Handbook of Public Communication of Science and Technology*. New York, NY：Routledge, pp. 173–184.
⑤ 〔美〕乔根森、〔美〕哈尼奇编著《当代新闻学核心》，张小娅译，清华大学出版社，2014，第 274 页。

过反政治的形式被表达，譬如对政党的批判即是如此。① 与政治顺从相对，市民社会的反政治性文化呈现拒绝主流政治文化的一面：它为社会体制改革提供了动因，同时也为既有的政治秩序增加了不稳定的因素。钟杨与胡伟（Zhong，Yang & Hu，Wei）基于跨区域分析提醒，中国城市居民仍然相当关心政治、国际事务，并且，那些越倾注兴趣在政治上的人，越倾向于不满意政府的政策表现。若被给予一定的机会，他们更有可能参与传统与非传统的政治活动。② 从全球来看，西欧右派民粹主义的抬头以及美国新共和党右翼的反政府修辞均映射出特定的时代症候。A. 施德勒（A. Scheddler）于是感叹，我们生活在一个"反传统政治"（antipolitical）的时代，在此之中，媒介也包含着无处不在的反传统政治动机。③ 这种解构传统政治性制度的声音，同时充斥于近年来的社交媒体运动之中④，一方面提升了舆论诉求中关于平等主义、社会公正、政治改革等愿景的能见度，另一方面亦削弱了国家或政治权威的正当性，这无疑为重构公共领域的治理带来诸多争议性力量。

四 亚文化公共领域的复杂脉络

公共领域的构成向来并非铁板一块，尤其线上共同体的身份流动与社群差异，更将线上治理目标推向更为丰富的亚文化结构。如 J. 斯特里特（J. Street）指出，历来政治研究者都不得不视大众文化为人们政治生活的一部分。探讨大众文化不应仅限于探讨粉丝或受众权力与大众文化生产者之间的妥协、抵抗，而必须回到人们的生活方式本身。事实上，大众文化的内容与特质乃是源于一系列复杂事件的连锁反应，是政治制度与政治意

---

① Loveday, P. (1969). Anti‐political political thought. *Labour History*, 17, 121–135.

② Zhong, Yang & Hu, Wei (2013). Mass political interest in urban China：An empirical study. *China：An International Journal*, 11 (3), 87–103.

③ Scheddler, A. (1997). Introduction：Antipolitics — Closing and Colonizing the Public Sphere. In A. SChedler (Ed.). *The end of politics? Explorations into modern antipolitics*. London, UK：MacMillan, pp. 1–20.

④ Juris, J. S. (2012). Reflections on #Occupy Everywhere：Social media, public space, and e-merging logics of aggregation. *American Ethnologist*, 39 (2), 260–279.

识形态运作的结果。① J. M. 布罗菲（J. M. Brophy）也认为，基于大众文化在联结普通市民与公共领域中扮演的关键角色，研究者应当超越传统的公共意见解释，使用更广泛的文化架构来讨论大众阶层如何加入政治行动。②

在媒介饱和时代，大众文化在线上领域延展出无数亚文化的内涵。得益于强盛的用户参与式文化，在某些情形下，亚文化甚至已主流化，呈现愈发显著的社会效应。譬如豆瓣，这一始于 2005 年、起初限于小众化年轻群体的评论及兴趣分享网站，现在则已经扩大到广泛的文化产业领域，日均页面浏览量超过 1.6 亿人次，网站用户讨论涉及影视、音乐、出版等，网站发挥着非常重要的口碑传播作用。而知名的线上论坛"帝吧"（李毅吧），其开始虽以足球运动员冠名，现在则拥有超过 3200 万关注用户。论坛内成员通过幽默、恶搞、讽刺等方式，在各类社会热点事件、民生问题的公共讨论中均有瞩目的表现，拥有极强的线上影响力。

大众文化生产的内部分化使研究者必须从两个方向着手寻找线上公共性脉络。一是将焦点置于亚文化社区自身的内部运作，发掘用户如何通过创造性实践来丰富线上交往体系。譬如，大量关于字幕组的研究已经注意到线上迷群的志愿劳动与集体精神如何影响知识分享与文化商品的资源分配体系③。二是检视并非处于主流话语位置的亚文化公众争取将其话语叙事扩散到公共空间的过程。如一部分研究便基于中国粉丝文化在对抗国家审查制度时动员的集体性行动，分析大众文化消费者如何在积极参与娱乐内容生产的同时，卷入诸多严肃的社会政治议题。④ 因此，研究者有必要基于亚文化群体衍生的分众化、跨平台的流散型公共交往，探讨公共意见如何通过"非常规"方式得以形成。

---

① Street, J. (1997). *Politics and Popular Culture*. Philadelphia, PA: Temple University Press, pp. 4 – 6.

② Brophy, J. M. (2007). *Popular Culture and the Public Sphere in the Rhineland*, 1800 – 1850. Cambridge, UK: Cambridge University Press, pp. 300 – 313.

③ Lee, Hye – Kyung (2011). Participatory media fandom: A case study of anime fansubbing. *Media, Culture & Society*, 33 (8), 1131 – 1147.

④ Peng, Zhenzhu (2016). Online resistance to censorship among Chinese fans of The Big Bang Theory. *The Journal of Popular Culture*, 49 (5), 1023 – 1041.

除此之外，值得注意的还有，亚文化空间实践固然形成了独特的线上参与环境，但其日常运作毕竟在主流公共领域之外，往往为传统社会治理造成一些尚难以触及的真空地带。比如，电子商务平台的线上评价体系固然为用户提供了另类的公共审议渠道，却难以避免多开账号的"刷单"行为。一些关于线上游戏社区的观察也认为，尽管这种特殊身份认同在交往过程中包含了游戏世界、日常世界与政治世界的公共舆论气候，呈现另类的公共化传播结构，但是仍然存在采用不劳而获的投机方式伤害其他玩家，"拥有主体行动能力的线上游戏用户可能因为'私利'而采取牺牲公共利益的手段"[①]。由此观之，资本侵入以及有效约束机制的缺席使亚文化公共领域存在种种互动的风险。研究者亦有必要深入考量亚文化社区所面临的线上公平与权利保障问题，以此来疏解传统政治公共领域讨论中的种种"僵化"思路。

五　跨国公共领域的外部压力

20 世纪中后期萌芽的互联网技术乃被并入世界信息经济与全球媒介传播的发展体系之中，引发了跨国社会网络的依赖文化。而持续的政治、文化与技术全球化趋势以及日益兴起的跨国界社会运动，则被认为越来越挑战着传统公共领域理论的国家中心论[②]。L. 麦克劳克林（L. McLaughlin）也认为，一种世界市民身份在跨国纽带中的增长，重新形构了民主政治的世界主义文化。[③] 之于中国社会，在一系列国际标准的接受过程中，其治理目标亦深入全球场域。2015 年 10 月，国内首次公开"共商共建共享"的全球治理理念；[④] 2016 年 11 月，在第三届世界互联网大会上中国公布了为推动"全球互联网治理朝着更加公正合理的方向迈进"的互联网治理思

① 王昀：《另类公共领域——线上游戏社区之检视》，《国际新闻界》2015 年第 8 期，2015，第 47～66 页。
② 〔英〕克拉克：《全球传播与跨国公共空间》，金然译，浙江大学出版社，2015，第 41～42 页。
③ McLaughlin, L. (2004). Feminism and the political economy of transnational public space. In N. Crossley & J. M. Roberts (eds.). *After Habermas: New perspectives on the public sphere.*. Oxford, UK: Blackwell, pp. 156-176.
④ 刘斐、王建华：《中国首次明确提出全球治理理念》，2015 年 10 月 14 日，检索于新华网：http://news.xinhuanet.com/2015-10/14/c_1116824064.htm, 2017-1-17。

路，提倡"范围更广、程度更深、成效更大"的全球治理参与。① 随着此种全球性政治想象作为主导工具术语进入日常社会，人们将日益面对跨国性议题在公共领域的成长，政治决策者与参与者也必须考量大量的潜在跨国性风险。

这种风险首先源于一种不受拘束的"非国家领域"。如 N. 弗雷泽（N. Fraser）指出，"在国际层面，我们已经看到'无政府的管理'的出现，即私人的和半公共的管理机构的扩散。这些机构制定了强制性的可执行规则，管理着世界范围内社会交往的广大地带。"她认为，包括北美自由贸易区（NAFTA）、与贸易有关的知识产权协定（TRIPS）等在内的国际机构及协定，"极不民主化，常常暗箱操作，在任何情况下都不对任何人负责。由于全心全意地为资本的利益服务，它们能否经得起公共领域真正严格的审视，还不得而知"。② 与此同时，跨国网络中的公众行动加强了公共领域层面本土与世界的联结。譬如国内一度颇受热议的环保运动，这种公民绿色话语往往运用"同一个世界""共同的地球""历史的视角""地球村""地球日""可持续发展"等修辞，显示了基于全球维度的考量。③ 而在大众文化领域，亚文化社群也反映了日益紧密的跨国交流。过去关于字幕组迷群的讨论即认为，线上用户自发的大规模包括内容引介、翻译与再生产在内的翻译活动，间接推动了中国与世界接轨，这种"中国对西方文化的翻译之路，也是世界通往中国之路"。④

不可忽视，新媒介塑造的全球流动网络为在地化治理带来众多新的挑战。跨国公共领域的形成在本质上乃是跟国家现代性发展及"走出去"的全球化步伐相一致的。在郑永年（Zheng, Yongnian）看来，中国社会快速转型背后的最重要力量便是开放：中国与世界的相互影响为中国社会的内部变化提供了外在动力机制。然而，社会也往往是全球化和开放进程中最

---

① 张伟、冯武勇：《全球治理的中国印记》，《新华每日电讯》2016 年 11 月 23 日，第 3 版。

② 〔美〕南希·弗雷泽：《西方民主的危机与对策：公共领域的跨国化》，邢立军译，马妮校译，《社会科学战线》2015 年第 4 期，第 240～243 页。

③ 杨国斌、〔美〕克雷格·卡尔霍恩：《媒体、公民社会与绿色公共领域的兴起》，转引自〔荷〕皮特·何、〔美〕瑞志·安德蒙主编《嵌入式行动主义在中国：社会运动的机遇与约束》，李婵娟译，社会科学文献出版社，2012，第 95～96 页。

④ 卜昌炯：《共享主义战士的黄昏》，《博客天下》2014 年第 33 期，第 56～61 页。

薄弱的一环，因而需要呼吁采用多种政策手段对其予以维护。① 跨国网络空间在制度对话、政治信任、网络安全、资源分配以及跨文化认同等方面具有风险性，线上治理仍必须谨慎处理全球化与在地化实践之间的张力，以此面对市民社会日益深刻的世界主义想象。

第三节　数字社会公共领域探讨的方法视野

前述，当代线上治理面对的是众多类型化、相互叠合的公共领域形态。对于现实社会秩序而言，此种文化公共性既有赖于线上空间的内容参与和市民自治，更映射出多种风险主题在新媒介环境下的冲突、互动与融合。由此，线上环境缔造了一种"风险公共领域"。面对日益成长的公共性文化，风险意涵的关键不在于具体、单一性的公共风险事件，而取决于线上共同体的生产实践如何建构新的意义争论，各类参与主体在遭遇不断解构的传统认同符号的过程中，如何再制政治文化，形构线上互动的未知图景。

对于线上公共领域的目标、内容与手段，尽管长期以来传播研究领域进行了颇多讨论，但方法系统并不成熟。主体杂糅的数字内容生产加强了线上参与文化的自主性、流动性，即使是在职业化媒介组织或普通用户群体内部，也分离出不同面向，使社交网络中原本相对隐蔽的"小世界"生态，被以公共化的形式放大在数字交往空间之中。这些导致公共领域众声喧嚣的复杂脉络，需要研究者持以审慎的态度予以诠释。完善数字空间的治理理论，也亟待研究者结合交叉化、融合化、协作化的方法范式，动用不同经验思路来诠释公共交往的风险利益与关系脉络。

一　基于大数据推演的关联模型

自 2011 年麦肯锡全球研究院发布《大数据：下一个竞争、创新和生

---

① Zheng, Yongnian (2010). Society must be defended: Reform, openness, and social policy in China. *Journal of Contemporary China*, 19 (67), 799 –818.

产力的前沿》研究报告，大数据便逐渐成为全球瞩目的治理工具。在国内，大数据应用虽起步较晚，却处于高速增长阶段。2015 年，全国大数据市场规模突破百亿。[1] 各类互联网技术公司、舆情机构以及数据研究智库的参与，推动大数据不仅被广泛应用于互联网商务、金融、制造、物流等产业领域，也逐渐在智慧城市建设以及线上治理等公共管理层面发挥重大作用。面对分众化、隐匿化的数字空间，研究者无法通过全体用户的叙述来探知实情，尤其在大量公共危机事件中，线上意见呈现指数级增长，人们只能依赖"数据说话"方能了解其全貌。大数据因而成为一种有效的量化分析工具，用以评估、预测线上公共领域内容生产、消费、传播之间呈现的特征与内在关系。

作为数字时代新的技术神话，大数据的核心在于针对海量数据，应用合理算法推测各类"可能性"，从而深刻改变社会交往与传统思维方式。[2] 可以说，大数据之缘起便是数字网络与物理世界的相互内嵌，因而与线上公共领域构成了强烈的依赖关系。T. 麦克费尔（T. MacPhail）认为，大数据的定位并非是提供复杂社会问题的解决方案，而是去更好地发现具有相关性的研究问题。[3] 大范围的线上公共意见与集体行动向来难以被轻易感知，大数据技术广泛进入政府、商业、科技等领域，在其所推进的全样本呼声中，社会治理者的确可通过不同维度的数据集合，更精准地预测风险事件的成因与演变方向。值得注意的是，大数据方法背后隐藏的实证主义亦遭到不同程度的质疑。对于公共领域对话而言，一方面，高质量的大数据作为稀缺资源被各类组织或机构掌控，普通公众难以近用；另一方面，大数据广泛深入个性化营销以及内容生产，在某种程度上取代了公众与组织之间通过信息、辩论、同理心等方式塑造的联结生态。[4] 因此，虽然

① 王晓洁、王新明：《大数据产业遭遇"垄断"和"孤岛"》，《经济参考报》2016 年 10 月 20 日，第 A07 版。
② Mayer - Schönberger, V., & Cukier, K. (2013). *Big Data: A revolution that will transform how we live, work, and think.* New York, NY: Houghton Mifflin Harcourt, pp. 11 - 12.
③ MacPhail, T. (2015). Data, data everywhere. *Public Culture*, 27 (2), 213 - 219.
④ Couldry, N., & Turow, J. (2014). Advertising, big data, and the clearance of the public realm: marketers' new approaches to the content subsidy. *International Journal of Communication*, 8, 1710 - 1726.

关联性的数据推演为线上治理提供了创造性方式，但"大数据治理的前提，恐怕还需鼓励更为开放的公共空间，将公众从日常生活拉入以公共精神为导向的对话空间"①，在此之中，研究者必须力图创造基于数据流分析的双向沟通反馈机制，梳理不同社群之间的信息偏好与互动属性，从而重新研判公共性冲突因何衍生，并进一步勾连线上用户的关系线索与共识空间。

二　基于行动者逻辑的经验认知

行动者不仅包括个体化的社会人，还延展到各类非人类的、非个体性的话语行动主体。按照 B. 拉图尔（B. Latour）的观点，世界并非是"整齐分类"的。通过追寻一种异质性的"行动者网络"（actor - network），我们能够从数字化的、静态的、类型化的世界抽离出来，转向动态的本体论视角。② 基于行动者逻辑的方法取径提供了一种重要预设，即每个对象皆是特殊的，无数节点之间的互动构成了线上交往网络。这也使得我们能够关注到在主流数据挖掘平台未能覆盖到的领域，一些"特立独行"的行动者群体如何在线上环境表达其文化诉求。面向此种行动者网络的经验观照，研究者有必要持续深入生活世界背景，基于不同行动者展现的个体特质，回答传统数字算法无法诠释的理论落差。

首先，并非"多"的数据就意味着是好的。事实上，数字媒介研究者面临着关于多数人的"浅数据"（surface data）以及关于少数个体、小群体的"深数据"（deep data）问题。L. 曼诺维奇（L. Manovich）认为，即便大数据时代带来了规模性数据分析的浪潮，但这并未使深数据与浅数据之间的关系"崩塌"。人们反而必须意识到线上信息可能的虚假性，不能仅仅用社交媒体发布的内容、上传的图片、发表的评论作为窗口去映射用户的真实面貌。③ 与大数据发掘关联性的导向不同，面向特定行动者的线

① 邵培仁、王昀：《触碰隐匿之声：舆情认知、大数据治理及经验反思》，《编辑之友》2016年第 12 期，第 5～10 页。

② Latour, B.（1996）. On actor - network theory: A few clarifications. *Soziale Welt*, 47（4），369 - 381.

③ Manovich, L.（2012）. Trending: The promises and the challenges of big social data. In Gold, M. K.（Ed.）. *Debates in the Digital Humanities*. Minneapolis, MN: The University of Minnesota Press, pp. 460 - 475.

上思路，有助于我们深描主流公共领域之外与众不同的声音。其次，公共交往常常存在诸多难以被量化的概念，线上治理应当努力接触用户在公共领域参与中生产的精神符号，丰富关于行动者主观体验的认知。譬如，童静蓉（Jingrong Tong）就强调了"情绪表达"（the expression of emotion）在国内社会舆情事件中具有的意义，认为公共生活中的情绪维度有助于次级公众群体突破现有社会层级，争取相关公共领域的对话资源。① 再次，物理世界与数字生活之间的模糊边界也令人们不得不反思智能数据挖掘的有效性。按照 J. 赫米斯（J. Hermes）的观点，公众辩论的议题与观点隐藏在日常生活细节之中，加之公与私、真实与虚假之间本身的区分并不明朗，市民身份事实上在很多地方都可以得到实践，因而质化的受众研究方式可能是复兴公共领域的关键力量。② 在媒介融合的当代语境下，公共生活面貌变得相当复杂。个案经验仍有其重要意义，通过展现行动者的关系网络扩散，我们或可在更具体的经验深描基础之上验证、补充、修正宏观数据的解释力。

三　基于情景分析的剧本演绎

风险即代表着一种未来的潜在威胁。③ 因而从本质上讲，风险公共领域的视角乃是试图使我们规避既有的公共性问题持续延伸时，将为未来公共领域建构带来的诸多消极的不确定性。从既有研究来看，大量成果已经关注到线上治理过程及特定政策结果的影响。譬如，针对舆情事件进展的监测、引导以及舆情事件后续的反思、归纳与总结。周裕琼（Zhou Yuqiong）与 P. 莫伊（P. Moy）通过对强国论坛的内容进行分析认为，线上公共意见能够将原本地方性的事件转变为全国性的显著议题，同时，对风

---

① Tong, Jingrong (2015). The formation of an agonistic public sphere: emotions, the Internet and news media in China. *China Information*, 29 (3), 333 – 351.
② Hermes, J. (2006). Hidden debates: Rethinking the relationship between popular culture and the public sphere. *Javnost – The Public*, 13 (4), 27 – 44.
③ Beck, U. (2000). Risk society revisited: Theory, politics and research programmes. In B. Adam, U. Beck & J. Loom (Eds.). *The Risk Society and Beyond: Critical issues for social theory*. London, UK: Sage, pp. 211 – 229.

险事件中的前期媒介报道施加重要的框架建构影响。① 这类研究仍然立足于对特定平台意见气候的回溯,考量市民社会、大众媒介与国家政治之间呈现的互动关系。不过,如杨永军指出,"先兆"同样是洞察"社情民意"的重要方式。线上分析者可以尝试通过社交网站的内容表达、情绪信号、社会背景等警示指标信号来预测公共领域的舆情动向。② 对于当代复杂社会议题情景下的治理机制而言,同样需要通过一系列工具手段与制度构成,更为敏锐地对风险沟通的外部环境有所反应。研究者如何在现有经验基础之上,模拟各类影响因素,将其投入治理决策的闭环,辅助多样化的社会治理战略思考框架,是未来新媒介研究需要着力解决的问题。

为了解决此种带有未来学意味的理论焦虑,基于线上数据与线下经验的情景分析(scenario analysis)成为可供借鉴的视角。W. R. 赫斯(W. R. Huss)曾指出,20世纪60年代以来,人们高度重视开发更复杂的预测技术,这些技术可以处理大量的历史数据,并对未来进行预测推断。但整体而言,这些技术均未能很好地实现从预测性规划向决策过渡。情景分析的剧本演绎则能够建立由一系列一致性因素组成的叙事描述(narrative description),当牵涉未来情景时,这些因素能从概率角度去明确人们可供选择的集合。③ 事实上,通过情景分析来演绎各类行动剧本,从而判断流动性风险的社会发展及其政治效应,这一观念在传播领域的使用并不鲜见。传统新闻生产研究即常以剧本作为动态化的框架概念,去解释某项议题的叙事展开过程。④ 在危机系统的管理中,情景总是被视为一种先期因素,其先于传播内容而存在,"传播情景作为宏观因素限制着信息的内容和表达方式"⑤。线上研究者因而需要考量情景的发展周期,分析话语乃是如何在情景要求的时间内完成其修辞策略。而建构线上治理的情景范畴,往往

① Zhou, Yuqiong & Moy, P. (2007). Parsing Framing Processes: The Interplay Between Online Public Opinion and Media Coverage. *Journal of Communication*, 57 (1), 79 – 98.

② 杨永军:《社会舆情预警与控制》,人民出版社,2015,第264~266页。

③ Huss, W. R. (1988). A move toward scenario analysis. *International Journal of Forecasting*, 4 (3), 377 – 388.

④ Bennett, W. L. (1975). *The Political Mind and the Political Environment*. Lexington, MA: Heath.

⑤ 王亮:《网络事件中的公众修辞行为研究》,人民日报出版社,2015,第91页。

依赖所了解的经验数据，拟定可能的风险因素集合，然后依据不同的组合维度、时间阶段，尽可能地判别这些"未来剧本"的影响。由于线上参与文化往往随科技、信息流动而重构既有情景面貌，当下公共领域的特征实际乃是由线上社群、不同政治行动者与公共事件的彼此互动所决定的。为了解此种线上参与结构的演进，我们往往需要通过一种假定性的情景（what-if scenarios）代入，去提问身处于网络中的各种对象（entities）。[①]

面对新媒介环境复杂的公共交往脉络，线上治理议题已然跃居政治传播研究的核心位置。以一种风险视角来检视线上公共领域，我们需要淡化对抗性的政治冲突思路，观察不同内容生产者的参与、互动与演变如何带来社会传播结构的转型，并形塑共同化的治理之网。在帕帕查里西看来，在新技术的浪潮中，"我们已经习惯了通过乌托邦或反乌托邦式的话语去拥抱'新事物'。关于新技术的想象由此形成了某种大众'神话'，反映出我们对'新事物'出现以及'旧事物'破灭的期待"。[②] 国内大量的讨论亦基于新媒介与生活世界的融合，尤其社交媒体平台的高速发展趋势，形成关于新公共领域的积极话语。这种乐观主义前景在一些具体案例中得到不同程度的反映，本书前述章节的经验材料也指出，甚至在主流政治公共领域之外的流行亚文化社群，公共性机制也已显露雏形。然而，多重公共领域的存在，实际均面临着自身内在问题：政策型公共领域的认同危机、传媒公共领域的专业主义衰退、日常性公共领域的反政治文化均成为建构多元化治理网络的现实困境，与此同时，公共参与在亚文化领域亦呈现复杂脉络，面临跨国性风险。

葛兰西强调，"国家，确切地说，本身并没有一个统一的、融贯一致的、同质的世界观"，"一个单个的个人所能参加的'社团'非常之多，超

① McGlohon, M., Akoglu, L., & Faloutsos, C. (2011). Statistical properties of social networks. In Charu C. Aggarwal (Ed.). *Social Network Data Analytics*. Hawthorne, NY: IBM Thomas J. Watson Research Center, pp. 17 – 40.

② Papacharissi, Z. (2010). *A Private Sphere: Democracy in a digital age*. Cambridge, UK: Polity Press, pp. 7 – 8.

乎想象。个人正是通过这些'社团'而隶属于人类的"①。多元参与的社交网络加深了众声喧嚣的意见对立，吊诡之处在于，线上群体交往的内卷化趋势也强化了社区内部的同质性。公众类型的区分以及彼此内群体认同社区的出现，推进着公众这一概念在整体网络结构中的分离。研究者仍然需要警惕线上公共领域在内部建构过程所呈现的利益网络与价值冲突。

事实上，若我们回溯既往以来的线上公共性研究，常常会发现两套似乎相互冲突的常识。譬如，关于互联网舆论的观察中，一种主流声音十分注重线上意见的产生、扩散与爆发以及其对集体行动带来的影响，认为以网络民意为先发、政府被动回应的"参与—回应模型"构成了分析当代中国政府决策与政府行为的重要维度。②另外有研究发现线上公共意见对执政者并无显著议程设置效果，而是与传统大众媒介呈现双向交互影响。政府倒能够在某些情况下为线上公共领域设置议程。③事实上，即使是同一研究，也经常发现两套相互冲突常识的存在。例如，鲁伊兹（Ruiz）等人在分析英国《卫报》、法国《世界报》、美国《纽约时报》、西班牙《国家报》与意大利《共和报》五家知名报纸数字网页上的评论后指出，媒体发展的线上事业为市民辩论创造了良好空间，但这种辩论当中出现截然相反的风格：一方面，人们之间进行彬彬有礼、理性多元的观点交流；另一方面，以情绪为主导，少有论证性内容的同质化社区出现。④上述研究成果呈现的矛盾的公共性让我们看到线上风险的复杂性以及治理结构的挑战。针对不同事件、数据源、行动者、情景的分析，可能出现大相径庭的判断。这要求研究者尝试采用不同的方法范式去调动各类线上经验，比较、分析、研议线上互动的可能性样貌。

总体而言，立足于国内既有语境，线上治理不仅牵涉社会舆情问题，

---

① 〔意〕葛兰西：《狱中札记》，曹雷雨、姜丽、张跣译，中国社会科学出版社，2000，第254、266页。

② 翁士洪：《参与-回应模型：网络参与下政府决策回应的一个分析模型——以公共工程项目为例》，《公共行政评论》2014年第5期，第109~130页。

③ Luo, Yunjuan (2014). The Internet and agenda setting in China: The influence of online public opinion on media coverage and government policy. *International Journal of Communication*, 8, 1289-1312.

④ Ruiz, C., et al. (2011). Public sphere 2.0? The democratic qualities of citizen debates in on-line newspapers. *The International Journal of Press/Politics*, 16 (4), 463-487.

也不限于技术治理或者文化治理层次，而应当转向这样的一种风险治理视角：不断吸收线上参与文化的良性公共效应，同时预测、规制其潜在不确定性。从广泛的文献共识来看，互联网治理的政策话语已广泛倡导由政府、公众、市场以及社会团体共同组成的多中心合作网络，但其中关于具体风险评估与协作型网络的建构路径，实际并未形成清晰的轮廓。伴随当代公共治理进入线上空间的流动张力之中，其中多重化、相互交叠的公共领域形态有待被纳入重建性的治理秩序。我们唯有严肃地将线上公共领域视为一整套风险结构，才能更理性地看待当代中国公共政治的转型发展，发展更多回应社会治理现实需求的方法架构。

第十章 ▶▶

结　语

本书从多元化的内容生产角度出发，基于新媒介风险理论思路，重新检视了线上公共性文化的内在生态。在关于当代公共领域的论述中，"网络化"（networking）是一个十分常见的术语。这种网络化并非缘起于互联网新技术，而是呈现于人们长期以来的社会生活中，可以理解为人们为争取各种类型的资源、商品、信息、知识、合法化、支持、协助、社交及伙伴关系的公共领域结构。[1] 事实上，由于新媒介传播方式与日常世界的融合，抑或说，立足于一种"数字化生存"的现实，数字情境赋予了我们探讨此种社会公共性网络更为有效的可视化方式。由此，线上公共领域显然不完全是数字内容生产塑造的"真实"，或者游离于现实场景之外的"第二世界"，而成为切实探讨物理世界生动变化的有机部分。对于线上公共性议题的探讨，也就需要我们将其植入生活世界，结合社会转型结构与传播方式的变迁来予以考量。

从当今线上内容生产的脉络来看，新媒介时代的重要意义之一在于，个人/组织所卷入的参与式文化推动了极盛的多元主义，这改变着传统意义的国家宣传机器，并引入了更多不同类型的公共传播机制。多元文化主义形塑的公共领域，形成了超越国家性的权力网络，为现代社会治理带来机遇与风险共同交织的新秩序。如 Z. 鲍曼指出："放弃曾经是现代国家标志的规范管制，使得对国民进行文化/意识形态的动员（它曾经是现代国家的基本策略）、对曾经是主要的获取合法性渠道的民族情感与爱国责任的召唤显得多余：它们无从服务于任何明显的目的。国家不再掌管使得规范管制、文化经营和爱国动员不可或缺的社会整合或系统控制的过程，而把这些任务（有意或无意地）交给它不能有效管辖的力量去完成。"[2] 新媒

① Schtt, T., Cheraghi, M., Rezaei, S., & Vang, J. (2014). Innovation embedded in entrepreneurs' networks in private and public spheres: a global study focusing on China and Denmark. *International Journal of Entrepreneurship and Small Business*, 23 (1 - 2), 145 - 167.

② 〔英〕齐格蒙特·鲍曼：《共同体：在一个不确定的世界中寻找安全》，欧阳景根译，江苏人民出版社，2003，第 120～121 页。

介消解的中心性话语要求我们摒弃过去坚持的控制论视角，而以更具对话性的姿态参与公共政治实践。无论是在主流政治公共领域，还是大众文化公共领域，线上社区均建构出相当弹性的公共自治轨道，文化消费者则往往以另类方式参与日常政治生活。在此之中，媒介机构与用户群体通过自身富有创造力的内容生产，维系着线上公共领域持续不断的交往动力。

研究者需要进一步警惕的是，开放式的线上环境为其参与者带来了诸多不确定性。如本书经验资料呈现，主流媒体的网络结构仍表现出相对封闭的状态，其互动半径带有显著的媒介偏见；企业公关人员虽已广泛运用社交媒体作为公众对话工具，但自营平台的运作困境仍令其保持着对主流媒体的依赖；个案自媒体则面临自身生产性的可持续发展问题。相较而言，大众娱乐经济是政治传播研究者较为忽略的领域。线上迷群以其特定的内容贡献、分享与交换机制形成了特殊的群体公共性文化，而回到内群体之外的外部环境，我们同样必须注意这种相对离散于主流公共领域的亚文化社区，乃是如何被纳入一整套国家政治话语与市场资本力量的框架。

事实上，回溯过往讨论，对于线上公共性问题，或基于公众理性层面，或聚焦政治经济学层面，已多有批判性声音。这些声音提醒我们未来关于新媒介政治性的讨论，除了应当正视数字社会出现的转型差异，也必须面向历史性、普遍性的社会沟通难题。按照 B. 约翰逊（B. Johnson）的观点，对任何理论系统的批判并非旨在分析其缺陷，提供明确的解决之道，而是聚焦令此系统得以发生的依据，通过重新超越事物那些看起来自然而然、不证自明的一面，去追寻这些事物拥有的历史线索、它们得以形成的缘由以及紧随其后产生的效果，从而防止它们限于自身的盲目之中。①同样，本书采用风险视角，并非试图指出新媒介环境的缺陷，而是试图回答，面对新媒介文化研究的模糊性与矛盾性认知，究竟如何看待线上公共领域价值背后的不确定因素，又如何回应相关的线上治理问题？线上内容生产不仅建构出新的公共性文化，同时也是既定公共领域形态的再建构。下文将基于本书经验资料的结论与反思，梳理出一种公共领域的破碎结

---

① Johnson, B. (1981). Translator's introduction. In J. Derrida, *Dissemination* (pp. vii – xxxii). Chicago, IL: University of Chicago Press, p. xv.

构，从而总结在众多利害相关者与文化生产者相互竞逐的过程中，如何重新理解新媒介作为当代政治文化再建构的核心场域。

第一节　新媒介反思：一种破碎的公共领域范式

描述"新"作为一种统治意识形态作用于我们的社会生活，波德里亚（Baudrillard）的比喻可谓适用而深刻："堆积、丰盛显然是给人印象最深的描写特征。大商店里琳琅满目的食品、服装和烹饪材料，可视为丰盛的基本风景和几何区……对于所有的人来说，不是不够而是太多的强烈愿望就在于此：看起来你带走了一堆摇摇欲坠的盒装牡蛎、肉、梨子或芦笋，其实你只是购买了其中的一小部分。你只是买走了所有中的部分罢了。"[①]数字社会带来的新媒介变化究竟吸引力何在？众多声音显然都将其归咎于一种扩大赋权的内容生产浪潮。毋庸置疑，新媒介生产文化的兴盛，正衍生出另一种以数字形态为核心的公共政治实践。以互联网融媒效应、大众消费经济及社交精神交往为主导的生产文化，再现为当代公共领域最重要的建构方式。多元的内容生态也造成了选择的困境，对于传播研究者来说，从不断被解构的传统内容产制中去把握不同层次的线上公共性线索，是尤为艰难的事情。

显然，作为一套包容性极强的理论工具，"公共领域'想象'似乎什么都可以解释"，而成为一项考量中国社会问题的历史性"神话"。[②] 然而，公共领域本身并非是定型化的，而总是依据具体历史情境与社会交往方式而流变。如本书强调，公共性往往是与风险性交织在一起的。面对一种"传统"衰落的普遍的时代焦虑，人们运用新媒介进行内容生产的过程，也就成为克服传播科技变化的风险、重新建构线上认同文化的行动实践。因此，我们需要通过形形色色的内容生产去把握新的社会联结机制。各类参与者介入线上内容环境的同时，既形塑出公共化的网络机制，亦面临自

---

① 〔法〕波德里亚：《消费社会》，刘成富、全志钢译，南京大学出版社，2000，第3页。
② 邵培仁、展宁：《公共领域之中国神话：一项基于哈贝马斯公共领域文本考察的分析》，《浙江大学学报》（人文社会科学版）2013年第5期，第82~102页。

身发展的风险处境。当我们运用新媒介场域去考量公共性这一术语，公共领域并非是一种理所当然的理想面貌。在不同生产者建构线上话语的过程中，公共领域亦表现出一种复杂的碎片化结构。我们需要探索的是，身处公共领域中的对象如何在传统产制面临的风险压力的情况下，去重新获得与他者实现再整合的机会。整体上，我们可以从下述方面，来梳理本书经验资料所检视的这种破碎的公共生产结构。

首先，在专业化生产领域，主流媒体依然占据互动网络的核心位置。自媒体在自身内容的可持续性，以及对社会公共议题的影响方面，均具有局限，因而在互动中处于依附传统主流媒体的状态。以组织公关为代表的内容提供者，也仍视传统媒体为权威渠道。如果说大众媒介在新媒介浪潮下正受到不同程度的生存压力，这种压力可能更多只是一种传统媒介形态而非职业媒介机构本身面临的冲击。大量传统新闻组织已经采纳社交媒体作为新闻工具去适应线上读者群，从而实现媒介机构的线上转型。① 事实上，这种"形态"之争不限于纸质平面媒体，新闻网站也同样面临类似难题。网易社区、凤凰社区、搜狐社区等新闻门户 BBS 论坛在近年来的先后关闭，即显示网络媒体领域不断被迫发展出新的方式去满足用户内容互动。值得注意的是，在市场压力下，传统媒体的线上事业亦发展出非常多的面向，换而言之，新闻组织的媒介属性正变得越来越混杂，譬如，上海报业集团旗下推出的新媒体项目"界面"，其既是商业新闻网站，又涉及电商、内容付费、直播、短视频等业务，力图打造全面的原创内容生态。J. 麦克马那斯认为，市场新闻业"最大的风险来自民主"，他定义了一种"交换理论"用以描述"媒介企业与消费者、新闻来源、广告商、潜在投资者等外部力量之间的关系。它们之间的关系更多是合作，而非资源依赖理论所暗示的权力斗争"②。专业媒介组织通过各个数字媒介领域与其他线上参与者的合作，加剧了精英主义媒体的祛魅化，也推动新闻议题讨论变得更为多平台化，使得中国公共领域的网络化结构变得更为松散。

---

① Hong, S. (2012). Online news on Twitter: Newspapers' social media adoption and their online readership. *Information Economics and Policy*, 24, 69–74.

② 〔美〕约翰·H. 麦克马那斯：《市场新闻业：公民自行小心？》，张磊译，新华出版社，2004，第15、41页。

其次，主流媒体在专业新闻生产层面保有的优势并非意味着其能够阻止线上话语的去中心化。相反，用户群体与原有的内容提供者总是通过以社交媒体为代表的平台，寻找到另类的内容生产替代方式。这造成了专业媒介生产所面临的吊诡困境：一方面，无论是企业公关人员还是普遍而言的公众，均意识到传统媒体形态的衰退，进而寻找自媒体化的运营模式；另一方面，大量原创内容的出现又加深了传统媒体的危机感。面对分众化、人人皆可参与的内容生态，我们必须注意一种叠合化的生产结构。在原则上，整体网络的热点议题与特定子网络的讨论方向亦可能存在较大差别。F. 布卡弗里（F. Buccafurri）等人于是提醒，许多研究者开始倾向于收集社交网络的海量数据，应用传统社会化网络分析工具予以分析，这固然能够获取一些有意思的结果。但我们需要承认，不同社会网络彼此联结，单个对象可以加入多个社交网络结构，两个对象即使处于不同的社交网络，也能够实现互动。他们因而提出将线上互动的"桥梁"（bridges）视为中心元素，去关注身处诸多社交网络系统中的用户如何合作，实现在不同网络结构的"边界"的信息交换①。这种通过"桥梁"与"边界"去探寻联结化机制的问题意识，也有利于我们考量融媒环境的跨平台运作，从而将公共领域的碎片化结构整合起来。

最后，线上公共领域开始不断交织于娱乐消费与大众文化的动力之中。当我们脱离纯粹的娱乐工业面向去观照这种流行文化的生命力时，的确可以观察到非常微妙的公共性文化：从内群体角度来看，用户内容生产、相关知识贡献及共享机制的发展，推动着线上共同体不断成长，并建立了一系列线上自觉性规范；而从外部环境力量来看，线上社区又无法摆脱更大范围的政治经济制度影响。其中最具代表性的风险隐患莫过于信息资本主义的深刻宰制。如 C. 阿比丁（C. Abidin）提及，从个人日记形式的生活类博客到诸如 Instagram 等快速成长的移动社交应用，均充斥着一种标签所有权的争夺，私人领域成为贩售产品和服务的工具。在人们使用竞争性策略去争取在社交媒体主页的流行度的时候，个人生活便不自觉地成

---

① Buccafurri, F., Foti, V. D., Laz, G., Nocera, A., & Ursino, D. (2013). Bridge analysis in a social internetworking scenario. *Information Science*, 224 (1), 1–18.

为即时性的、渴望吸引大众眼球的广告牌。[①] 一个老生常谈的论调是，社交媒体确实生产出更多内容，但信息的增长同样导致信息碎片与信息消化问题。与将内容推送给成千上万受众的传统大众媒介逻辑不一样的是，新媒介反过来正将成千上万的内容推向个体，换而言之，"我们不必再去寻找新闻，新闻会通过社交媒体找到我们"[②]。尽管对于个人主义的内容消费者而言，这可能是件值得庆贺的事情，但泛娱乐互动的普及，严肃性新闻与大众文化消费的嵌合，确实正将内容市场变得更为碎片化。

同时在推波助澜的是以大型视频网站为代表的互联网媒介的"主流媒体化"。J. 伯吉斯（J. Burgess）非常详尽地描绘了这一全球趋势：当 YouTube 在 2006 年广泛流行之后，它除了使用户上传、分享视频，实现所谓"表达你自己"（broadcast yourself）之外，几乎没有别的实质内容。当时，Twitter 成为首个用户邀请其他网民分享自己日常状态的社交网站。时至今日，YoutTube 和 Twitter 都已成为强有力的新媒介机构。2013 年，YouTube 成为当代媒介工业中一个相当强势的大型、多元化视频播网站，其业务远远超越了业余用户的内容分享、视频租赁以及音乐版权交易，企业甚至取消了原有的"表达你自己"这样的口号。而 Twitter 也逐渐在即时新闻、危机情报以及社会化数据市场扮演越来越核心的角色，并通过强调"跟随你自己的兴趣"（follow your interests），树立了一种要求新用户以受众为中心的创新精神。[③] 当我们对照于国内的互联网环境，会发现相似的发展脉络。在媒介融合背景下，原有大众文化工业通过不断吸收多元内容业务，逐渐进入另类的主流媒体行列，这无疑加剧了线上公共领域互动的混杂性。以微博、微信、优酷、豆瓣、哔哩哔哩（B 站）等为例的线上平台，既充斥着私人化的社交需求、大众文化的娱乐消费，也成为特定议题的公共辩论平台。这种杂糅的线上互动生态，使私人领域与公共领域、大众文化与政

① Abidin, C. (2014). Instagram as a repository of taste, a burgeoning marketplace, a war of eyeballs. In M. Berry & M. Schleser (Eds.). *Mobile Media Making in An Age of Smartphones*. New York, NY: Palgrave Macmillan, pp. 119 – 128.

② Qualman, E. (2009). *Socialnomics*: *How social media transforms the way we live and do business*. Hoboken, NJ: John Wiley & Sons, p. 12.

③ Burgess, J. (2015). From "broadcast yourself" to "follow your interests": Making over social media. *International Journal of Cultural Studies*, 18 (3), 281 – 285.

治文化之间的界限进一步模糊。

面向破碎化的公共领域结构，有助于我们重新检视线上公共性的如下思路。其一是对抗性的公共领域。传统的"国家—市民社会"或者说简单的"官民之争"二元结构无法完全解释线上公共领域的丰富内涵。不同主体相互卷入的动态过程，也造成了彼此之间线上事业的风险性，譬如用户内容生产对传统新闻专业主义的冲击，以及资本话语对用户内容的排挤效应。我们需要看到这种看似松散的生产结构之中的复杂纠葛如何牵连出线上生产者之间相应的互动、博弈及合作机制。其二是笼统的单一性公共领域。公共领域并非"铁板一块"，事实上，哈贝马斯的经典公共领域模型因为不加区分的整体性概念，已经受到过往研究者的诸多批判。当通过公共性文化去观察线上空间的生产活动时，我们必须审慎地考量，线上政治传播的具体实践面貌究竟如何？它如何解构传统渠道，又表现出何种另类方式？一部分关于线上政治意见的探讨也认为，公共意见网络受到群体情绪、大众媒介、意见领袖与社交网络变化等多种因素的影响。① 在检视公共领域在线上语境的多重分化过程中，我们必须既意识到内容生产主体的差异性，亦不可忽视其中生产参与动机的差异性。其三是流动性的公共领域。原子化是在数字社会讨论中非常盛行的一种观念。流态公共性描绘出原子化、个体化的生产者在碎片化结构中变迁与重新整合的过程，这种流动意涵增加了难以把握的公共风险，但并非意味着不可知的状态。无论是专业新闻组织，或是一般用户，其互动倾向性均形成了线上空间的圈层结构，甚至在流行文化领域，亦通过线上迷群产生了井然有序、有着自身公共交往规则的类组织化运作。由此，"组织是群间活动的环境，我们只有结合相关群体成员身份、群体所处的系统、群体之间存在的权力关系以及群体成员边界的可渗透性，才能理解个体的行为"②。这些类型化的社区为观照多元流动的线上公共领域中不同层次的数字行动

---

① Sobkowicz, P., Kascesky, M., & Bouchard, G. (2012). Opinion mining in social media: Modeling, simulating, and forecasting political opinions in the web. *Government Information Quarterly*, 29, 470-479.

② 〔英〕尼尔·保尔森、托·赫尼斯编《组织边界管理：多元观点》，佟博、陈树强、马明译，经济管理出版社，2004，第5页。

特质提供了可行路径。之于线上治理决策，内容生产者在流动空间中通过特定情境而相互联结的过程，无疑是风险预测与风险沟通的一项重要观察方向。

整体而言，新媒介风险存在一系列由其自身内构而生的因素。在蔚然成风的参与式文化趋势之下，源源不断的内容生产构成了这一风险系统的主要动力。生产的概念总是"被描绘为'人类存在'的基本运动，合乎人类的理性与社会性"①。在数字社会，新媒介成为一种独特的生产方式。尽管它常常被批判主义者植入信息资本主义框架下予以检视。但是生产作为一种价值镜像，其本身就会衍生出特殊的社会文化意涵：对于个体/组织来说，运用新媒介的过程成为脱离传统产制、再构传统产制的社会话语建构方式；对于线上公共领域而言，破碎结构中的活跃内容生产则创造了公共性新的联结可能。新媒介作为行动资源为不同参与主体提供了一个更好的机会以创造更大范围的互动型网络，从而产生不同层次的合作，推动公共领域的内容生态更为开放化。

不过，如 Z. 帕帕查里西曾指出，新媒介技术会令自身适应现有的政治文化，而不是创造新的政治文化，线上空间超越到一种公共领域状态并非技术自己能够决定。②尽管公共利益的个人化模式不断发展，关于线上治理提及的一系列公共利益概念，其定位仍然并非是积极肯定的，而是带有限制色彩：这些政策话语倾向于认为社交媒体中的生产活动应当处于被组织的状态，而非被鼓励和需要的状态。与此同时，线上平台所开发运作的一系列算法亦驱动着内容过滤和推荐系统③，这可能使得信息流动总是处于某种既定的控制之下。之于主流公共领域，线上内容生产依然主要由中心话语统领，传统大众媒体的网络结构仍表现出显著偏见。另外，在诸多案例层面，我们可以看到一些组织/个人独立运营自媒体的发展方向，并在特定场域下与专业新闻组织形成呼应。自治性较大的内容社区向亚

① 〔法〕鲍德里亚：《生产之镜》，仰海峰译，中央编译出版社，2005，第13页。
② Papacharissi, Z. (2002). The virtual sphere: The Internet as a public sphere. *New Media & Society*, 4 (1), 9–27.
③ Napoli, P. M. (2015). Social media and the public interest: Governance of news platforms in the realm of individual and algorithmic gatekeepers. *Telecommunications Policy*, 39, 751–760.

文化领域收缩，其相对远离政治型话语，而社区成员建立的相应群体规范与道德体系，同样受到国家政治与资本市场意识形态的影响。用户内容生产虽然极大地提升了公众参与度，但这种广泛的参与性背后则是可持续发展的风险性：个体化的自媒体运营往往难以支撑，它需要在相当程度上去吸收共同体成员的知识贡献，社交媒体领域激烈的内容竞争亦挤压了业余化个人生产的稳定性。大众文化固然创造了另类的公共性方式，但是在娱乐消费经济刺激之下，其公众视线既是分散性的，亦带有显著的内群体化色彩，如何检验大众文化公共领域与严肃性政治公共领域之间内在的衔接动力，成为另一项值得思考的问题。因此，复合、交叠化的线上内容产制延展出探讨公共性的诸多经验维度，相较于持以单一的批判或乐观态度，更为适宜的观点可能是将其视为一种摇摆的中间状态，聚焦新媒介作为风险系统在当代社会秩序产生的不确定性，以及由此带来的多元治理体系的可能性。研究者亦需要反复深入日常公共性的细节，检视线上公共性衍生而出的另类形式，重新讨论这种破碎的公共性结构乃是如何在特定情境下被整合进整体性公共领域，进而在新旧价值冲突交织、传播技术不断变迁的语境中，树立具有时代生命力的理论解释。

第二节　互联网政治研究的展望

公共政治的"在线化"已是这个时代的不争事实。显然，每个人都意识到新媒介的重要性。规模浩大、纷繁多元的线上内容生产重新定义了何为公共生活的热情，同样也使互联网政治的面貌在不同层次的信息流动当中变得更为模糊不清。不过，"社会交往并不是简单地从有形空间转移到了网络空间。互联网有可能帮助解决我们所面临的公共问题或者加剧这些问题，但网络革命绝不是这一问题产生的原因。"[①] 我们并不能简单地以媒

---

① 〔美〕罗伯特·帕特南：《独自打保龄——美国社区的衰落与复兴》，刘波等译，北京大学出版社，2011，第195页。

介技术形态本身来判别当代公共性文化发生的变化，而必须通过不同行为者参与线上内容生产的互动线索，去观察其如何赋予社会权力与文化共同体再生成机制，以及如何反过来影响我们的现实生活世界。在此之中，持续进化的大数据、智能化手段，既提升了我们探讨线上内容空间的方法资源，也添加了新的媒介伦理与公共性难题。可以预见，技术进步降低了近用门槛，线上生产者将非常容易地从计算科学和智能媒介中受益，从而能够进一步为探寻新媒介对于社会交往和内容创造的影响提供更为丰富的经验。

本书讨论了线上内容生产与公共性文化之间的关系，强调在新媒介重构的传播产制之下，必须采用风险视角审视不同主体如何适应技术社会语境，方能在以生产为动力的互动网络下探讨多元化治理体系的可能。风险社会具有非常广泛的意涵，应用于新媒介环境，其既可以解释为内容生产者自身发展的某项特定风险，也可以视为整体社会秩序所面临的一种治理风险。风险本身强烈地依赖于线上参与者的主观感受，也包含着错综复杂的后续影响效应。显然，当牵涉新媒介这一术语时，社会普遍话语总是包含着一种"传统"与"新兴"的冲突。然而，我们不能将这种冲突拘泥于传统媒体形态与数字媒体形态之间的区隔。事实上，即使是线上环境内部，乃至于用户原创内容平台，亦存在生产形态之间的竞争。因而，理解线上生产者更为恰当的方式，可能是将其理解为一种变动不居的状态。

线上公共性包含相当丰富的面向，囿于研究精力与时间限制，本书采用两类内容生产分类方式，对不同生产主体卷入线上公共领域的过程进行了多案例考察。不过，全面描绘线上公共领域呈现的生产面貌，单篇研究实则力所不逮。除却案例观察形式，研究者亦有必要进一步结合宏观数据，通过多平台的比较性分析去发掘整体网络呈现的共性特质。从技术层面来看，新媒介已然发展出众多数据化的社会科学手段。采用线上思维的方法论并非要扩大方法应用本身之范畴，而是要确保被研究对象的声音更少地被边缘化。① 如本书指出，面对破碎的公共领域结构，线上研究对象进入到一种相互叠合的空间纠葛当中。我们需要积极开拓更多角度的研究路径，去充分发掘线上信息流存在的多种声音，描绘不同主体在公共领域中的活动现貌：既需考量专业生产者与用户内容生产如何通过各自线上事业扩大行动影响力，展开与不同类型化公共领域之间的话语互动，亦可尝试探讨用户原创内容生产与专业主义场域之间有无潜在互构可能。与此同时，国家政治话语是本书案例较为缺失的一面，未来研究同样可基于政策分析评估政府主体在参与、影响线上内容生产的过程中，所衍生的有效性与风险性，发展关于线上公共领域体系更为全面的经验解释。

---

① Murthy, D. (2008). Digital ethnography: An examination of the use of new technologies for social research. *Sociology*, 42 (5), 837 – 855.

主要参考文献

中文文献：

卜昌炯：《共享主义战士的黄昏》，《博客天下》，2014 年第 33 期，第 56～61 页。

蔡雯：《美国"公共新闻"的历史与现状（下）——对美国"公共新闻"的实地观察与分析》，《国际新闻界》，2005 年第 2 期，第 27～31 页。

蔡雯：《需要重新定义的"专业化"——对新闻媒体内容生产的思考和建议》，《新闻记者》，2012 年第 5 期，第 17～21 页。

曹晋、张楠华：《新媒体、知识劳工与弹性的兴趣劳动——以字幕工作组为例》，《新闻与传播研究》，2012 年第 5 期，第 39～46 页。

陈宁、杨春：《记者在社会化媒体中的新闻专业主义角色——以记者微博的新闻生产为例》，《现代传播》，2016 年第 1 期，第 133～138 页。

陈卫星：《传播的观念》，人民出版社，2004。

陈玺撼：《广电广告营收首次下滑》，《解放日报》，2014 年 3 月 27 日，第 02 版。

崔保国主编《中国传媒产业发展报告（2015）》，社会科学文献出版社，2015。

〔德〕阿梅龙、〔德〕狄安涅、刘森林主编《法兰克福学派在中国》，社会科学文献出版社，2011。

〔德〕哈贝马斯：《公共领域的结构转型》，曹卫东等译，学林出版社，1999。

〔德〕哈贝马斯：《在事实与规范之间：关于法律和民主法治国的商谈理论》，童世骏译，生活·读书·新知三联书店，2003。

〔德〕哈贝马斯：《在自然主义与宗教之间》，郁喆隽译，上海人民出版社，2013。

〔德〕马克斯·霍克海默、〔德〕西奥多·阿道尔诺：《启蒙辩证法——哲学断片》，渠敬东、曹卫东译，上海人民出版社，2006。

〔德〕乌尔里希·贝克：《风险社会》，何博闻译，译林出版社，2004。

邓建胜：《地铁为何与大树过不去（说道）》，《人民日报》，2015年9月14日，第13版。

丁鹏志、饶宁：《长沙岳麓山百余株香樟被砍？》，《三湘都市报》，2015年8月21日，第A8版。

丁鹏志：《能否既修地铁又护树》，《三湘都市报》，2015年8月26日，第A3版。

樊瑞：《长沙修地铁移树引争议官方回应能不移就不移》，《京华时报》，2015年8月27日，第14版。

范柏乃、陈玉龙、赵晓华：《基层政府效能建设的理论、方法与路径：以楚门镇效能革命为例》，浙江大学出版社，2015。

范纯武：《两难之域：公共领域（public sphere）在中国近代史研究中的争议》，《史耘》，2000年第6期，第171~190页。

〔法〕索菲·杜布松－奎利埃：《消费者在行动》，李洪峰、沈艳丽译，社会科学文献出版社，2015。

〔法〕鲍德里亚：《生产之镜》，仰海峰译，中央编译出版社，2005。

〔法〕波德里亚：《消费社会》，刘成富、全志钢译，南京大学出版社，2000。

费孝通：《乡土中国》，生活·读书·新知三联书店，1985。

高喆：《辛劳与礼物：工作神学批判研究》，人民出版社，2015。

龚彦方：《基于"内生比较优势"的专业化重构：当代新闻生产机制研究——来自某自媒体"虚拟编辑部"的田野调查》，《现代传播》，2016年第12期。

郭人旗：《站在岔路口，网络直播何去何从？》，《中国文化报》，2016年9月6日，第2版。

韩业庭、郭超：《文化部整治违规网络直播平台》，《光明日报》，2016年4月15日，第4版。

〔荷〕迪克:《网络社会——新媒体的社会层面》(第2版),蔡静译,清华大学出版社,2014。

洪贞玲、刘昌德:《线上全球公共领域? 网路的潜能、实践与限制》,《资讯社会研究》,2004年第6期,第341~364页。

胡泳:《中国政府对互联网的管制》,《新闻学研究》,2010年第103期,第261~287页。

胡泳:《众声喧哗:网络时代的个人表达与公共讨论》,广西师范大学出版社,2008。

黄楚新、张安、王丹:《2014年中国报纸微传播力研究报告》,转引自唐绪军主编《中国新媒体发展报告(2015)》,社会科学文献出版社,2015。

黄河、刘琳琳:《风险沟通如何做到以受众为中心——兼论风险沟通的演进和受众角色的变化》,《国际新闻界》,2015年第6期,第75~88页。

黄俊杰:《孟子》,生活·读书·新知三联书店,2013。

黄懿慧、林颖萱:《公共关系之关系策略模式初探:在地与文化的观点》,《新闻学研究》,2004年总第79期,第135~195页。

〔加〕泰勒:《现代社会想象》,林曼红译,译林出版社,2014。

贾明:《大众文化:传媒时代的公共领域》,《上海师范大学学报》(哲学社会科学版),2006年第1期,第78~82页。

李红涛:《"点燃理想的日子"——新闻界怀旧中的"黄金时代"神话》,《国际新闻界》,2016年第5期,第6~30页。

李金哲:《广电总局:严控"星二代"真人秀》,《青年报》,第A11版。

李良荣:《新生态、新业态、新取向——2016年网络空间舆论场特性概述》,《新闻记者》,2017年第1期。

李婷:《别把微博当个人空间　它既是自媒体也是大众媒体》,《三湘都市报》,2012年12月9日,第A4版。

林语堂:《中国新闻舆论史》,刘晓磊译,上海人民出版社,2008。

刘丛、谢耘耕、万旋傲:《微博情绪与微博传播力的关系研究——基于 24 起公共事件相关微博的实证分析》,《新闻与传播研究》,2015 年第 9 期,第 93 ~ 106 页。

刘斐、王建华:《中国首次明确提出全球治理理念》,新华网,2015 年 10 月 14 日,检索于:http://news.xinhuanet.com/2015 – 10/14/c _ 1116824064.htm,2017 年 1 月 17 日。

刘军:《社会网络分析导论》,社会科学文献出版社,2004。

刘世鼎、劳丽珠:《网络作为澳门的另类公共领域》,《新闻学研究》,2010 年第 102 期,第 254 ~ 294 页。

刘文慧、潘章帅:《长沙:守护香樟树的这五日》,《南方周末》2015 年 8 月 27 日,第 23 版。

刘燕:《媒介认同论:传播科技与社会影响互动研究》,中国传媒大学出版社,2010。

陆扬、王毅:《文化研究导论》(修订版),复旦大学出版社。

陆宇峰:《中国网络公共领域:功能、异化与规制》,《现代法学》,2014 年第 36 卷第 4 期,第 25 ~ 34 页。

马中红主编《中国青年亚文化研究年度报告 2012》,清华大学出版社,2013。

迈克尔·希施霍恩:《走向封闭的数字前沿》,施情译,转引自《国外社会信息化研究文摘》,上海社会科学院出版社,2016,第 714 页。

〔美〕阿莱克斯·彭特兰:《智慧社会:大数据与社会物理学》,汪小帆、汪容译,浙江人民出版社,2015。

〔美〕保罗·斯洛维克编著《风险的感知》,赵延东等译,北京出版社,2007。

〔美〕彼得斯:《交流的无奈:传播思想史》,何道宽译,华夏出版社,2003。

〔美〕道德拉斯·凯纳尔:《媒体文化:介于现代与后现代之间的文化研究、认同性与政治》,商务印书馆,2004。

〔美〕汉娜·阿伦特:《人的境况》,王寅丽译,上海人民出版社,2009。

〔美〕李普曼:《公众舆论》,闫克文、江红译,上海人民出版社,2002。

〔美〕罗伯特·帕特南:《独自打保龄:美国社区的衰落与复兴》,刘波等译，北京大学出版社，2011。

〔美〕罗伯特·W.麦克切斯尼：《富媒体穷民主：不确定时代的传播政治》，谢岳译，新华出版社，2003。

〔美〕罗杰·菲德勒：《媒介形态变化：认识新媒介》，明安香译，华夏出版社，2000。

〔美〕罗威廉：《近代中国的公共领域》，转引自张聪、姚平编《当代西方汉学研究集萃：思想文化史卷》，上海古籍出版社，2012，第381~382页。

〔美〕南希·弗雷泽：《西方民主的危机与对策：公共领域的跨国化》，邢立军译，马妮校译，《社会科学战线》，2015年第4期，第240~243页。

〔美〕乔根森、〔美〕哈尼奇编著《当代新闻学核心》，张小娅译，清华大学出版社，2014。

〔美〕乔治·H.米德：《心灵、自我与社会》，赵月瑟译，上海译文出版社，1997。

〔美〕伊曼纽尔·沃勒斯坦：《否思社会科学——19世纪范式的局限》，刘琦岩、叶萌芽译，生活·读书·新知三联书店，2008。

〔美〕约瑟夫·塔洛：《分割美国：广告主与新媒介世界》，洪兵译，华夏出版社。

〔美〕约翰·H.麦克马那斯：《市场新闻业：公民自行小心?》，张磊译，新华出版社，2004。

〔美〕约翰·V.帕夫利克：《新闻业与新媒介》，张军芳译，新华出版社，2005。

南方都市报社论：《网络社会崛起，舆情市场规模必然升级》，2014年2月19日，第A02版。

潘斌：《风险的政治化与政治的风险化：转型期中国社会风险的政治学考察》，转引自上海市中国特色社会主义理论体系研究中心编《重新发现中国社会：多元视角下的前沿问题研究》，上海人民出版社，2015，第327页。

潘祥辉：《对自媒体革命的媒介社会学解读》，《当代传播》，2011年第6期，第25~27页。

邱均平、姜冠因：《基于 SNA 的国内信息资源管理被引现状分析》，《情报科学》，2010 年第 10 期。

〔日〕沟口雄三：《中国的公与私·公私》，郑静译，孙歌校，生活·读书·新知三联书店，2011。

邵培仁、王昀：《触碰隐匿之声：舆情认知、大数据治理及经验反思》，《编辑之友》，2016 年第 12 期，第 5 ~ 10 页。

邵培仁、王昀：《媒介恐怖主义的蜕变与线上正义的伸张》，《探索与争鸣》，2014 年第 12 期，第 57 ~ 61 页。

邵培仁、王昀：《转向"关系"的视角：线上抗争的扩散结构分析》，《浙江学刊》，2014 年第 6 期，第 199 ~ 207 页。

邵培仁、展宁：《公共领域之中国神话：一项基于哈贝马斯公共领域文本考察的分析》，《浙江大学学报》（人文社会科学版），2013 年第 5 期，第 82 ~ 102 页。

邵培仁：《媒介理论前瞻》，杭州：浙江大学出版社，2012。

沈阳、吴荆棘：《中国网络意见领袖分析》，《财经》，2014 年第 14 期，第 30 ~ 37 页。

师曾志、胡泳：《新媒介赋权及意义互联网的兴起》，社会科学文献出版社，2014。

孙邦金、陈安金：《论儒家的礼物观》，《哲学研究》，2013 年第 10 期，第 34 ~ 41 页。

唐涛：《网络舆情治理研究》，上海社会科学院出版社，2014。

陶文昭：《推进民主政治：网络公民社会的定位》，《探索与争鸣》，2010 年第 6 期，第 31 ~ 35 页。

王亮：《网络事件中的公众修辞行为研究》，人民日报出版社，2015。

王晓光、袁毅：《微博用户影响力构成因素分析——以媒体微博为例》，《情报科学》，2016 年第 34 卷第 8 期，第 78 ~ 82 页。

王晓洁、王新明：《大数据产业遭遇"垄断"和"孤岛"》，《经济参考报》，2016 年 10 月 20 日，第 A07 版。

王昀：《另类公共领域？线上游戏社区之检视》，《国际新闻界》，2015 年第 8 期，第 47 ~ 66 页。

魏武挥：《大 V 策略之败》，《二十一世纪商业评论》，2015 年第 12 期，第 20 页。

魏武挥：《当我们谈论自媒体时，我们在谈论什么?》，《中国广告》，2016 年第 9 期，第 26 页。

魏武挥：《自媒体：对媒介生态的冲击》，《新闻记者》，2013 年第 8 期，第 17～21 页。

翁士洪：《参与－回应模型：网络参与下政府决策回应的一个分析模型——以公共工程项目为例》，《公共行政评论》，2014 年第 5 期，第 109～130 页。

吴畅畅：《浅议当前普通群众参与的（电视）真人秀节目的生存现状与发展趋势》，《新闻大学》，2016 年第 4 期，第 51～59 页。

吴飞：《重新出发：新闻学研究的反思》，《新闻记者》，2015 年第 12 期，第 4～13 页。

吴晋娜：《新媒体一日·1 月 20 日》，《光明日报》2016 年 1 月 21 日，第 09 版。

吴琳琳：《原南都总经理陈朝华加盟搜狐》，《北京青年报》，2015 年 1 月 10 日，第 A11 版。

吴姗、张意轩：《网络视频走出免费时代》，《人民日报》，2015 年 11 月 12 日，第 14 版。

吴晓波：《敢死队犹在，特种兵已死》，2015 年 12 月 26 日，检索于腾讯订阅：http：//dy. qq. com/article. htm? id＝20151226A00XFT00，2015 - 12 - 31。

吴瑛、李莉、宋韵雅：《多种声音，一个世界：中国与国际媒体互引的社会网络分析》，《新闻与传播研究》，2015 年第 9 期，第 5～21 页。

伍麟，王磊：《风险缘何被放大？——国外"风险的社会放大"理论与实证研究新进展》，《学术交流》，2013 年第 1 期，第 141～145 页。

希斯·B. 张伯伦：《关于中国市民社会的研究》，转引自黄宗智主编《中国研究的范式问题讨论》，社会科学文献出版社，2003。

肖帝雷：《网络直播的"冰与火"》，《中国文化报》，2016 年 7 月 9 日，第 2 版。

谢清果、王昀：《华夏舆论传播的概念、历史、形态及特征探析》，《现代传播》，2016 年第 3 期，第 32～40 页。

新华社：《文化产业振兴规划》，《人民日报》，2009 年 9 月 27 日，第 3 版。

新华社新媒体中心：《中国新兴媒体整合发展报告 2013—2014》，新华出版社，2014。

〔匈〕阿格妮丝·赫勒：《日常生活》，衣俊卿译，重庆出版社，1990。

徐琦：《新闻媒体微信公众平台发现现状与思考》，转引自强荧、焦雨虹《上海传媒发展报告（2014）：主流媒体公信力、传播力、影响力》，社会科学文献出版社，2014，第 236～247 页。

许纪霖：《近代中国的公共领域：形态、功能与自我理解——以上海为例》，《史林》，2003 年第 2 期，第 77～89 页。

阎云翔：《礼物的流动：一个中国村庄中的互惠原则与社会网络》，李放春、刘瑜译，上海人民出版社，2000。

杨洸：《社会化媒体舆论的极化和共识——以"广州区伯嫖娼"之新浪微博数据为例》，《新闻与传播研究》，2016 年第 2 期，第 66～79 页。

杨国斌、〔美〕克雷格·卡尔霍恩：《媒体、公民社会与绿色公共领域的兴起》，转引自〔荷〕皮特·何、〔美〕安德蒙主编《嵌入式行动主义在中国：社会运动的机遇与约束》，社会科学文献出版社，2012，第 95～96 页。

杨良斌：《科学计量学理论与实例》，科学技术文献出版社，2014。

杨美惠：《礼物、关系学与国家：中国人际关系与主体性建构》，赵旭东、孙珉合译，张跃宏译校，江苏人民出版社，2009。

杨永军：《社会舆情预警与控制》，人民出版社，2015。

姚林：《报纸广告继续下滑转型成效已见端倪》，《中国报业》，2015 年第 1 期，第 35～37 页。

叶铁桥：《内容人才的价码正在暴涨》，《青年记者》，2016 年第 12 期（下），第 120 页。

〔意〕葛兰西：《狱中札记》，曹雷雨、姜丽、张跣译，中国社会科学出版社，2000。

〔英〕大卫·菲利普斯：《网络公关》，陈刚、袁泉译，北京大学出版社，2005。

〔英〕谢尔顿·克里姆斯基、多米尼克·戈尔丁编著《风险的社会理论学说》，徐元玲、孟毓焕、徐玲等译，北京出版社，2005。

〔英〕格雷厄姆·沃拉斯：《政治中的人性》，朱曾汶译，商务印书馆，1996。

〔英〕霍尔编《表征：文化表象与意指实践》，徐亮、陆兴华译，商务印书馆，2003。

〔英〕克拉克：《全球传播与跨国公共空间》，金然译，浙江大学出版社，2015。

〔英〕尼尔·保尔森、托·赫尼斯编《组织边界管理：多元观点》，佟博、陈树强、马明译，经济管理出版社，2004。

〔英〕齐格蒙特·鲍曼：《流动的现代性》，欧阳景根译，上海三联书店，2002。

〔英〕齐格蒙特·鲍曼：《共同体：在一个不确定的世界中寻找安全》，欧阳景根译，江苏人民出版社，2003。

于建嵘：《抗争性政治：中国政治社会学基本问题》，人民出版社，2010。

喻国明、李彪：《社交网络时代的舆情管理》，江苏人民出版社，2015。

喻国明：《中国社会舆情年度报告2014》，人民日报出版社，2014。

余明阳主编《中国公共关系史：1978—2007》，上海交通大学出版社，2007。

袁光锋：《"情"为何物？——反思公共领域研究的理性主义范式》，《国际新闻界》，2016年第9期，第104~118页。

袁祖社：《现代共享性政治伦理范型：经验、知识及其信念——"文化公共性"的实践叙事与价值逻辑》，《政治学研究》，2016年第6期，第71~80页。

臧国仁：《新闻媒体与消息来源——媒介框架与真实建构之论述》，台湾三民书局股份有限公司，1999。

曾繁旭：《媒体作为调停人：公民行动与公共协商》，上海三联书店，2015。

曾润喜、徐晓林：《社会变迁中的互联网治理研究》，《政治学研究》，2010 年第 4 期，第 75～82 页。

张均斌、王林：《遭遇"最严监管令"网络直播何去何从》，《中国青年报》，2016 年 9 月 20 日，第 09 版。

张少杰、陈浩洲：《庄慎之离职首曝创业新动向：打造百神传媒》，2017 年 2 月 23 日，检索于观媒：http：//www.guanmedia.com/news/detail_5602.html，2017－2－27。

张伟、冯武勇：《全球治理的中国印记》，《新华每日电讯》，2016 年 11 月 23 日，第 03 版。

张燕：《风险社会与网络传播：技术利益伦理》，社会科学文献出版社，2014。

章晓英、苗伟山：《互联网治理：概念、演变及建构》，《新闻与传播研究》，2015 年第 9 期，第 117～125 页。

赵亚辉：《我国网络文化"最具活力"：三成普及率四亿网民数》，《人民日报》，2010 年 8 月 18 日，第 12 版。

赵勇：《整合与颠覆：大众文化的辩证法：法兰克福学派的大众文化理论》，北京大学出版社，2005。

郑宇君、陈百龄：《探索 2012 年台湾"总统"大选之社交媒体浮现社群：矩量资料分析取径》，《新闻学研究》，2014 年第 120 期，第 121～165 页。

中共中央宣传部舆情信息局：《网络舆情信息工作理论与实务》，学习出版社，2006。

中国互联网络信息中心：《中国互联网络发展状况统计报告（第 39 次）》，2017 年 1 月 22 日，检索于：http：//www.cnnic.cn/hlwfzyj/hlwxzbg/，2017－2－22。

中国互联网络信息中心：《中国互联网络发展状况统计报告（第 38 次）》，2016 年 7 月，检索于：http：//www.cnnic.net.cn/hlwfzyj/hlwxzbg/，2016/11/11。

朱承:《论中国式"生活政治"》,《探索与争鸣》,2014 年第 10 期,第 90 ~ 93 页。

祖薇:《"洞察中国"发布未来媒体发展趋势》,《北京青年报》,2016年 8 月 26 日, 第 A23 版。

英文文献:

Abbott, J. P. (2011). Cacophony or empowerment? analyzing the impact of new information communication technologies and new social media in Southeast Asia. *Journal of Current Southeast Asian Affairs*, 30(4), 3 −31.

Abidin, C. (2014). Instagram as a repository of taste, a burgeoning marketplace, a war of eyeballs. In M. Berry & M. Schleser (Eds.). *Mobile Media Making in An Age of Smartphones* (pp. 119 −128). New York, NY: Palgrave Macmillan.

Allagui, I. & Breslow, H. (2016). Social media for public relations: Lessons from four effective cases. *Public Relations Review*, 42, 20 −30.

Alper, M. (2014). War on Instagram: Framing conflict photojournalism with mobile photography apps. *New Media* & *Society*, 16(8), 1233 −1248.

Althaus, S. & Tewksbury, D. (2000). Patterns of Internet and traditional news media use in a networked community. *Political Communication*, 17(1), 21 − 45.

Anduiza, E., Jensen, M. J. & Jorba, L. (Eds.)(2012). *Digital Media and Political Engagement Worldwide: A comparative study*. New York, NY: Cambridge University Press.

Arrow, K. J. (1972). Gifts and exchanges. *Philosophy* & *Public Affairs*, 1 (4), 343 −362.

Assmann, J. & Czaplicka, J. (1995). Collective memory and cultural identity. *New German Critique*, 65, 125 −133.

Ausserhofer, J. & Maireder, A. (2013). National politics and Twitter: Structures and topics of a networked public sphere. *Information, Communication* & *Society*, 16(3), 291 −314.

Bardoel, J. & Deuze, M. (2001). Network journalism: Converging competences of media professionals and professionalism, *Australian Journalism Review*, 23(2), 91 −103.

Barlett, J. L., & Barlett, G. (2012). Kaleidoscopes and contradictions: the legitimacy of social media for public relations. In S. Duhe (Ed.). *New Media and Public Relations* (pp. 13 −20). New York: Peter Lang.

Barriball, K. L. & While, A. (1994). Collecting data using a semi − structured interview: A discussion paper. *Journal of Advanced Nursing*, 19, 328 −335.

Baum, M. A. (2002). Sex, lies, and war: How soft news brings foreign policy to the inattentive public. *American Political Science Review*, 96, 91 −110.

Bauman, Z. (2000). *Liquid Modernity*. Malden, MA: Polity Press.

Beck, U, Giddens, A. & Lash, C. (1994). *Reflexive Modernization: Politics, tradition and aesthetics in the modern social order*. Stanford, CA: Stanford University Press, preface, p. i.

Beck, U. (1992). From industrial society to the risk society: Questions of survival, social structure and ecological enlightenment. *Theory, Culture & Society*, 9, 97 −123.

Beck, U. (1996). *World risk society as cosmopolitan society? Ecological questions in a framework of manufactured uncertainties. Theory, Culture & Society*, 13(4), 1 − 32.

Beck, U. (2000). Risk society revisited: Theory, politics and research programmes. In B. Adam, U. Beck & J. Loom (Eds.). *The Risk Society and Beyond: Critical issues for social theory* (pp. 211 −229). London, UK: Sage.

Bennett, W. L. (1975). *The Political Mind and the Political Environment*. Lexington, MA: Heath.

Blight, M. G. Jagiello, K., Ruppel, E. K. (2015). Same stuff different day: A mixed −method study of support seeking on Facebook. *Computers in Human Behavior*, 53, 366 −373.

Bonacich, P. (2007). Some unique properties of eigenvector centrality.

Social Network, 29, 555 −564.

Bonin, G. A. (2013). Editorial: Journalism and new media. *Global Media Journal − Canadian Edition*, 6 (1), 1 −3.

Borgatti, S. P. (2005). Centrality and network flow. *Social Networks*, 27 (1), 55 −71.

Bosshart, S. G. & Schoenhagen, P. (2013). Amateurs striving for news production. Can they compete with professional journalism? *Studies in Communication Sciences*, 13(2), 139 −147.

Bowman, S. & Willis, C. (2003). *We Media: How audiences are shaping the future of news and information*. Reston, VA: The Media Center at The American Press Institute, p. v, p. 7.

Boyd, Danah (2010). Streams of content, limited attention: The flow of information through social media. *Educause Review*, 45(5), 26 −28.

Breuer, A. & Groshek, J. (2014). Online media and offline empowerment in post − rebellion Tunisia: An analysis of Internet use during democratic transition. *Journal of Information Technology* & Politics, 11(1), 25 −44.

Brody, E. W. (1984). Antipathy between PR, journalism exaggerated. *Public Relations Review*, 1984, 10(4), 11 −13.

Broersma, M. & Graham, T. (2012). Social media as beat: Tweets as a news source during the 2010 British and Dutch elections. *Journalism Practice*, 6 (3), 403 −419.

Brophy, J. M. (2007). *Popular Culture and the Public Sphere in the Rhineland*, 1800 −1850. Cambridge, UK: Cambridge University Press.

Brown, R. (2009). *Public Relations and the Social Web: How to use social media and web 2. 0 in communications*. London, UK: Kogan Page.

Bryman, A. (2016). *Social Research Methods (5th edition)*. Oxford, UK: Oxford University Press.

Buccafurri, F. , Foti, V. D. , Laz, G. , Nocera, A. & Ursino, D. (2013). Bridge analysis in a Social Internetworking Scenario. *Information Science*, 224(1), 1 −18.

Bucher, T. (2017). "Machines don't Have Instincts": Articulating the Computational in Journalism. *New Media & Society*, 19(6), 918 −933.

Burgess, J. & Green, J. (2009). *YouTube: Online video and participatory culture*. Malden, MA: Polity Press.

Burgess, J. (2015). From "broadcast yourself" to "follow your interests": Making over social media. *International Journal of Cultural Studies*, 18(3), 281 −285.

Calhoun, C. (1992). Introduction: Habermas and the public sphere. In C. Calhoun (Ed.). *Habermas and the Public Sphere* (pp. 1 −50). Cambridge, MA: The MIT Press.

Campbell, A. J. (1999). Self −regulation and the media. *Federal Communications Law Journal*, 51(3), 712 −772.

Carlson, M. & Lewis, S. C. (2015). (Eds.). *Boundaries of journalism: Professionalism, practices and participation* (pp. 1 −18). New York, NY: Routledge.

Carpenter, B. E. (1996)(Ed.). Architectural Principles of the Internet, retrieved from https://tools. ietf. org/html/rfc1958, 2015 −12 −25.

Carpentier, N. (2003). The BBC's video nation as a participatory media practice: Signifying everyday life, cultural diversity and participation in an online community. *International Journal of Cultural Studies*, 6(4), 425 −447.

Carpini, D. M. X. & Williams, B. A. (2001). Let us infotain you: Politics in the new media age. In W. L. Bennett & R. M. Entman (Eds.). *Mediated Politics: Communication in the future of democracy* (pp. 160 −181). Cambridge, UK; New York: Cambridge University Press.

Castells, M. (2008). The new public sphere: Global civil society, communication networks, and global governance. *The Annals of the American Academy of Political and Social Science*, 616(1), 78 −93.

Castells, M. (2010). *The Power of Identity* (2nd edition). Malden, MA: Blackwell Publishing.

Cha, M., Benevenuto, F., Haddadi, H. & Gummadi, K. (2012). The

World of connections and information flow in Twitter, *IEEE Transactions on Systems, Man and Cybernetics - Part A: Systems and Humans*, 42(4), 991 -998.

Chan, A. K. K., Denton, L. & Tsang, A. S. L. (2003). The art of gift giving in China. *Business Horizons*, 46(4), 47 -52.

Chan, J. M., Lee, F. L. F. & Pan Zhongdang (2006). Online news meets established journalism: How China's journalists evaluate the credibility of news websites. *New Media & Society*, 8(6), 925 -947.

Chan, J. M., Pan Z. D. & Lee, F. L. F. (2004). Professional aspirations and job satisfaction: Chinese journalists at a time of change in the media. *Journalism & Mass Communication Quarterly*, 81(2), 254 -273.

Chang, T., Wang Jian & Chen, C. (1994). News as social knowledge in China: The changing worldview of Chinese national media. *Journal of Communication*, 44(3), 52 -69.

Chen, M. (2012). *Leet Noobs: The life and death of an expert player group in World of Warcraft*. New York, NY: Peter Lang.

Chen, N. (2009). Evolutionary public relations in China, Japan and South Korea: A comparative analysis. In Freitag, A. R. & Stokes, A. Q. (Eds.). *Global Public Relations: Spanning borders, spanning cultures*. New York, NY: Routledge.

Chen, N. & Culbertson, H. M. (2003). Public relations in mainland China: An adolescent with growing pains. In Sriramesh, K. & Vercic, D. (Eds.). *The Global Public Relations Handbooks: Theory, research and practice*. Mahwah, NJ: Lawrence Erlbaum Associates.

Chen, N. & Culbertson, H. M. (2003). Public relations in mainland China: An adolescent with growing pains. In Sriramesh, K. & Vercic, D. (Eds.). *The Global Public Relations Handbooks: Theory, research and practice*. Mahwah, NJ: Lawrence Erlbaum Associates.

Chen, Q., Xu, X., Cao, B., Zhang, W. (2016). Social media policies as responses for social media affordances: The case of China. *Government Information Quarterly*, 33, 313 -324.

Chen, Xihanhong, Chen, Ouyang & Chen, Ni (2012). How public relations functions as news sources in China. *Public Relations Review*, 38, 697 −703.

Choi, J. (2016). Why do people use news differently on SNSs? An investigation of the role of motivations, media repertoires, and technology cluster on citizens' news −related activities. *Computers in Human Behavior*, 54, 249 −256.

Christensen, M, Jansson, A. & Christensen, C. (2011). Globalization, mediated practice and social space: assessing the means and metaphysics of online territories, in Christensen Miyase, Jansson Andre and Christensen Christian (Eds.). *Online Territories: Globalization, mediated practice and social space*, pp. 1 − 11. New York: Peter Lang.

Cohen, F. (1999). Simulating cyber attacks, defences, and consequences. *Computers* & Security, 18, 479 −518.

Colleoni, E. , Rozza, A. & Arvidsson, A. (2014). Echo chamber or public sphere? Predicting political orientation and measuring political homophily in Twitter using big data. *Journal of Communication*, 64, 317 −332.

Commission on Global Governance (1995). *Our Global Neighbourhood*. Oxford, UK: Oxford University Press.

Cottle, S. (1998). Ulrich Beck, "risk society" and the media. *European Journal of Communication*, 13(1), 5 −32.

Cottle, S. (2003). News, Public Relations and Power: Mapping the field. In S. Cottle (Ed.). *News, public relations and power*. London, UK: Sage.

Couldry, N. (2004). Theorising media as practices. *Social Semiotics*, 14 (2), 115 −132.

Couldry, N. (2012). *Media, Society, World: Social theory and digital media practice*. Cambridge, UK: Polity Press.

Couldry, N. , Livingstone, S. & Markham, T. (2007). *Media Consumption and Public Engagement: Beyond the presumption of attention*. New York, NY: Palgrave Macmillan.

Couldry, N. & Markham, T. (2007). Celebrity culture and public connection: Bridge or chasm? *International Journal of Cultural Studies*, 10 (4), 403 -421.

Couldry, N. & Turow, J. (2014). Advertising, big data, and the clearance of the public realm: marketers' new approaches to the content subsidy. *International Journal of Communication*, 8, 1710 -1726.

Crawford, K., Miltner, K. & Gray, M. L. (2014). Critiquing Big Data: Politics, Ethics, Epistemology. *International Journal of Communication*, 8, 1663 -1672.

Creswell, J. W. (2009). *Research Design: Qualitative, quantitative, and mixed methods approaches*(3rd edition). Los Angeles, CA: Sage.

Curtin, P. A. (1999). Reevaluating public relations information subsidies: Market -driven journalism and agenda -building theory and practice. *Journal of Public Relations Research*, 11(1), 53 -90.

Cutlip, S. M. (1994). *The Unseen Power Public Relations: A history*. Hillsdale, NJ: Lawrence Erlbaum Associates.

Dahlgren, P. (2005). The Internet, public spheres, and Political Eommunication: Dispersion and deliberation. *Political Communication*, 22, 147 -162.

Dahlgren, P. (2009). *Media and Political Engagement: Citizens, communication, and democracy*. New York, NY: Cambridge University press.

Dahlgren, P. (2013). *The Political Web: Media, participation and alternative democracy*. Basingstoke, UK: Palgrave Macmillan.

Dean, J. (2003). Why the net is not a public sphere? *Constellations*, 10 (1), 95 -112.

Deng, Z., Lin, Y., Zhao, M. & Wang, S. (2015). *Collaborative Planning in the New Media Age: The Dafo Temple controversy*, China. *Cities*, 45, 41 -50.

Dennis, E. E. (2013). Challenges for content creation in media, communication and journalism education. *Studies in Communication Sciences*, 13, 95 -96.

Díaz -Campo, J. & Segado -Boj, F. (2015). Journalism ethics in a digital environment: How journalistic codes of ethics have been adapted to the Internet and ICTs in countries around the world. *Telematics and Informatics*, 32(4), 735 −744.

Dimmick, J. , Chen, Yan & Li Zhan (2004). Competition between the Internet and traditional news media: The gratification − opportunities niche dimension. *Journal of Media Economics*, 17(1), 19 −33.

Domingo, D. , Masip, P. & Meijer, I. C. (2015). Tracing digital news networks Towards an integrated framework of the dynamics of news production, circulation and use. *Digital Journalism*, 3, 1, 53 −67.

Donald, S. H. & Keane, M (2002). Media in China: New convergences, new approaches. In S. H. Donald, M. Keane & Y. Hong (Eds.). *Media in China: Consumption, content and crisis.* New York, NY: Routledge.

Dong, Tianceng, Liang, Chenxi & He, Xu (2017). Social media and internet public events. *Telematics and Informatics*, 34(3), 726 −739.

Douglas, M. (1992). *Risk and Blame: Essays in cultural theory.* London, UK: Routledge, p. 46.

Downey, J. & Fenton, N. (2003). New media, counter publicity and the public sphere. *New Media* & Society, 5(2), 185 −202.

Duggan, M. & Smith, A. (2016). The political environment on social media. Pew Research Center, retrieved from: http://www. pewinternet. org/ 2016/10/25/the −political −environment −on −social −media/, 2017 −2 −22.

Dutta, S. , Geiger, T. & Lanvin, B. (Eds.). *The Global Information Technology Report* 2015: *ICTs for inclusive growth.* Geneva, CH: World Economic Forum.

Earl, J. , Hunt, J. & Garrett, R. K. (2014). Social movements and the ICT revolution. In H. van der Heijden. (Ed.). *Handbook of Political Citizenship and Social Movement* (pp. 359 −383). Cheltenham, UK: Edward Elgar, 2014.

Edelstein, A. S. (2009). *Total Propaganda: From mass culture to popular culture.* New York, NY: Routledge.

Einsiedel, E. F. (2008). Public participation and dialogue. In M. Bucchi& B. Trench (Eds.). *Handbook of Public Communication of Science and Technolo-*

gy(pp. 173 -184). New York, NY: Routledge

Eisenhardt, K. M. (1989). Building theories from case study research. *A-cademy of Management Review*, 14(4), 532 -550.

Ericson, R. V. & Haggerty, K. D. (1998). *Policing the Risk Society*. New York, NY: Oxford University Press.

Erjavec, K. (2005). Hybrid public relations news discourse. *European Journal of Communication*, 20, 155 -179.

Esarey, A. & Qiang, X. (2008). Political expression in the Chinese Blogosphere: Below the radar. *Asian Survey*, 48(5), 752 -772.

Fenton, N. (2010). Drowning or waving? New media, journalism and democracy. In N. Fenton (Ed.). *New Media, Old News: Journalism and democracy in the digital age*. Los Angeles, CA: Sage.

Fisman, R. & Khanna, T. (1999). Is trust a historical residue? Information flows and trust levels. *Journal of Economic Behavior & Organization*, 38, 1, 79 -92.

Fogel, J. & Nehmad, E. (2009). Internet social network communities: Risk taking, trust, and privacy concerns. *Computers in Human Behavior*, 25(1), 153 -160.

Forsythe, S. M. & Shi, B. (2003). Consumer patronage and risk perceptions in Internet shopping. *Journal of Business Research*, 56(11), 867 -875.

Fox, N. F. (1999). Postmodern reflections on risk, hazards and life choices. In. D. Lupton (Ed.). *Risk and Sociocultural Theory: New directions and perspectives*. Cambridge, UK: Cambridge University Press, p. 13.

Fraser, N. (1990). Rethinking the public sphere: A contribution to the critique of actually existing democracy. *Social Text*, 25/26, 56 -80.

Fredriksson, M. & Johansson, B. (2014). The dynamics of professional identity: Why journalist view journalists working with PR as a threat to journalism. *Journalism Practice*, 8(5), 585 -595.

Freeman, L. C. (1978). Centrality in social networks: Conceptual clarification, *Social Network*, 1, 215 -239.

Fuchs, C. (2014). *Social Media: A Critical Introduction.* London, UK: Sage.

Gallagher, M. (1982). Negotiation of control in media organizations and occupations. In M. Gurevitch, T. Bennett, J. Curran & J. Woollacott (Eds.). *Culture, Society and the Media.* (pp. 148 − 171). London, UK: Methuen & Co. Ltd.

Gardner, J. & Lehnert, K. (2016). What's new about new media? How multi − channel networks work with content creators. *Business Horizons*, 59(3), 293 −302.

Garnham, N. (2004). The media and the public sphere. In F. Webster (Ed.). *The Information Society Reader* (pp. 358 − 365). New York, NY: Routledge.

Gelbstein, E. & Kurbalija, J. (2005). *Internet Governance: Issues, actors and divides.* Msida, MLT: DiploFoundation.

Gerbaudo, P. (2012). *Tweets and the Streets: Social media and contemporary activism.* London, UK: Pluto Press.

Gerhards, J. & Schäfer, M. S. (2010). Is the internet a better public sphere? Comparing old and new media in the USA and Germany. *New Media & Society*, 12(1), 143 −160.

Gerth, K. (2003). *China made: Consumer culture and the creation of the nation.* Cambridge, MA: The Harvard University Asia Center.

Giddens, A. (1990). *The Consequences of Modernity.* Cambridge, UK: Polity.

Gillmor, D. (2004). *We the Media: Grassroots journalism by the people, for the people.* Sebastopol, CA: O'Reilly Media, Inc.

Gitelman, L. & Pingree, G. B. (2003). Introduction: What's new about new media? In G. B. Pingree & L. Gitelman (Eds.). *New Media, 1740 – 1915* (pp. xi – pp. xxii.). Cambridge, MA: The MIT Press.

Grancea, F. (2006). *Inside the Mechanisms of Romanian Modernization: The transformation of public sphere between media and political system.* Charleston, SC:

BookSurge LLC.

Griffiths, M. & Wood, R. T. A. (2000). Risk factors in adolescence: The case of gambling, videogame playing, and the Internet. *Journal of Gambling Studies*, 16, 2, 199 – 225.

Gruzd, A. (2014). Investigating political polarization on Twitter: A Canadian perspective. *Policy & Internet*, 6(1), 28 – 45.

Guschwan, M. (2012). Fandom, brandom and the limits of participatory culture. *Journal of Consumer Culture*, 12(2), 19 – 40.

Habermas, J. (1974). The public sphere: An encyclopedia article (1964). *New German Critique*, 3, 49 – 55.

Hamilton, J. F. (2015). Citizen Journalism, In J. D. Wright (Ed). *International Encyclopedia of the social & Behavioral sciences* (pp. 612 – 618). Amsterdam, HL: Elsevier.

Hamilton, W. A., Garretson, O. & Kerne, A. (2014, April). Streaming on Twitch: Fostering participatory communities of play within live mixed media. In *Proceedings of the 32nd Annual ACM Conference on Human Factors in Computing Systems* (pp. 1315 – 1324), Toronto, CAN.

Hansen, M. (1983). Early silent cinema: Whose public sphere? *New German Critique*, 29, 147 – 184.

Haridakis, P. & Hanson, G. (2009). Social interaction and co – viewing with YouTube: Blending mass communication reception and social connection. *Journal of Broadcasting & Electronic Media*, 53(2), 317 – 335.

He, B. (1997). *The democratic implications of civil society in China*. New York, NY: Palgrave MacMillan.

He, Yuanqiong & Tian, Zhilong (2008). Government – oriented corporate public relation strategies in transitional China. *Management and Organization Review*, 4(3), 367 – 391.

Hedman, U. & Djerf – Pierre, M. (2013). The social journalist: Embracing the social media life or creating a new digital divide? *Digital Journalism*, 1(3), 368 – 385.

Hellekson, K. (2009). A fannish field of value: Online fan gift culture. *Cinema Journal*, 48(4), 113 – 118.

Hermes, J. (2006). Hidden debates: Rethinking the relationship between popular culture and the public sphere. *Javnost – The Public*, 13(4), 27 – 44.

Hermida, A. (2010). Twittering the news: The emergence of ambient journalism. *Journalism Practice*, 4, 3, 297 – 308.

Hermida, A., Fletcher, F., Korell, D. & Logan, D. (2012). Share, like, recommend: Decoding the social media news consumer. *Journalism Studies*, 13, 5 – 6, 815 – 824.

Herold, D. K. & Marolt, P. (Eds.) (2011). *Online Society in China: Creating, celebrating, and instrumentalising the online carnival.* New York, NY: Routledge.

Hine, C. (2000). *Virtual Ethnography.* London, UK: Sage.

Hirst, M. (2011). *News 2.0: Can Journalism survive the Internet?* Crows Nest, NSW: Allen & Unwin.

Hong, S. (2012). Online news on Twitter: Newspapers' social media adoption and their online readership. *Information Economics and Policy*, 24, 69 – 74.

Horan, T. J. (2013). "Soft" versus "hard" news on microblogging networks: Semantic analysis of Twitter produsage. *Information, Communication & Society*, 16(1), 43 – 60.

Hosio, S. et al. (2015). Crowdsourcing public opinion using urban pervasive technologies: Lessons from real – life experiments in Oulu. *Policy & Internet*, 7(2), 203 – 222.

Howard, P. N. & Parks, M. R. (2012). Social media and political change: Capacity, constraint, and consequence. *Journal of Communication*, 62, 359 – 362.

Hu, Baijing, Huang Yi – Hui & Zhang, Di (2015). Public relations and Chinese modernity: A 21st – century perspective. *Journal of Public Relations Research*, 27, 262 – 279.

Huang, J. S. & Dai, J. (2015). Comparing the competitive advantage of leading news sites in mainland China and Taiwan. *Chinese Journal of Communication*, 8(2), 142 – 159.

Huang, P. C. C. (1993). Public sphere/ civil society in China? The third realm between state and society. *Modern China*, 19(2), 216 – 240.

Huss, W. R. (1988). A move toward scenario analysis. *International Journal of Forecasting*, 4(3), 377 – 388.

Hutchins, A. L. & Tindall, N. T. J. (2016.). New media, new media relations: Building relationships with bloggers, citizen journalists and engaged publics. A. L. Hutchins & N. T. J. Tindall (Eds.). *Public Relations and Communication Research* (pp. 103 – 116). New York, NY: Routledge.

Jablonowsk, M. (2015). Surviving progress: managing the collective risks of civilization. *Journal of Risk Research*, 18(10), 1221 – 1229.

Jackson, D. & Moloney, K. (2015). Inside journalism: PR, journalism and power relationship in flux. *Journalism Studies*, 17(6), 763 – 780.

Jackson, S. J. & Welles, B. F. (2015). Hijacking #myNYPD: Social media dissent and networked counterpublics. *Journal of Communication*, 65(6), 932 – 952.

Jenkins, H. (1992). *Textual Poachers: Television fans and participatory culture.* New York, NY: Routledge.

Jenkins, H. (2006). *Convergence Culture: Where old and new media collide.* New York, NY: New York University Press.

Jo, S. (2003). The portrayal of public relations in the news media. *Mass Communication & Society*, 6(4), 397 – 411.

Johnson, B. (1981). Translator's introduction. In J. Derrida, *Dissemination* (pp. vii – xxxii). Chicago, IL: University of Chicago Press.

Johnson, T. J. & Kaye, B. K. (2004). Wag the blog: How reliance on traditional media and the Internet influence credibility perceptions of weblogs among blog users. *Journalism & Mass Communication Quarterly*, 81(3), 622 – 642.

Johnson, T. & Kaye, B. K. (2014). Credibility of social network sites for political information among politically interested internet users. *Journal of Computer*

- *Mediated Communication*, 19, 4, 957 – 974.

Ju, A., Jeong, S. H. & Chyi, I. H. (2013). Will social media save newspapers? Examining the effectiveness of Facebook and Twitter as news platforms. *Journalism Practice*, 8, 1, 1 – 17.

Juris, J. S. (2012). Reflections on occupy everywhere: Social media, public space, and emerging logics of aggregation. *American Ethnologist*, 39, 2, 259 – 279.

Kang, I. (2016). Web 2.0, UGC, and citizen journalism: Revisiting South Korea's OhmyNews model in the age of social media. *Telematics and Informatics*, 33(2), 546 – 556.

Kaplan, A. M. & Haenlein, M. (2010). Users of the world, unite! The challenges and opportunities of social media. *Business Horizons*, 53, 59 – 68.

Karlsson, M., Bergström, A., Clerwall, C. & Fast, K. (2015). Participatory journalism – the revolution that wasn't: Content and user behavior in Sweden 2007 – 2013. *Journal of Computer – Mediated Communication*, 20, 295 – 311.

Kasperson, F. X., Kasperson, R. E., Pidgeon, N. & Slovic, P. (2003). The Social Amplification of Risk: Assessing fifteen years of research and theory. In Pidgeon, N., Kasperson, R. E. & Slovic, P. (Eds.). *The Social Amplification of Risk* (pp. 13 – 46). Cambridge, UK: Cambridge University Press.

Keane, J. (2000). Structural transformations of the public sphere. In K. Hacker & J. van Dijk (Eds.) *Digital Democracy: Issues of theory and practice.* Thousand Oaks, CA: Sage.

Kelly, K. (1994). *Out of Control: The Rise of neo – biological civilization.* New York, NY: Basic Book.

Kiousis, S., et al. (2016). Agenda – building linkages between public relations and state news media during the 2010 Florida Senate Election. *Public Relations Review*, 42(1), 240 – 242.

Kleinschmit, D. (2012). Confronting the demands of a deliberative public sphere with media constraints. *Forest Policy and Economics*, 16, 71 – 81.

Krämer, N. C. & Winter, S. (2008). Impression Management 2.0: The relationship of self - esteem, extraversion, self - efficacy, and self - presentation within social networking sites. *Journal of Media Psychology*, 20(3), 106 - 116.

Kunreuther, H. C. & Ley, E. V. (1982). (Eds.). *The Risk Analysis Controversy: An institutional perspective*. Berlin, GER: Springer.

Lahav, T. (2014). Public relaitons activity in the new media in Israel 2012: Changing relationships. *Public Relations Review*, 40: 25 - 32.

Lariscy, R. W., Avery, E. J., Sweetser, K. D. & Howes, P. An examination of the role of online social media in journalists' source mix. *Public Relations Review*, 35(3), 314 - 316.

Latour, B. (1996). On actor - network theory: A few clarifications. *Soziale Welt*, 47(4), 369 - 381.

Lazarsfeld, P. F., Berelson, B. & Gaudet, H. (1948). *The People's Choice: How the voter makes up his mind in a presidential campaign*. New York, NY: Columbia University Press.

Lee Chin - Chuan, He Zhou & Huang Yu (2007). Party - market corporatism, clientelism and media in Shanghai. *The Harvard International Journal of Press/Politics*, 12, 21 - 42.

Lee, Hye - Kyung (2011). Participatory media fandom: A case study of anime fansubbing. *Media, Culture & Society*, 33(8), 1131 - 1147.

Lee, J. K., Choi, J., Kim, C. & Kim, Y. (2014). Social media, network heterogeneity, and opinion polarization. *Journal of Communication*, 64, 702 - 722.

Lee, M. J. & Chun, J. W. (2016). Reading others' comments and public opinion poll results on social media: Social judgment and spiral of empowerment. *Computers in Human Behavior*, 65, 479 - 487.

Leibold, J. (2011). Blogging alone: China, the Internet, and the democratic illusion. *The Journal of Asian Studies*, 70, 4, 1023 - 1041.

Lessig, L. (2001). *The Future of Ideas: The fate of the commons in a connected world*. New York, NY: Random House, p. 147.

Leuven, S. V. , Deprez, A. , Raeymaecke, K. (2014). Towards more balanced news access? A study on the impact of cost – cutting and Web 2. 0 on the mediated public sphere. *Journalism*, 15(7), 850 – 867.

Lewis, K. , et al. (2008). Tastes, ties, and time: A new social network dataset using Facebook. com. *Social Networks*, 30(4), 330 – 342.

Lewis, S. C. (2012) The tension between professional control and open participation: Journalism and its boundaries. *Information, Communication & Society*, 15(6), 836 – 866.

Lister, M. , Dovey, J. , Giddings, S. , Grant, L. & Kelly, K. (2009). *New Media: A critical introduction* (second edition). New York, NY: Routledge.

Livingstone, S. & Markham, T. (2008). The contribution of media consumption to civic participation. *The British Journal of Sociology*, 59 (2), 351 – 370.

Loader, B. D. & Mercea, D. (2011). Networking democracy? Social media innovations in participatory politics. *Information, Communication and Society*, 14(6),757 – 769.

Loader, B. D. , Vromen, A. & Xenos, M. A. (2014). The networked young citizen: Social media, political participation and civic engagement. *Information, Communication & Society*, 17(2), 143 – 150.

Losifidis, P. (2011). The public sphere, social networks and public service media. *Information, Communication & Society*, 14(5): 619 – 637.

Loveday, P. (1969). Anti – political Political Thought. *Labour History*, 17, 121 – 135.

Lovejoy, K. & Saxton, G. D. (2012). Information, community, and action: How nonprofit organizations use social media. *Journal of Computer – Mediated Communication*, 17, 337 – 353.

Luhmann, N. (1993). *Risk: A sociological theory.* trans. by R. Barrett, Berlin, GER: de Gruyter, p. 218.

Luo, Yunjuan (2014). The Internet and agenda setting in China: The influence of online public opinion on media coverage and government policy. *Inter-*

national Journal of Communication, 8, 1289 – 1312.

Ma, Shu – Yun (1994). The Chinese discourse on civil society. *The China Quarterly*, 137, 180 – 193.

Ma, W. W. K. & Chan, A. (2014). Knowledge sharing and social media: Altruism, perceived online attachment motivation, and perceived online relationship commitment. *Computers in Human Behavior*, 39, 51 – 58.

Macnamara, J. (2010). Public relations and the social: How practitioners are using, or abusing, social media. *Asia Pacific Public Relations Journal*, 11(1), 21 – 39.

Macnamara, J. (2014). Journalism – PR relations revisited: The good news, the bad news, and insights into tomorrow's news. *Public Relations Review*, 40, 739 – 750.

Macnamara, J. (2016). The continuing convergence of journalism and PR: New insights for ethical practice from a three – country study of senior practitioners. *Journalism & Mass Communication Quarterly*, 93(1), 118 – 141.

Macnamara, J. & Zerfass, A. (2012). Social media communication in organizations: The challenges of balancing openness, strategy and management. *International Journal of Strategic Communication*, 6(4), 287 – 308.

MacPhail, T. (2015). Data, data everywhere. *Public Culture*, 27(2), 213 – 219.

Madsen, R. (1993). The public sphere, civil society and moral community: A research agenda for contemporary China studies. *Modern China*, 19(2), 183 – 198.

Maier, D. , et al. (2018). Exploring issues in a networked public sphere: Combining hyperlink network analysis and topic modeling. *Social Science Computer Review*, 36(1), 3 – 20.

Manovich, L. (2012). Trending: The promises and the challenges of big social data. In Gold, M. K. (Ed.). *Debates in the Digital Humanities* (pp. 460 – 475). Minneapolis, MN: The University of Minnesota Press.

Manovich, L. (2009). The practice of everyday (media) life: From mass consumption to mass cultural production? *Critical Inquiry*, 35(2), 319 – 331.

Maresh – Fuehrer, M. M. & Smith, R. (2016). Social media mapping innovations for crisis prevention, response, and evaluation. *Computers in Human Behavior*, 54, 620 – 629.

Mathiason, J. (2009). *Internet Governance: The new frontier of global institutions*. New York, NY: Routledge.

Mayer – Schönberger, V. & Cukier, K. (2013). *Big Data: A revolution that will transform how we live, work, and think*. New York, NY: Houghton Mifflin Harcourt.

McGlohon, M., Akoglu, L. & Faloutsos, C. (2011). Statistical properties of social networks. In Charu C. Aggarwal (Ed.). *Social Network Data Analytics* (pp. 17 – 40.). Hawthorne, NY: IBM Thomas J. Watson Research Center.

McLaughlin, L. (2004). Feminism and the political economy of transnational public space. In N. Crossley & J. M. Roberts (Eds.). *After Habermas: New perspectives on the public sphere*. (pp. 156 – 176). Oxford, UK: Blackwell.

McLelland, M. J. (2002). Virtual ethnography: Using the Internet to study gay culture in Japan. *Sexualities*, 5(4), 387 – 406.

McManus, J. (1994). *Market – driven Journalism: Let the citizen beware?* Thousand Oaks, CA: Sage.

Meng, Bingchun (2011). From Steamed Bun to Grass Mud Horse: E Gao as alternative political discourse on the Chinese Internet. *Global Media and Communication*, 7(1), 33 – 51.

Meraz, S. (2009). Is there an elite hold? Traditional media to social media agenda setting influence in blog networks. *Journal of Computer – Mediated Communication*, 14, 682 – 707.

Michel, A. I., Ruggiero, T. E. & Yang, K. C. C. (2016). How public relations practitioners perceive social media platforms? A media richness perspective. In S. Anurag & P. Duhan (Eds.). *Managing Public Relations and Brand image Through Social Media* (pp. 1 – 19). Hershey, PA: IGI Global.

Mickey, T. J. (1998). Selling the Internet: A cultural studies approach to public relations. *Public Relations Review*, 24(3), 335 – 349.

Mitchell, K. J., Finkelhor, D. Wolak, J. (2003). The exposure of youth to unwanted sexual material on the Internet. *Youth & Society*, 34(3), 330 – 358.

Mitchelstein, E. & Boczkowski, P. J. (2009). Between tradition and change: A review of recent research online news production. *Journalism*, 10(5), 562 – 586.

Moloney, K., Fackson, D. & McQueen, D. (2013). News journalism and public relations, In K. Fowler – Watt & S. Allan (Eds.). *Journalism: New challenges* (pp. 259 – 281), Centre for Journalism & Communication Research, Bournemouth University.

Moon, S. J. & Hadley, P. (2013). Routinizing a new technology in the newsroom: Twitter as a news source in mainstream media. *Journal of Broadcasting & Electronic Media*, 58(2), 289 – 305.

Moreno, A., Navarro, C., Tench, R. & Zerfass, A. (2015). Does social media usage matter? An analysis of online practices and digital media perceptions of communication practitioners in Europe. *Public Relations Review*, 41(2), 242 – 253.

Morris, M. & Ogan, C. (1996). The Internet as mass medium. *Journal of Computer – Mediated Communication*, 4(1), 39 – 50.

Mueller, M. L. (2004). *Ruling the Toot: Internet governance and the taming of cyberspace.* Cambridge, MA: MIT Press.

Mullis, E. C. (2008). Toward a Confucian ethic of the gift. *Dao*, 7, 175 – 194.

Murthy, D. & Longwell, S. A. (2013). Twitter and disasters: The uses of Twitter during the 2010 Pakistan floods, *Information, Communication & Society*, 16. 6, 837 – 855,

Murthy, D. (2008). Digital ethnography: An examination of the use of new technologies for social research. *Sociology*, 42(5), 837 – 855.

Napoli, P. M. (2015). Social media and the public interest: Governance of news platforms in the realm of individual and algorithmic gatekeepers. *Telecommunications Policy*, 39, 751 – 760.

Negroponte, N. (1996). *Being digital.* New York, NY: Vintage Books.

Neuberger, C. (2013). Competition or complementarity? Journalism, social network sites, and news search engines. In Nienstedt, H. , Russ – Mohl, S. & Wilczek, B. (Eds.). *Journalism and Media Convergence* (pp. 119 – 130), Berlin, GER: De Gruyter.

Newman, J. , Barnes, M. , Sullivan, H. & Knops, A. (2004). Public participation and collaborative governance. *Journal of Social Policy*, 33 (2), 203 – 223.

Newman, N. (2009). The rise of social media and its impact on mainstream journalism: A study of A study of how newspapers and broadcasters in the UK and US are responding to a wave of participatory social media, and a historic shift in control towards individual consumers. The Reuters Institute for the Study of Journalism, retrieved from: http://reutersinstitute. politics. ox. ac. uk/fileadmin/documents/Publications/The_rise_of_social_media _and_its_impact_on_mainstream_journalism. pdf.

Oestreicher – Singer, G. & Zalmanson, L. (2013). Content or community? A digital business strategy for content providers in the social age. *MIS Quarterly*, 37(2), 591 – 616.

Orum, A. M. , Feagin, J. R. & Sjoberg, G. (1991). Introduction: The nature of the case study. In J. R. Feagin, A. M. Orum& G. Sjoberg (Eds.). *A Case for the Case Study* (pp. 1 – 26). Chapel Hill, NC: The University of North Carolina Press.

O'Sullivan, J. & Heinonen, A. (2008). Old values, new media: Journalism role perceptions in a changing world. *Journalism Practice*, 2(3), 357 – 371.

Papacharissi, Z. (2002). The virtual sphere: The Internet as a public sphere. *New Media & Society*, 4(1), 9 – 27.

Papacharissi, Z. (2010). *A Private Sphere: Democracy in a digital age.* Cambridge, UK: Polity Press.

Pascoe, C. J. (2011). Resource and risk: Youth sexuality and new media use. *Sexuality Research and Social Policy*, 8(1), 5 – 17.

Pavlik, J. V. (2001). *Journalism and new media.* New York, NY: Columbia University Press.

Peng, Zhenzhu (2016). Online resistance to censorship among Chinese fans of The Big Bang Theory. *The Journal of Popular Culture*, 49(5), 1023 – 1041.

Pew Research Center (Mar. 2014). State of the news media 2014. The Pew Research Center's Project for Excellence in Journalism. Retrieved from http://www. journalism. org/packages/state – of – the – news – media – 2014/, 2015 – 5 – 7.

Pew Research Center (May 2016). News use across social media platforms 2016. Retrieved from: http://www. journalism. org/2016/05/26/news – use – across – social – media – platforms – 2016/, 2016 – 5 – 26.

Pew Research Center (Nov. 2016). Social media causes some users to re-think their views on an issue, retrieved from: http://www. pewresearch. org/fact – tank/2016/11/07/social – media – causes – some – users – to – rethink – their – views – on – an – issue/, 2017 – 2 – 22.

Picard, R. G. (2014). Twilight or new dawn of journalism? Evidence from the changing news ecosystem. *Journalism Practices*, 8(5), 488 – 498.

Poell, T. & Borra, E. (2011). Twitter, YouTube, and Flickr as platforms of alternative journalism: The social media account of the 2010 Toronto G20 protests. *Journalism*, 13(6), 695 – 713.

Poor, N. (2005). Mechanisms of an online public sphere: The website Slashdot. *Journal of Computer – mediated Communication*, 10(2), 2005 – 1, retrieved from http://onlinelibrary. wiley. com/doi/10. 1111/j. 1083 – 6101. 2005. tb00241. x/full, 2017 – 2 – 27.

Powers, S. M. & Jablonski, M. (2015). *The Real Cyber War: The political economy of internet freedom.* Champaign, IL: University of Illinois Press.

Qualman, E. (2009). *Socialnomics: How social media transforms the way we live and do business.* Hoboken, NJ: John Wiley & Sons.

Quan – Haase, A. & Young, A. L. (2010). Uses and gratifications of social media: A comparison of Facebook and instant messaging. *Bulletin of Science, Technology & Society*, 30(5), 350 – 361.

Rankin, M. B. (1982). Public opinion and political power: Qingyi in Late nineteenth century China. *Journal of Asian Studies*, 41(3), 453 – 484.

Rankin, M. B. (1993). Some observations on a Chinese public sphere. *Modern China*, 19(2), 158 – 182.

Rauchfleisch, A. & Schäfer, M. S. (2015). Multiple public spheres of Weibo: A typology of forms and potentials of online public spheres in China. *Information, Communication & Society*, 18(2), 139 – 155.

Reber, B. H. & Kim, Jun Kyo(2006). How activist groups use websites in media relations: Evaluating online press rooms. *Journal of Public Relations Research*, 18(4), 313 – 333.

Reese, S. D. & Dai, J. (2009). Citizen Journalism in the Global News Arena: China's New Media Critics. In S. Allan & E. Thorsen (Eds.), *Citizen Journalism: Global perspectives* (pp. 221 – 231). New York: Peter Lang.

Rodman, G. B. (2002). The net effect: The public's fear and the public sphere. In B. E. Kolk (Ed). *Virtual Publics: Policy and community in an electronic age.* New York, NY: Columbia University Press.

Rosen, S. (2010). Is the Internet a positive force in the development of civil society, a public sphere, and democratization in China. *International Journal of Communication*, 4, 509 – 516.

Ruiz, C., et al. (2011). Public sphere 2. 0? The democratic qualities of citizen debates in online newspapers. *The International Journal of Press/Politics*, 16 (4), 463 – 487.

Ryan, M. & Martinson, D. L. (1994). Public relations practitioners, journalists view lying similarly. *Journalism & Mass Communication Quarterly*, 71 (1), 199 – 211.

Sallot, L. M., Steinfatt, T. M. & Salwen, M. B. (1998). Journalists' and public relations practitioners' news values: Perceptions and cross – perceptions. *Journalism & Mass Communication*, 75(2), 366 – 377.

Savigny, H. (2002). Public Opinion, Political Communication and the Internet. *Politics*, 22(1), 1 – 8.

Scheddler, A. (1997). Introduction: Antipolitics—closing and colonizing the public sphere. In A. SChedler (Ed.). *The end of politics? Explorations into modern antipolitics.* (pp. 1 – 20). London, UK: MacMillan.

Scholz, T. (2013). Why does digital labor matter now? In Scholz, T. (Ed.). *Digital labor: The Internet as Playground and Factory* (pp. 1 – 10). New York, NY: Routledge.

Scholz, T. (Ed.). (2012). *Digital Labor: The Internet as playground and factory.* Routledge, NY: New York.

Schätt, T., Cheraghi, M., Rezaei, S. & Vang, J. (2014). Innovation embedded in entrepreneurs' networks in private and public spheres: A global study focusing on China and Denmark. *International Journal of Entrepreneurship and Small Business*, 23(1 – 2), 145 – 167.

Scott, A. (2000). Risk society or angst society? Two views of risk, consciousness, and community. In B. Adam, U. Beck & J. Loon (Eds.). *The Risk Society and Beyond: Critical issues for social theory.* (pp. 47 – 62). London, UK: Sage.

Scott, D. M. (2007). *The New Rules of Marketing & PR: How to use social media, online video, mobile applications, blogs, news releases, and viral marketing to reach buyers directly.* New York, NY: John Wiley & Sons.

Scott, J. & Carrington, P. J. (Eds.) (2011). *The Sage Handbook of Social Network Analysis.* London, UK: Sage.

Scott, J. (2013). *Social Network Analysis.* Los Angeles, CA: Sage.

Shao, Peiren & Wang, Yun (2017). How does social media change Chinese political culture? The formation of fragmentized public sphere. *Telematics and Informatics*, 34(3), 694 – 704.

Shen Fei, Wang Ning, Guo Zhongshi & Guo Liang (2009). Online network size, efficacy and opinion expression: Assessing the impacts of internet use in China. *International Journal of Public Opinion Research*, 21(4), 451 – 467.

Sherry, J. F. (1983). Gift giving in anthropological perspective. *The Journal of Consumer Research*, 10(2),157 – 168.

Shirky, C. (2011). The political power of social media: Technology, the public sphere, and political change, *Foreign Affairs*, 90(1), 28 – 41.

Silberman, N. & Purser, M. (2012). Collective memory as affirmation: People – centered cultural heritage in a digital age. In E. Giaccardi (Ed.) *Heritage and Social Media: Understanding heritage in a participatory culture*. New York, NY: Routledge.

Sima, Yangzi (2011). Grassroots environmental activism and the Internet: Constructing a green public sphere in China. *Asian Studies Review*, 35, 477 – 497.

Singer, J. B. (2003). Who are these guys? The online challenge to the notion of journalistic professionalism. *Journalism*, 4(2), 139 – 163.

Slovic, P. (Ed.) (2000). *The Perception of Risk*. London, UK: Earthscan.

Slovic, P., Fischhoff, B. & Lichtenstein, S. (1985). Characterizing perceived risk. In R. W. Kates, C. Hohenemser, & J. X. Kasperson (Eds.). *Perilous Progress: Managing the hazards of technology* (pp. 91 – 125). Boulder, CO: Westview.

Sobieraj, S. & Berry, J. M. (2011). From incivility to outrage: Political discourse in blogs, talk radio, and cable news. *Political Communication*, 28(1), 19 – 41.

Sobkowicz, P., Kascesky, M., Bouchard, G. (2012). Opinion mining in social media: Modeling, simulating, and forecasting political opinions in the web. *Government Information Quarterly*, 29, 470 – 479.

Solis, B. & Breakenridge, D. (2009). *Putting the Public Back in Public Relations: How social media is reinventing the aging business of PR*. Upper Saddle River, NJ: Pearson Education.

Steinhardt, H. C. (2015). From blind spot to media spotlight: Propaganda policy, media activism and the emergence of protest events in the Chinese public sphere. *Asian Studies Review*, 39(1),119 – 137.

Storey, J. (2015). *Cultural Theory and Popular Culture: An introduction* (7th edition). New York, NY: Routledge.

Street, J. (1997). *Politics and Popular Culture.* Philadelphia, PA: Temple University Press.

Sun, Chuen – Tsai, Lin, Holin& Ho, Chheng Hong (2006). Sharing tips with strangers: Exploiting gift culture in computer gaming. *Cyber Psychology & Behavior*, 9(5), 560 – 570.

Sweetser, K. D. & Kelleher, T. (2011). A survey of social media use, motivation and leadership among public relations practitioners. *Public Relations Review*, 37(4), 425 – 428.

Tedeschi, J. T. & Riess, M. (1981). Identities, the phenomenal self, and laboratory research. In J. T. Tedeschi (Ed.). *Impression Management Theory and Social Psychological Research* (pp. 3 – 22). New York, NY: Academic Press.

Tewksbury, D. & Rittenberg, J. (2012). *News on the Internet: Information and Citizenship in the 21st Century.* Oxford, UK: Oxford University Press.

Thussu, D. K. (2007). Mapping global media flow and contra – flow, in D. K. Thussu (Ed.) *Media on the Move: global flow and contra – flow* (pp. 10 – 29). New York, NY: Routledge.

Tong, Jingrong (2015). The formation of an agonistic public sphere: emotions, the Internet and news media in China. *China Information*, 29 (3), 333 – 351.

Tong, Y & Lei, S. (2013). War of Position and Microblogging in China, *Journal of Contemporary China*, 22(80), 292 – 311.

Tong, Y. & Lei, S. (2010). *Creating Public Opinion Pressure in China: Large – scale Internet protest* (*Background Brief No. 534*). National University of Singapore, East Asian Institute.

Turk, J. V. (1986). Public relations' influence on the news. *Newspaper Research Journal*, 7(4), 15 – 27.

Valentini, C. (2015). Is using social media "good" for the public relations profession? A critical reflection. *Public Relations Review*, 41(2), 170 – 177.

van der Meer, T. G. L. A. & Verhoeven, P. (2013). Public framing organizational crisis situations: Social media versus news media. *Public Relations Review*, 39(3), 229 – 131.

van Dijck, J. (2011). Flickr and the culture of connectivity: Sharing views, experiences, memories. *Memory Studies*, 4(4), 401 – 415.

Van Dijck, J. (2013). *The Culture of Connectivity: A critical history of social media.* New York, NY: Oxford University Press.

Van Eeten, M. J. G. & Mueller, M. (2013). Where is the governance in Internet governance? *New Media & Society*, 15(5), 720 – 736.

Veltri, G. A. (2012). Information flows and centrality among elite European newspapers, *Europe Journal of Communication*, 27(4), 354 – 375.

Verčič, A. T. & Colić,, C. (2016) Journalists and public relations specialists: A coorientational analysis. *Public Relation Review*, 42(4), 522 – 529.

Virilio, P. & Lotringer, S. (1983). *Pure War.* trans. by M. Polizzotti, New York, NY: Semiotext(e).

Vromen, A., Xenos, M. A. & Loader, B. (2015). Young people, social media and connective action: from organisational maintenance to everyday political talk, *Journal of Youth Studies*, 18(1), 80 – 100.

Wahl – Jorgensen, K. & Hanitzsch, T. (2009). *The Handbook of Journalism Studies.* New York, NY: Routledge.

Wardle, C. & Williams, A. (2010). Beyond user – generated content: A production study examining the ways in which UGC is used at the BBC. *Media, Culture & Society*, 32(5), 781 – 799.

Warkentin, M., Gefen, D., Pavlou, P. A. & Rose, G. M. (2002). Encouraging citizen adoption of e – government by building trust. *Electronic Markets*, 12(3), 157 – 162.

Warner, M. (2002). Publics and counterpublics. *Public Culture*, 14(1), 49 – 90.

Weaver, D. H. & Willnat, L. (2016). Changes in U. S. journalism: How do journalists think about social media? *Journalism Practice*, 10 (7), 844 – 955.

Weeks, B. E. & Holbert, R. L. (2013). Predicting dissemination of news content in social media: A focus on reception, friending, and partisanship. *Journalism & Mass Communication Quarterly*, 90(2), 212 – 232.

Wellman, B., Boase J. & Chen, Wenhong (2002). The networked individualism of community: Online and offline. *It & Society*, 1(1), 151 – 165.

Wengraf, T. (2001). *Qualitative Research Interviewing: Biographic narrative and semi – structured methods*. London, UK: Sage.

Westerman, D., Spence, P. R. & Hiede, B. V. D. (2014). Social media as information source: Recency of updates and credibility of information. *Journal of Computer – Mediated Communication*, 19(2), 171 – 183.

Williams, C. (2007). Research methods. *Journal of Business & Economic Research*, 5(3), 65 – 72.

Williams, M. (2007). Avatar watching: Participant observation in graphical online environments. *Qualitative Research*, 7(1), 5 – 24.

Wilson III, E. J. (2005). What is Internet governance and where does it come from? *Journal of Public Policy*, 25 (1), 29 – 50.

Wright, D. K. & Hinson, M. D. (2008). How blogs and social media are changing public relations and the way it is practiced. *Public Relations Journal*, 2 (2), 1 – 21.

Wright, D. K. & Hinson, M. D. (2012). Examining how social and e-merging media have been used in public relations between 2006 and 2012: A longitudinal analysis. *Public Relations Review*, 6(4), 1 – 40.

Wu, A. X. (2014). Everyday media practices and changing political beliefs among China's early Internet users. Unpublished doctoral dissertation, Northwestern University.

Wu, Bo & Shen, Haiying (2015). Analyzing and predicting news popularity on Twitter. *International Journal of Information Management*, 35, 702 – 711.

Wu, J. C. (2014). Expanding civic engagement in China: Super Girl and entertainment – based online community. *Information, Communication & Society*, 17(1), 105 – 120.

Wu, Jingsi (2011). Enlightenment or entertainment: The nurturance of an aesthetic public sphere through a popular talent show in China. *The Communication Review*, 14(1), 46 – 47.

Yang, Guobin. (2011). Technology and its contents: Issues in the study of the Chinese Internet. *The Journal of Asian Studies*, 70(4), 1043 – 1050.

Yao, C. Y., Tsai, C. C. & Fang, Y. C. (2015). Understanding social capital, team learning, members'e – loyalty and knowledge sharing in virtual communities. *Total Quality Management & Business Excellence*, 26 (5 – 6), 619 – 631.

Young, K. S. (1998). Internet addiction: The emergence of a new clinical disorder. *CyberPsychology and Behavior*, 1(3), 237 – 244.

Yu Haiqing(2011). Beyond gatekeeping: J – blogging in China. *Journalism*, 12(4), 379 – 393.

Yu, L., Asur, S. & Huberman, B. A. (2011). What trends in Chinese social media. In The 5th SNA – KDD Workshop'11, August 21,2011, SanDiego, CA.

Yuan, Han (2016). Measuring media bias in China. *China Economic Review*, 38, 49 – 59.

Zelizer, B. (2015). Terms of choice: Uncertainty, journalism, and crisis. *Journal of Communication*, 65, 888 – 908.

Zerfass, A. & Schramm, D. M. (2014). Social media newsrooms in public relations: A conceptual framework and corporate practices in three countries. *Public Relations Review*, 40, 79 – 91.

Zhang, Weiyu & Mao, Chengting (2013). Fan activism sustained and challenged: participatory culture in Chinese online translation communities. *Chinese Journal of Communication*, 6(1), 45 – 61.

Zhao, X. & Belk, R. W. (2008). Politicizing consumer culture:

Advertising's appropriation of political ideology in China's social transition. *Journal of Consumer Research*, 35(2), 231 – 244.

Zhao, Yuezhi (1998). *Media, Market, and Democracy in China: Between the Party line and the bottom line*. Chicago, IL: University of Illinois Press.

Zheng, Y. & Wu, G (2005). Information technology, public space, and collective action in China. *Comparative Political Studies*, 38(5), 507 – 536.

Zheng, Yongnian (2010). Society must be defended: Reform, openness, and social policy in China. *Journal of Contemporary China*, 19(67), 799 – 818.

Zhong, Yang & Hu, Wei (2013). Mass political interest in urban China: An empirical study. *China: An International Journal*, 11(3), 87 – 103.

Zhou, Lijun & Wang, T. (2014). Social media: A new vehicle for city marketing in China. *Cities*, 27, 27 – 32.

Zhou, Yuqiong & Moy, P. (2007). Parsing framing processes: The interplay between online public opinion and media coverage. *Journal of Communication*, 57(1), 79 – 98.

图书在版编目（CIP）数据

理解新媒介：线上内容生产与公共性文化／王昀著
. -- 北京：社会科学文献出版社，2020.8（2023.9 重印）
ISBN 978 - 7 - 5201 - 6963 - 9

Ⅰ.①理… Ⅱ.①王… Ⅲ.①传播媒介 - 研究 Ⅳ.
①G206.2

中国版本图书馆 CIP 数据核字（2020）第 133272 号

理解新媒介：线上内容生产与公共性文化

著 者／王 昀

出 版 人／冀祥德
责任编辑／张建中
责任印制／王京美

出 版／社会科学文献出版社·政法传媒分社（010）59367126
 地址：北京市北三环中路甲 29 号院华龙大厦 邮编：100029
 网址：www. ssap. com. cn
发 行／社会科学文献出版社（010）59367028
印 装／唐山玺诚印务有限公司

规 格／开 本：787mm × 1092mm 1/16
 印 张：17.75 字 数：262 千字
版 次／2020 年 8 月第 1 版 2023 年 9 月第 2 次印刷
书 号／ISBN 978 - 7 - 5201 - 6963 - 9
定 价／89.00 元

读者服务电话：4008918866